"十四五"职业教育国家规划教材

微课版

新编
财经应用写作

第七版

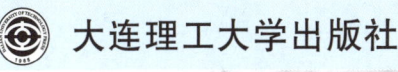

新世纪高等职业教育教材编审委员会 组编

主　编　王粤钦　李　燕

副主编　安　萍　郁　影
　　　　柴沙沙　杜海燕

大连理工大学出版社

图书在版编目(CIP)数据

新编财经应用写作 / 王粤钦,李燕主编. -- 7 版
-- 大连:大连理工大学出版社,2022.1(2024.11 重印)
ISBN 978-7-5685-3744-5

Ⅰ.①新… Ⅱ.①王… ②李… Ⅲ.①经济－应用文－写作－高等职业教育－教材 Ⅳ.①F

中国版本图书馆 CIP 数据核字(2022)第 019989 号

大连理工大学出版社出版

地址:大连市软件园路 80 号　邮政编码:116023
发行:0411-84708842　邮购:0411-84703636　传真:0411-84701466
E-mail:dutp@dutp.cn　URL:https://www.dutp.cn
沈阳六扇门印刷有限公司印刷　　大连理工大学出版社发行

幅面尺寸:185mm×260mm　　　印张:14.5　　字数:342 千字
2009 年 10 月第 1 版　　　　　　　　　　2022 年 1 月第 7 版
2024 年 11 月第 6 次印刷

责任编辑:赵　部　　　　　　　　　　责任校对:刘俊如
封面设计:张　莹

ISBN 978-7-5685-3744-5　　　　　　　　定　价:45.00 元

本书如有印装质量问题,请与我社发行部联系更换。

前　言

《新编财经应用写作》(第七版)是"十四五"职业教育国家规划教材、"十三五"职业教育国家规划教材、"十二五"职业教育国家规划教材。

财经应用写作是高职财经大类专业一门重要的基础课程，是培养与提高学生综合文化素质和职业素质的重要途径之一。财经应用文是交流财经管理信息的最基本方式。财经类专业的毕业生在其日后的工作中往往需要频繁地写作各类财经应用文，因而，财经应用文的写作是财经类专业学生应该掌握的基本技能。

为适应高等职业教育发展的需要，本教材按三年制高职高专教育要求，着眼于经济社会实际需要和学生接受继续教育的现实需要而编写。在广泛征集教材各使用院校意见的基础上，编委会又组织编写队伍，对教材进行了全面修订。

修订后的教材，以习近平新时代中国特色社会主义思想为指导，以政治思想和价值引领为主线，以培养学生职业能力和提升职业素养为牵引，既保持了原教材突出学生财经应用写作能力培养的理念，又根据高职教育发展的未来趋势，对教材的章节安排、文种选择进行了积极的调整，以使之能够更好地适应高职培养目标的需要。

修订后的教材具有以下几个特点：

1. 以工作任务为导向，选择高使用率文种。财经应用写作能力是财经类专业学生必备的专业能力。为保证教学过程中应用写作与专业知识、业务技能的有效衔接，所选文种均以工作任务为导向，且是财经工作不可或缺且最常使用的。

2. 以培养能力为宗旨安排编写体例。本教材除绪论外，分公文、事务文书和经济文书三个模块，每个模块中的学习情境都由学习目标、思政目标、知识导读、理论知识和拓展训练构成，以理论学习为基础，以能力训练为主线，强

化实践教学,突出能力培养目标。

3. 实用为主、实战为主,强化教学做一体化。为体现高职财经应用写作"实用为主、实战为主"的特色,在"拓展训练"中增加模拟写作,使训练更具操作性,形成"学中做"和"做中学"的"教学做一体化"行动体系,激发学生的学习欲望,培养学生的创新能力。

4. 以思政教育为宗旨,积极推进党的二十大精神进教材、进课堂、进头脑。用政治思想指导财经应用文的写作,将解决具体问题与思想价值引领有机融合,强化课程的思政元素、创新创业元素,扩大学生格局,提升学生修养,全面提高学生的综合素养。

本教材由沈阳师范大学王粤钦、滨州职业学院李燕任主编,由沈阳师范大学安萍和郁影、滨州职业学院柴沙沙、山西经济管理干部学院(山西经贸职业学院)杜海燕任副主编,沈阳师范大学李虹、辽宁省成套建设工程招标有限公司从博和付云鹏参与了部分内容的编写工作。具体编写分工如下:模块一、模块二中的学习情境一至学习情境四由王粤钦编写;模块二中的学习情境五由李燕编写;模块三中的学习情境三至学习情境五由安萍编写;模块三中的学习情境二、学习情境六、学习情境八、学习情境九由郁影编写;模块二中的学习情境六由柴沙沙编写;模块三中的学习情境七由杜海燕编写;绪论由李虹编写;模块三中的学习情境一由李燕、从博、付云鹏编写。全书的微课由李燕、柴沙沙制作完成。辽宁装备制造职业技术学院金常德和中国人民银行辽宁省分行经常项目管理处处长安旭东分别审阅了全部书稿,并提出了许多宝贵意见,谨致谢忱。

本教材参考学时为50~70学时,教师可根据财经类不同专业的教学实际,斟酌选择不同文种,讲授时有所侧重。

在编写本教材的过程中,编者参考、引用和改编了国内外出版物中的相关资料以及网络资源,在此表示深深的谢意!相关著作权人看到本教材后,请与出版社联系,出版社将按照相关法律的规定支付稿酬。

由于编者水平有限,疏漏和不足之处在所难免,恳请读者批评指正。

编 者

所有意见和建议请发往:dutpgz@163.com
欢迎访问职教数字化服务平台:https://www.dutp.cn/sve/
联系电话:0411-84706672 84706581

目 录

绪 论 ·· 1

模块一 公 文 ·· 9
学习情境一 公文概述 ·· 11
学习情境二 常用公文的写作 ··· 29

模块二 事务文书 ·· 47
学习情境一 计划的写作 ·· 49
学习情境二 总结的写作 ·· 57
学习情境三 简报的写作 ·· 68
学习情境四 演讲稿的写作 ··· 78
学习情境五 规章制度的写作 ··· 87
学习情境六 应聘文书的写作 ··· 103

模块三 经济文书 ·· 113
学习情境一 招标投标书的写作 ·· 115
学习情境二 合同的写作 ·· 130
学习情境三 经济纠纷诉讼文书的写作 ·· 143
学习情境四 市场调查报告的写作 ··· 158
学习情境五 市场营销策划书的写作 ·· 170
学习情境六 财务分析报告的写作 ··· 183
学习情境七 审计报告的写作 ··· 191
学习情境八 广告文案的写作 ··· 205
学习情境九 经济论文的写作 ··· 217

参考文献 ·· 226

绪 论

学习目标

1. 了解财经应用文的概念及特点；
2. 学习财经应用文常见的篇章结构；
3. 把握财经应用文写作的表达方式。

思政目标

在了解财经类应用文写作要求、规律和特点的基础上，学生立足专业，储备专业知识和技能，树立规则意识，做合格的守法、守纪的财经从业人员。

知识导读

一字之差错失百万 合同藏有"语言陷阱"

浙江义乌的鲍先生因一字之差错失百万，其原因是合同协议中藏有"语言陷阱"，因为合同是鲍先生自己起草的，不存在误解问题，一切只能按文本执行，所以鲍先生近百万元利息的诉请无法得到法院支持。不得不说，中国文字博大精深，"咬文嚼字"很重要，否则很容易产生歧义。

鲍先生陷入合同纠纷一事还得从十几年前说起。当年，鲍先生承包了某公司的厂房建设工程，并于 2011 年 11 月 16 日向对方缴纳了 100 万元保证金。

后来，诸多原因导致该工程没有能够真正开工建设，该公司同意于 2021 年 8 月 15 日退还鲍先生保证金 100 万元。

关于"在这期间产生的利息怎么办"的问题，该公司答应按月利率 0.7% 计算，同时约定："如在 2021 年 8 月 15 日前无法归还，按 2011 年至 2021 年 8 月 15 日后银行同期贷款利率的四倍计算支付利息。"

眼见到了约定还钱的时间,该公司却迟迟没有要还款的迹象。鲍先生很气愤,他将该公司起诉至义乌市法院,要求对方返还保证金,并从2011年11月16日起按银行贷款利率的四倍支付利息。

在庭审中,双方争执的焦点为"按2011年至2021年8月15日后"这句话,这个"后"产生了字面歧义。

鲍先生认为,按合同本意,应当是从2011年起就开始按四倍利率计算。对方则认为,应当从2021年8月15日后按四倍利率计算,之前的利息应当还是按月利率0.7‰计算。

法院审理后认为,"后"字应当按"之后"理解,应为在2011年至2021年8月15日这一时间以后的利息,按银行同期贷款利率的四倍计算。

因系鲍先生本人草拟的这份协议书,所以最终法院没有支持鲍先生的要求。鲍先生只能是"哑巴吃黄连,有苦说不出",最终只能由自己为这次"失误"买单,只是他的代价有点大。

(资料来源:新华网)

> 上述事件中由鲍先生本人草拟的协议书中的一字之差,给自己带来了巨额损失。可见在财经应用文中语言的准确、真实起着至关重要的作用。以下就财经应用文的特点、写作作用、写作规律、写作要求做一个总体的介绍。

理论知识

财经应用文是在财经活动中形成、发展起来的反映财经情况,处理财经事务,研究财经问题的应用文。

财经应用文是应用写作与经济学交叉的一门边缘学科,它既要符合应用写作的基本理论,又要反映财经业务活动的基本规律和实际,二者相互融合是其显著特点。

一、财经应用文的特点

(一)行文的针对性和定向性

财经应用文写作是就财经业务活动中的某一事件、某一情况或某一问题,针对特定的读者而进行的,有着鲜明而具体的写作目的,所以针对性很强。

这种行文的针对性决定了信息传播的定向性,使得财经应用文写作面对的读者是有选择的、定向的。如商业广告的读者是潜在客户,中期业绩报告的读者是广大股民。

(二)内容的实用性和专业性

所谓实用性,就是解决实际问题,务实办事。财经应用文注重"以实告人",为解决实际问题而提出的意见、措施、办法、对策、设想、建议都要切实可行,运用材料要绝对真实、准确。

专业性体现在财经应用文内容的表达上多用专业术语、指标和数据来说明问题。财经应用文使用这一方式是为了满足定向读者的阅读习惯。用指标、数据描述财经业务活动是财经应用文的特征之一,而且为便于读者准确把握信息,还经常用图表说明问题。

(三)形式的法定性和约定性

财经应用文就其外部形式而言,有其固定或稳定的写作格式。其格式可以分为法定格式和非法定格式两类。法定格式是由国家、部门制定的法规性文件规定的,这类文书的写作必须依法行文,如公文、合同、经济纠纷诉讼状等。非法定格式是长期以来人们约定俗成的惯用格式,具有程式性,这类文书的写作格式也应该遵守惯用格式,如信函、规章制度等。

(四)语言的准确性和简明性

财经应用文的实用性决定了其语言的准确性和简明性。语言的准确性,是指概念准确,判断恰当,推理合乎逻辑,遣词造句贴切,如实地揭示事物特征,作者与读者不产生歧解。

语言的简明性,是指简洁明了地表达作者的写作目的和主旨,既要选用内涵丰富的词语,笔墨经济,又要通俗易懂。简明性也是为了适应现代经济生活快节奏、高效率的需要。

二、财经应用文写作的作用

(一)财经应用文写作是财经工作人员的一种管理手段

现代财经管理活动包括四个方面的内容:一是科学地制订财经计划;二是有效地进行财经控制;三是切实地进行科学分析;四是及时、准确、全面地进行财经信息反馈。这四个方面的活动内容,大都要通过财经应用文写作来体现。可见,财经应用文的写作与传播具体反映了财经管理的过程与成果,因此,财经应用文写作是财经工作人员的一种管理手段。

(二)财经应用文写作是财经院校学生必备的基本技能

随着知识经济时代的发展,"一切围着文件转"已成为现代企业最重要的管理手段。"一切围着文件转"是指企业所有核心业务都将围绕"文件"进行。财经应用文的写作和使用,就是财经部门"一切围着文件转"的具体体现,因此,这一形势也要求财经院校学生必须具备财经应用文写作这一基本技能。

三、财经应用文写作的基本规律

(一)主旨的确立

财经应用文的主旨,指的是形成一篇财经应用文的基本精神或基本观点,是作者对文章全部材料的认识、理解和判断的高度浓缩。

任何一篇财经应用文都是通过客观财经活动来表达主旨的,财经应用文的主旨自然也是要在客观财经活动中确立。因此,要做到主旨正确、深刻,做到确立的主旨有利于指导和推动工作,作者就需要对客观财经活动有正确的认识、透彻的理解和深刻的分析。而这些不是单纯地依靠对写作知识的把握,凭借写作经验就可以达到的,它更多的是要求作者有丰富的专业知识和财经活动的实践经验,以及在此基础上对材料深刻的把握和分析。概括来说,财经应用文主旨的确立是写作能力、专业知识、实践经验和财经活动的综合体现。

确立主旨的方法主要有以下几个:

1. 标题明旨

标题明旨即用标题概括、点明主题。

2. 开宗明义

开宗明义即用文章首句来直接表述主旨。

3. 篇末点题

篇末点题即用文章的结束语句来表述主旨。

(二)材料的取舍

财经应用文的材料,是指作者为了阐明主旨所采用的事实和依据。

财经应用文的材料的获取,总体来说与其他文体大致相同,即通过观察、调查、阅读来获取材料。但需要注意的是,由于财经专业具有通过指标、数据来描述财经业务这一特征,我们在收集材料时,不仅应注意财经活动的事实,还应着重注意收集相关指标和数据,并运用专业知识对其进行仔细分析。

由于对阐明主旨的需要,不可能把所占有的材料全都写进文章中,这就要求我们认真鉴别材料,对材料进行取舍。财经应用文写作中关于材料取舍的原则是:要围绕主旨选择材料;要选择真实、准确的材料;要选择典型的材料;要选择新颖的材料。具体运用时,尤其要注意材料中指标、数据的真实性和准确性,注意材料的典型性,这样才能保证财经应用文的写作质量。

(三)结构的安排

结构,是指文章的布局安排、组织构造。

文章结构包括两个方面,表现为思维形式的是逻辑结构(写作思路),表现为语言形式的是篇章结构。作者一般先形成逻辑结构,再形成篇章结构;读者一般先了解篇章结构,再理清逻辑结构。

1. 逻辑结构(写作思路)

财经应用文写作思路因文而异:

公文类财经应用文写作的基本思路是通过叙事、说理来表明目的。叙事就是摆事实,说理就是讲道理,目的就是要求对方做什么事或对某一事项做出结论。

法规类财经应用文写作的基本思路是:为什么要制定—制定什么—怎样执行。

业务类财经应用文写作的基本思路是:情况(信息)—原因(因素)—对策(建议);或者是什么—为什么—怎么办。

2. 篇章结构

写作思路的外在表现就是财经应用文的篇章结构。财经应用文常见的篇章结构有以下五种。

(1)篇段合一式。这一结构是指一篇文章的正文部分仅有一个自然段,多用于公文中。

(2)总分式。这一结构是指一篇文章由两个以上部分的内容组成,具体有:

①先总后分式,即开头先点出主旨,统领全文,然后再分头表述。其总述部分用前言的形式表述,分述部分一般采用数字标项的形式。

②先分后总式,即先讲情况、根据、理由等,然后再总述主旨。这一结构多用于公文、述职报告、经济活动分析报告、审计报告等。

③总分总式,即先总述再分述,最后再予以总结(强调)。这一结构多用于总结、调查报告等。

(3)事理层递式。这一结构是指以事物或某种经济现象为脉络,阐明一定道理或观点的结构形式,主要用于财经论文。

(4)条款式。这一结构是指用分条列项的形式安排结构。规章制度、计划、合同和职能部门的一些文书较多使用这种结构。全文从头到尾都用条款组织内容,给人以眉目清楚、排列有序的印象。这种形式一是指一般文章的分条列项式,二是指法规、规章类文件的内在条法式。

(5)表格式。表格式通常有两种形式:一是由职能部门或企事业管理部门根据业务需要,事先印制好规范表格,将有关内容分项列出,让使用单位或个人按规定填写;二是使用单位或个人临时制作的表格。

(四)表达方式

表达方式是使用书面语言反映客观事物和主观认识的方法与手段。财经应用文写作的表达方式主要是叙述、议论和说明。

1.财经应用文写作在运用叙述的表达方式时,常见技法是概述与详述。概述是一种扼要介绍事件主要过程的叙述方法,它不是"量"的简单压缩,而是对事件本质的精心概括。详述是一种具体展现事件的叙述,是为了突出重点,更细致地表现主旨而进行的叙述。叙述的基本要求是头绪清楚、交代明白、有主有次。

2.财经应用文写作在运用议论的表达方式时,是建立在叙述的基础之上的,是对问题进行分析和判断。常用技法是述评性议论和证明性议论。述评性议论是通过叙述和评价来阐明观点或说明问题。证明性议论是作者正面提出论点,并用一定的逻辑方法加以证明或阐述。议论的基本要求是言之成理、直截了当。

3.财经应用文写作在运用说明的表达方式时,主要有介绍性说明和解释性说明两种方式。介绍性说明的着眼点在于说明事物的存在,把过去、现在存在的事物或将来可能出现的事物概括地介绍给读者,使读者了解并熟悉这些事物,介绍时要注意逻辑性。解释性说明的着眼点在于说明物因事理,即围绕事物内部因果关系,由因及果或由果溯因,使读者对物因事理的"为什么"得以清楚理解,解释时要注意客观性。说明的基本要求是客观翔实、简而得要、言之有序。

(五)语言

财经应用文写作使用的语言属于事务语体,是用来处理事务、沟通信息的一种直接交际性的语言系统。事务语体以实用性为本,强调语言的平实化、明朗化、公式化,在词语、句式、修辞的运用上有其显著特点。

1.在词语运用上,财经应用文对专业术语、习惯用语和数词有所要求。数据语言具体要求有:一是在同一篇文章中序数数字的体例要统一,不能混杂;二是在表示公元、世纪、年代、年、月、日、时刻时均需使用阿拉伯数字,而表示星期时则用汉字;三是邻近两个数字并列表示概数时,应该用汉字书写,数字与数字之间不能用顿号隔开。

2.在句式运用上,财经应用文表现为:一是陈述句多,疑问句少;二是祈使句多,感叹句少;三是单句多,复句少;四是书面句式多,口语句式少。

3.在修辞运用上,财经应用文写作以明确、畅达、简洁、缜密为标准,常用"引用",如引述行文依据、引述来文、引用群众反映等。

四、财经应用文写作的基本要求

(一)准确

所谓准确,就是财经应用文的内容与财经应用文所涉及的实际情况完全相符:一是内容要真实;二是结论要准确;三是分析问题、说明事理要准确;四是运用词语要准确。

(二)简练

所谓简练,即用较少的语言文字表达较丰富的内容,干净利落,言简意赅,真正做到"文约而事丰"。写作时,一是要有意识地运用"片言撮要",即写文章时用一两句精炼扼要的话概括要点,并且放在文首或段首等醒目的地方;二是要力避重复、堆砌、冗赘。

(三)平实

所谓平实,是指平直朴实。平直,指采用直言的方式,有什么说什么;朴实,指用语朴素、实在。

(四)规范

所谓规范,是指财经应用文写作的标准性、规定性、统一性。写作格式、数字的书写、简化字的使用、标点符号的使用、缩写词语、简称、计量单位、修改符号等,都必须按照有关标准和规定使用。

拓展训练

一、知识题

1.填空题。

(1)财经应用文的特点应体现行文的_____和_____,内容的_____和_____,形式的_____和_____,语言的_____和_____。

(2)财经应用文写作确立主旨的方法有:_____、_____、_____。

(3)财经应用文写作的表达方式主要是_____、_____和_____。

(4)所谓规范,是指财经应用文写作的_____、_____和_____。

(5)财经应用文常见的篇章结构有五种:_____、_____、_____、_____和_____。

2.判断题。
(1)财经应用文就其外部形式而论,有其固定或稳定的写作格式。　　　　(　)
(2)在财经应用文写作中,主旨是"统帅",材料是基础。　　　　　　　　(　)
(3)财经应用文的表达方式主要是陈述。　　　　　　　　　　　　　　　(　)
(4)财经应用文的材料的获取,是通过观察、调查、阅读来获取的。　　　(　)
(5)财经应用写作的基本要求是准确、简练、平实、规范。　　　　　　　(　)

二、技能题

1.试找出下文的段旨句。

今年1月以来,我省物价在较高水平上保持了相对平衡,物价指数上涨幅度逐月下降,但物价涨幅仍然较大。据统计,1～8月,全省零售物价总指数比去年同期上升了24.3%,其中,城镇上升了23.7%,农村上升了24.8%。与去年物价水平上涨20%相比,今年1～8月高出了3～4个百分点。有些地方今年8月的蔬菜价格甚至比去年高出了30%～40%,这说明我们的工作仍存在问题。

2.修改病句。

(1)他们违反财经纪律,滥用扶贫资金建造商用大楼。
(2)缺勤三天以下者,每天扣40元;缺勤三天以上者,扣当月全勤奖。
(3)我们要尽量节约不必要的开支和浪费。
(4)我们要建立和健全各项规章制度等一系列工作。
(5)这个人是个教书的,他是猪八戒吃碗碴儿——肚子里瓷(词)儿多,有两下子。
(6)这块点心,馊了,臭了,快找他们退了。
(7)清明快到了,上坟的又该多了。告诉大家坟前不要烧纸钱儿。
(8)农历初一至初7放假。
(9)该县企业所得税收入完成95.6万元,比去年增长百分之十三。
(10)××厂去年利润200万元,今年只有100万元,减少了1倍。

三、写作题

1.请用书面语对下面的一段文字进行修改。

我区××路位置在××路与××路之间,21世纪初期,就已经封闭了,并在这条路的南北两头,也就是穿越××路与××路交叉口处设置禁止标牌,至2021年,禁止机动车辆通行有二十个年头了。

2.下面一段文字,不仅内容杂乱,语序也很混乱,读起来很拗口,请修改。

根据××市人民政府×政〔××××〕××号文件精神,为巩固我市创建国家卫生城市的成果,今年的西瓜市场管理,仍本着既方便经营者、消费者,又搞好市容卫生、交通秩序的精神,全市实行统一编号定点挂牌经营。现将有关事项通告如下……

模块一

公 文

- 学习情境一 公文概述
- 学习情境二 常用公文的写作

学习情境一 公文概述

学习目标

1. 了解公文的概念、特点、作用及种类；
2. 掌握公文的排版形式。

思政目标

通过学习公文的基础知识，学生认识到公文写作格式的规范与严谨，养成认真负责的工作作风。

知识导读

三部门联合发文严惩电信诈骗

6月22日，最高人民法院、最高人民检察院、公安部联合发布《关于办理电信网络诈骗等刑事案件适用法律若干问题的意见（二）》（以下简称《意见二》）。《意见二》规定，为他人利用信息网络实施犯罪而收购、出售、出租信用卡、银行账户、他人手机卡、流量卡等的，可认定为《刑法》第二百八十七条之二规定的"帮助"行为。《意见二》又规定，行为人明知他人利用信息网络实施犯罪，为其犯罪而收购、出售、出租信用卡、银行账户、非银行支付账户等支付结算帮助，数量达到5张（个）以上，或者收购、出售、出租他人手机卡、流量卡等通信工具帮助，数量达到20张以上，以帮助信息网络犯罪活动罪追究刑事责任。

（资料来源：《21世纪经济报道》，2021年6月23日）

从上面的材料中我们可以看出，党政机关通过制发公文来传达政策、解决问题、推动工作。公文在当今社会中有着不可取代的重要作用。本学习情境主要是对公文的构成要素及排版形式进行较为详尽的介绍。

理论知识

公文是公务文书的简称。它有广义和狭义之分。广义的公文，是指机关、团体、企事业单位在公务活动中所使用的书面材料的总称。狭义的公文，仅指法定公文中的党政机关公文。我们在这里将要学习的就是党政机关公文。

党政机关公文是党政机关实施领导、履行职能、处理公务的具有特定效力和规范体式的文书，是传达贯彻党和国家方针政策，公布法规和规章，指导、布置和商洽工作，请示和答复问题，报告、通报和交流情况等的重要工具。

一、公文的特点

（一）权威性和政策性

公文的权威性主要体现在制定者和内容上，党政机关公文是各级党政机关根据法律赋予的权限和职责制作和发布的，表达的内容是党政机关对特定问题的权威意见、看法和要求。党政机关通过制发公文来发挥领导和指导作用，把各级党政机关紧密联结在一起，统一思想、统一认识，使政令畅通、运转灵活、上下合拍、工作步伐整齐一致，体现出党和国家政权组织的权威。同时，党政机关通过制发公文来传达政策、解决问题、推动工作。公文在各项事业中发挥着阐明事理、启发觉悟和提高认识的作用，是治国理政的重要工具，代表着党和政府的执政理念、执政思想，丝毫不能偏离党和国家的政治目标和政策轨道，不能有悖于党和国家的路线、方针、政策以及法律、法规等，具有很强的政策性要求。

（二）针对性和指导性

党政机关公文是根据现实需要，为解决某个特定问题和指导某项工作而制发的，不仅要体现上级机关的精神，而且要结合本地本部门实际，针对全局或局部工作，对布置的任务、安排的工作、规定的事项、提出的要求，都要交代得具体、明确，有鲜明的针对性和现实的指导性。只有有的放矢，受文者才能知道劲儿往哪里使，在实际工作中才能行得通、有效果。

（三）规范性和约束性

从内容上看，党政机关制发公文，语言运用极其规范，其传达的意志不以受文者是否同意为前提。公文一旦发布实施，其法定效力将对受文者及其他有关方面的行为产生不同程度的强制性影响和约束，必须严格遵守或执行，具有极强的约束力。从生成过程看，公文必须严肃庄重，制发单位要严格遵循共同的规范格式，种类名称、体式结构、用纸幅面等都必须执行具体规定，不得随意更改；行文规则、办理程序、整理归档、清退销毁等，也有统一、明确的要求，不得擅自行事。

（四）程序性和严密性

公文制发和处理必须履行规定的程序，从起草、审核、签发、校印、发出，到拟办、批办、承办、归档、清退、销毁,环环相扣、步步相接,程序性和严密性极强。公文处理工作必须严格按照相关程序进行;否则,无论在哪个环节上违反了程序,都将影响公文的效果。

(五)对应性和定向性

党政机关行文必须根据隶属关系和职权范围来确定,也就是说,什么样的公文由什么单位制发、哪一级单位制发,都有具体、明确的对应关系。比如,党委、政府的办公厅(室)根据本级党委、政府授权,可以向下级党委、政府行文,其他部门和单位不得向下级党委、政府发布指令性公文或者在公文中向下级党委、政府提出指令性要求。同时,大部分公文都是写给特定对象的,公文发送到什么单位,必须明确指定。比如,不同的公文都会根据内容对"读者"进行专门规定,即通过"主送机关""抄送机关"和"传达(阅读)范围"等指定"读者"对象。而且,党政机关制发的部分公文,因其内容涉及党和国家的核心机密和暂时不得公开的重要事项,在一段时期内有保密的要求,其"传达范围"更加严格。对此类公文,必须严格保密管理,一旦疏忽大意,出现失密、泄密情况,就会带来不良后果甚至严重损失。

二、公文的作用

(一)指导工作,传达意图

公文是传达贯彻党和国家方针、政策及指令的有效形式,是上级机关或部门实施领导与指导的重要工具。党政机关运用公文的形式颁布决定、决议,发布政令,对经济、社会等各方面的工作实施领导和指导,并以此为依据,监督检查下级机关对上级机关指示精神的贯彻执行情况。

(二)联系工作,交流情况

由于社会活动的实际需要,上下级和同级机关之间,不相隶属的机关之间,需要进行日常性的公务联系。公文是机关与机关之间常用的联系手段,这一载体能够使上情得以下达,下情得以上报,充分发挥交流思想、沟通情况、接洽工作的作用,有效地确保机关之间的联系畅通、运转有序。

(三)请示工作,答复问题

下级机关工作中的有关事项需经上级机关批准方可办理时,多以公文形式向上级机关请求指示或批准;向上级机关汇报工作、反映情况、回复询问,也多以公文形式报告上级机关。上级机关在掌握下级机关的工作情况和存在的问题后,可以及时进行指导,也可以通过公文的形式答复下级机关的请示事项。

(四)总结工作,推广经验

公文不仅是传达政策意图的重要工具,还是推广典型经验、做法的有效载体。对某些地方和部门工作中形成的经验和做法,及时总结规律,以公文形式转发给其他地区和部门学习借鉴,推动有关工作的深入开展。

(五)有据可依,协调行动

党政各级机关,根据严密的组织原则,构成严密的组织系统。公文则是它们按照党和国家的统一意志,协调行动的依据和凭证,起着"立此存照"的作用。下级机关根据上级的命令、指示、决议、批复、计划开展工作;上级机关凭借下级的报告、请示,有针对性地处理回复、解决问题;平行机关之间也根据来文机关的公函、通知,协调配合、统一行动。离开了公文的依据作用,机关将无所适从,难以有条不紊地协调运转。

(六)记载工作,积累史料

公文是党政机关从事公务活动的真实记录,记载着许多重大决策、法规和重要公务活动事项等的产生过程。任何公文在其形成的同时,也成为一个单位的档案材料,既是见证历史的权威凭证,也是今后工作的重要参考。

三、公文的种类

2012年4月16日,中共中央办公厅、国务院办公厅联合印发了《党政机关公文处理工作条例》(以下简称《条例》),同时废止了1996年中办印发的《中国共产党机关公文处理条例》和2000年国务院印发的《国家行政机关公文处理办法》(以下简称《办法》)。《条例》中规定公文种类为15种,主要有:决议、命令(令)、决定、公报、公告、通告、通知、通报、议案、报告、请示、批复、意见、函、纪要。

党的机关一般不使用命令(令)、公告、通告、议案这四个文种;行政机关一般不使用决议这个文种。

四、党政机关公文的构成要素及排版形式

(一)公文的构成要素

公文一般由份号、密级和保密期限、紧急程度、发文机关标志、发文字号、签发人、标题、主送机关、正文、附件说明、发文机关署名、成文日期、印章、附注、附件、抄送机关、印发机关和印发日期、页码等组成。

(二)公文的排版形式

公文的排版形式指公文各组成要素在文件版面上的标印格式。

1. 公文用纸幅面尺寸

采用国际标准A4型纸,210 mm×297 mm。

公文页边与版心尺寸为:公文用纸天头为37 mm,公文用纸订口为28 mm,版心尺寸为156 mm×225 mm(不含页码)。发文机关标志上边缘至版心上边缘为25 mm。对于上报的公文,发文机关标志上边缘至版心上边缘为80 mm。

2. 公文书写形式

从左至右横排、横写。其序号标识第一层为"一、",第二层为"(一)",第三层为"1.",第四层为"(1)"。

3. 字体字号

发文机关标志使用2号小标宋体字,红色标识;密级、保密期限、紧急程度用3号黑体

字;发文字号、签发人、主送机关、附注、抄送机关、印发机关、印发时间用3号仿宋体字;签发人姓名用3号楷体字;正文用3号仿宋体字,一般每面排22行,每行排28字,正文中如有小标题,可用3号小标宋体字或黑体字。

4. 页码

用4号半角白体阿拉伯数码标识,置于版心下边缘之下一行,数码左右各放一条4号一字线,一字线距版心下边缘7mm。单页码居右空一个字,双页码居左空一个字。

5. 信函式公文

发文机关名称上边缘距上页边的距离为30 mm,推荐用小标宋体字,字号由发文机关酌定;发文机关全称下4 mm处为一条武文线(上粗下细),距下页边20 mm处为一条文武线(上细下粗),两条线长均为170 mm。发文机关名称及双线均印红色。

(三)公文各要素及排版形式

公文的各要素分为版头、主体、版记三部分。

1. 公文版头部分

置于公文首页红色反线以上的各要素统称公文版头,包括份号、密级和保密期限、紧急程度、发文机关标志、发文字号、签发人。

(1)份号:公文印制份数的顺序号,即将同一文稿印刷若干份时每份公文的顺序编号,涉密公文应当标注份号,置于版心左上角第一行,用阿拉伯数字书写。

(2)密级和保密期限:密级分为绝密、机密和秘密;保密期限是对公文秘密等级时效规定的说明。置于版心右上角第一行,两字之间空一字。

(3)紧急程度:是对公文送达和办理的时限要求。根据紧急程度,标注"特急""加急";紧急电报分为"特提""特急""加急""平急",置于版心右上角第一行,两字之间空一字。公文同时标识密级与紧急程度,密级顶格标识在版心右上角第一行,紧急程度顶格标识在版心右上角第二行。

(4)发文机关标志:发文机关标志表明公文的作者,是发文机关制作公文时使用的规范版式的文件版头,通常称"文头"。由发文机关全称或规范化简称后加"文件"组成,居中红色套印在文件首页上端。联合行文时,发文机关标志可以并用联合发文机关名称,也可以单独用主办机关名称,"文件"二字置于发文机关名称右侧,上下居中排布。

(5)发文字号:发文字号是发文机关按照发文顺序编排的顺序号。由发文机关代字、年份和序号组成。置于发文机关标志下空两行,居中排布。年份、序号用阿拉伯数字标识;年份应标全称,用六角括号"〔〕"括入;序号不编虚位(即1不编为001),不加"第"字。联合行文使用主办机关的发文字号。发文字号之下4 mm处印一条与版心等宽的红色反线。

(6)签发人:签发人是在上报的公文中批准签发的领导人姓名,只用于上行文,排列于发文字号右侧。发文字号居左空一个字,签发人姓名居右空一个字;"签发人"用3号仿宋体字,"签发人"后标全角冒号,冒号后用3号楷体字标识签发人姓名。如有多个签发人,主办单位签发人姓名置于第一行,其他签发人姓名从第二行起在主办单位签发人姓名之下按发文机关顺序依次顺排,下移红色反线,应使发文字号与最后一个签发人姓名处在同一行并使红色反线与之相距 4 mm。

2. 公文主体部分

公文首页红色反线(不含)以下至抄送机关(不含)以上的各要素统称主体。包括标题、主送机关、正文、附件说明、发文机关署名、成文日期、印章、附注、附件。

(1)标题:对公文主要内容准确、简要的概括,由发文机关名称、事由和文种组成,除法规名称加书名号外,一般不用标点符号。位于红色反线下空两行,用 2 号小标宋体字,可分一行或多行居中排布,回行时,要做到词义完整、排列对称、间距恰当。

(2)主送机关:是指要求公文予以办理或答复的主要受理机关,应当使用机关全称、规范化简称或者同类型机关统称。主送机关标识在标题下空一行,左侧顶格,用 3 号仿宋体字,回行时仍顶格。最后一个主送机关名称后标全角冒号。

(3)正文:表述公文的具体内容。通常分导语、主体和结束语。在主送机关下一行,每自然段左空 2 个字,回行顶格,数字、年份不回行。正文用 3 号仿宋体字,一般每面排 22 行,每行排 28 字。文中如有小标题可用 3 号小标宋体字或黑体字。

(4)附件说明:公文附件的顺序号和名称。公文如有附件,在正文下空一行,左空 2 个字,用 3 号仿宋体字标识"附件",后标全角冒号和名称。附件如有序号使用阿拉伯数字(如"附件:1.×××××");附件名称后不加标点符号。

(5)发文机关署名(从 2012 年 7 月 1 日起):署发文机关全称或者规范化简称。

(6)成文日期:指公文签发的时间。署会议通过或者发文机关负责人签发的日期。联合行文时署最后签发机关负责人签发的日期。标识在正文之下,空 2 行,右空 4 字。用阿拉伯数字将年、月、日标全。

(7)印章:公文中有发文机关署名的,应当加盖发文机关印章,并与署名机关相符。有特定发文机关标志的普发性公文和电报可以不加盖印章。联合上报的公文,由主办机关加盖印章;联合下发的公文,发文机关都应加盖印章。

单一机关制发的公文在落款处不署发文机关名称,只标识成文日期。加盖印章应上距正文 2~4 mm,端正、居中、下压成文日期,印章用红色。

当印章下弧无文字时,采用下套方式,即仅以下弧压在成文时间上;当印章下弧有文字时,采用中套方式,即印章中心线压在成文时间上。

当联合行文需加盖两个印章时,应将成文时间拉开,左、右各空 7 字;主办机关印章在前;两个印章均压成文时间,印章用红色。只能采用同种加盖印章方式,以保证印章排列整齐。两印章间互不相交或相切,相距不超过 3 mm。

当联合行文需加盖三个以上印章时,为防止出现空白印章,应将各发文机关名称(可用简称)排在发文时间和正文之间。主办机关印章在前,每排最多排三个印章,两端不得超出版心;最后一排如余一个或两个印章,均居中排布;印章之间互不相交或相切;在最后一排印章之下右空两个字标识成文日期。

当公文排版后所剩空白处不能容下印章位置时,应采取调整行距、字距的措施加以解决,务使印章与正文同处一面,不得采取标识"此页无正文"的方法解决。

(8)附注:需要说明的其他事项,如公文的发放范围、使用时注意的事项、联系人及联系方式等。公文如有附注,用3号仿宋体字,居左空2个字加圆括号标识在成文日期的下一行。

(9)附件:公文正文的说明、补充或者参考资料。附件应与公文正文一起装订,并在附件左上角第一行顶格标识"附件",有序号时标识序号,附件的序号和名称前后标识应一致。如附件与公文正文不能一起装订,应在附件左上角第一行顶格标识公文的发文字号并在其后标识"附件"及附件顺序号。

3. 公文版记部分

置于抄送机关以下的各要素统称为版记,包括:抄送机关、印发机关和印发日期。

(1)抄送机关:指除主送机关外需要执行或知晓公文的其他机关。公文如有抄送,在反线下一行,左空一个字,用3号仿宋体字标识"抄送",后标全角冒号;抄送机关间用逗号隔开,回行时与冒号后的抄送机关对齐;在最后一个抄送机关后标句号。

(2)印发机关和印发日期:印发机关是印制公文的主管部门,印发日期是公文的印制日期,位于抄送机关之下,占一行位置;用3号仿宋体字。印发机关左空1个字,印发日期右空一个字。印发日期以公文印制的日期为准,用阿拉伯数字标识。

(3)版记中的反线。版记中各要素之下均加一条反线,宽度同版心。

五、公文的行文规则

(一)向上级机关行文应当遵循的规则

1. 原则上主送一个上级机关,根据需要同时抄送相关上级机关和同级机关,不抄送下级机关。

2. 党委、政府的部门向上级主管部门请示、报告重大事项时,应当经本级党委、政府同意或者授权;属于部门职权范围内的事项,应当直接报送上级主管部门。

3. 下级机关的请示事项,如需以本机关名义向上级机关请示,应当在提出倾向性意见后上报,不得原文转报上级机关。

4. 请示应当一文一事。不得在报告等非请示性公文中夹带请示事项。

5. 除上级机关负责人直接交办的事项外,不得以本机关名义向上级机关负责人报送公文,不得以本机关负责人名义向上级机关报送公文。

6. 受双重领导的机关向一个上级机关行文,必要时抄送给另一个上级机关。

(二)向下级机关行文应当遵循的规则

1. 主送受理机关,根据需要抄送相关机关。重要行文应当同时抄送发文机关的直接上级机关。

2. 党委、政府的办公厅(室)根据本级党委、政府授权,可以向下级党委、政府行文,其他部门和单位不得向下级党委、政府发布指令性公文或者在公文中向下级党委、政府提出指令性要求。需经政府审批的具体事项,经政府同意后可以由政府职能部门行文,文中须注明已经政府同意。

3.党委、政府的部门在各自职权范围内可以向下级党委、政府的相关部门行文。

4.涉及多个部门职权范围内的事务,部门之间未协商一致的,不得向下行文;擅自行文的,上级机关应当责令其纠正或者撤销。

5.上级机关向受双重领导的下级机关行文,必要时抄送该下级机关的另一个上级机关。

同级党政机关、党政机关与其他同级机关必要时可以联合行文。属于党委、政府各自职权范围内的工作,不得联合行文。党委、政府的部门依据职权可以相互行文。部门内设机构除办公厅(室)外不得对外正式行文。

六、公文拟制

公文拟制包括公文的起草、审核、签发等程序。

(一)公文的起草

公文的起草应当做到:

1.符合国家法律、法规和党的路线、方针、政策,完整准确地体现发文机关意图,并同现行有关公文相衔接。

2.一切从实际出发,分析问题实事求是,所提政策、措施和办法切实可行。

3.内容简洁、主题突出、观点鲜明、结构严谨、表述准确、文字精练。

4.文种正确、格式规范。

5.深入调查研究,充分进行论证,广泛听取意见。

6.公文涉及其他地区或者部门职权范围内的事项,起草单位必须征求相关地区或者部门意见,力求达成一致。

7.机关负责人应当主持、指导重要公文的起草工作。

(二)公文的审核

公文审核的重点是:

1.公文的起草行文理由是否充分,行文依据是否准确。

2.内容是否符合国家法律、法规和党的路线、方针、政策;是否完整准确地体现发文机关意图;是否同现行有关公文相衔接;所提政策、措施和办法是否切实可行。

3.涉及有关地区或者部门职权范围内的事项是否经过充分协商并达成一致意见。

4.文种是否正确,格式是否规范;人名、地名、时间、数字、段落顺序、引文等是否准确;文字、数字、计量单位和标点符号等用法是否规范。

5.其他内容是否符合公文起草的有关要求。

(三)公文的签发

公文应当经本机关负责人审批签发。

重要公文和上行文由机关主要负责人签发。党委、政府的办公厅(室)根据党委、政府授权制发的公文,由受权机关主要负责人签发或者按照有关规定签发。签发人签发公文,应当签署意见、姓名和完整日期;圈阅或者签名的,视为同意。联合发文由所有联署机关的负责人会签。

七、公文办理

公文办理包括收文办理、发文办理和整理归档。

(一)收文办理

1. 签收

对收到的公文应当逐件清点,核对无误后签字或者盖章,并注明签收时间。

2. 登记

对公文的主要信息和办理情况应当详细记载。

3. 初审

对收到的公文应当进行初审。初审的重点是:是否应当由本机关办理,是否符合行文规则,文种、格式是否符合要求,涉及其他地区或者部门职权范围内的事项是否已经协商、会签,是否符合公文起草的其他要求。经初审不符合规定的公文,应当及时退回来文单位并说明理由。

4. 承办

阅知性公文应当根据公文内容、要求和工作需要确定范围后分送。批办性公文应当提出拟办意见,报本机关负责人批示或者转有关部门办理;需要两个以上部门办理的,应当明确主办部门。紧急公文应当明确办理时限。承办部门对交办的公文应当及时办理,有明确办理时限要求的应当在规定时限内办理完毕。

5. 传阅

根据领导批示和工作需要将公文及时送传阅对象阅知或者批示。办理公文传阅应当随时掌握公文去向,不得漏传、误传、延误。

6. 催办

及时了解、掌握公文办理的进展情况,督促承办部门按期办结。紧急公文或者重要公文应当由专人负责催办。

7. 答复

公文的办理结果应当及时答复来文单位,并根据需要告知相关单位。

(二)发文办理

1. 复核

已经发文机关负责人签批的公文,印发前应当对公文的审批手续、内容、文种、格式等进行复核;需做实质性修改的,应当报原签批人复审。

2. 登记

对复核后的公文,应当确定发文字号、分送范围和印制份数并详细记载。

3. 印制

公文印制必须确保质量和时效。涉密公文应当在符合保密要求的场所印制。

4. 核发

公文印制完毕，应当对公文的文字、格式和印刷质量进行检查后分发。

(三) 整理归档

1. 涉密公文应当通过机要交通、邮政机要通信、城市机要文件交换站或者收发件机关机要收发人员进行传递，通过密码电报或者符合国家保密规定的计算机信息系统进行传输。

2. 需要归档的公文及有关材料，应当根据有关档案法律、法规以及机关档案管理规定，及时收集齐全、整理归档。两个以上机关联合办理的公文，原件由主办机关归档，相关机关保存复制件。机关负责人兼任其他机关职务的，在履行所兼职务过程中形成的公文，由其兼职机关归档。

八、公文管理

1. 各级党政机关应当建立健全本机关公文管理制度，确保管理严格规范，充分发挥公文效用。

2. 党政机关公文由文秘部门或者专人统一管理。设立党委（党组）的县级以上单位应当建立机要保密室和机要阅文室，并按照有关保密规定配备工作人员和必要的安全保密设施、设备。

3. 公文确定密级前，应当按照拟定的密级先行采取保密措施。确定密级后，应当按照所定密级严格管理。绝密级公文应当由专人管理。公文的密级需要变更或者解除的，由原确定密级的机关或者其上级机关决定。

4. 公文的印发传达范围应当按照发文机关的要求执行；需要变更的，应当经发文机关批准。涉密公文公开发布前应当履行解密程序。公开发布的时间、形式和渠道，由发文机关确定。经批准公开发布的公文，同发文机关正式印发的公文具有同等效力。

5. 复制、汇编机密级、秘密级公文，应当符合有关规定并经本机关负责人批准。绝密级公文一般不得复制、汇编，确有工作需要的，应当经发文机关或者其上级机关批准。复制、汇编的公文视同原件管理。复制件应当加盖复制机关戳记。翻印件应当注明翻印的机关名称、日期。汇编本的密级按照编入公文的最高密级标注。汇编，确有工作需要的，应当经发文机关或者其上级机关批准。复制、汇编的公文视同原件管理。

6. 公文的撤销和废止，由发文机关、上级机关或者权力机关根据职权范围和有关法律、法规决定。公文被撤销的，视为自始无效；公文被废止的，视为自废止之日起失效。

7. 涉密公文应当按照发文机关的要求和有关规定进行清退或者销毁。

8. 不具备归档和保存价值的公文，经批准后可以销毁。销毁涉密公文必须严格按照有关规定履行审批登记手续，确保不丢失、不漏销。个人不得私自销毁、留存涉密公文。

9. 机关合并时，全部公文应当随之合并管理；机关撤销时，需要归档的公文经整理后按照有关规定移交档案管理部门。

工作人员离岗离职时，所在机关应当督促其将暂存、借用的公文按照有关规定移交、清退。

10. 新设立的机关应当向本级党委、政府的办公厅（室）提出发文立户申请。经审查符合条件的，列为发文单位，机关合并或者撤销时，相应进行调整。

九、公文式样

(一)公文首页版式(图 1-1)

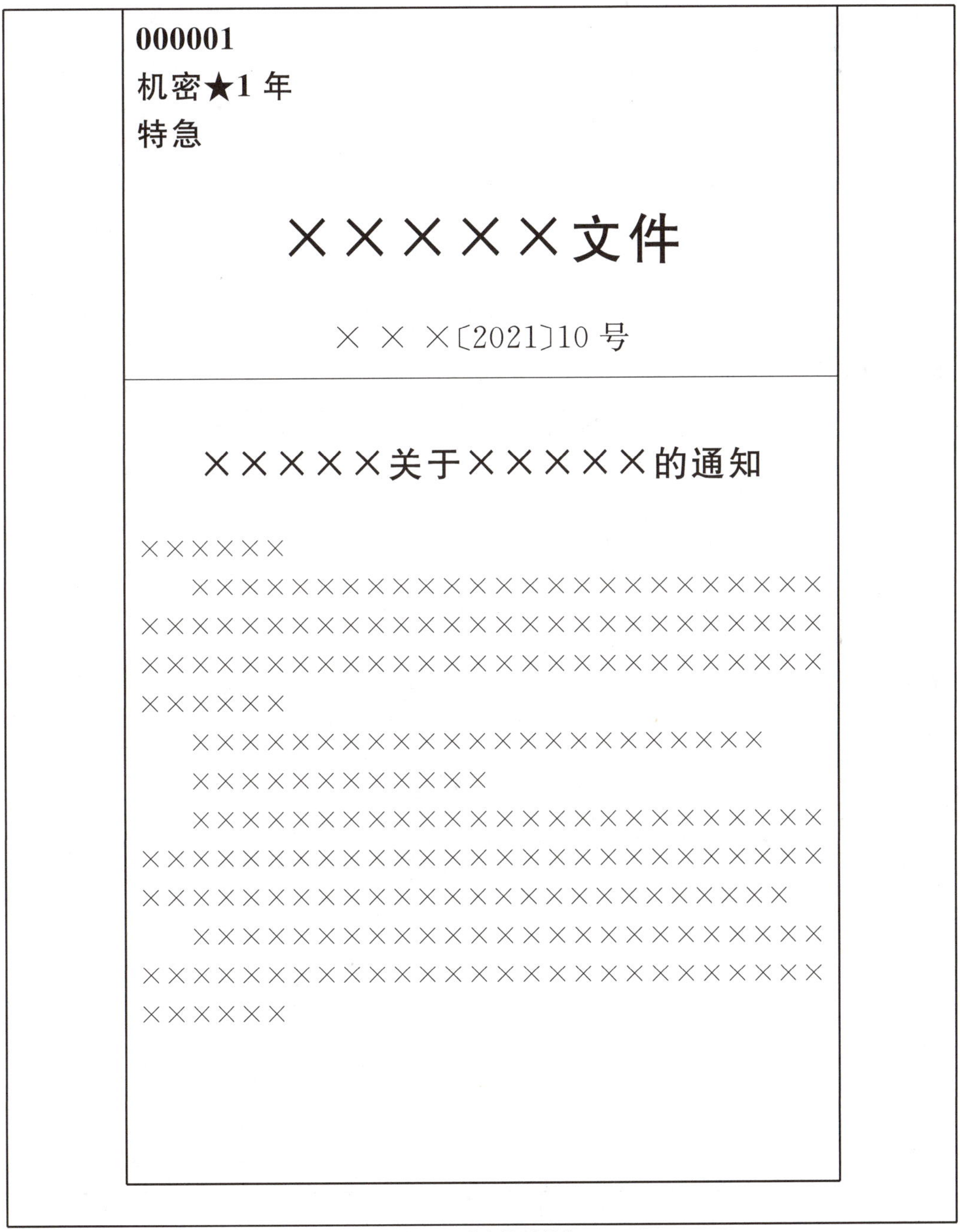

```
000001
机密★1 年
特急


            ×××××文件

          × × ×〔2021〕10 号


         ×××××关于×××××的通知

    ××××××
    ××××××××××××××××××××××××
    ××××××××××××××××××××
    ×××××
    ××××××××××××××××××
    ×××××××××
    ××××××××××××××××××××××
    ××××××××××××××××××××
    ××××××××××××××××××××××
    ××××××
```

图 1-1 公文首页版式

(二)联合行文公文首页版式(图1-2)

```
000001
机密★1年
特　急
            ×××××
            ×　×　×文件
            ×××××


            ×××〔2021〕10 号

        ××××××关于××××××的通知

××××××：
    ××××××××××××××××××
××××××××××××××××××××
××××××××××××××××××××
××××××××××××××××××××
××××××××××××××××××××
×××××××××××
    ×××××××××××××××××
```

图1-2　联合行文公文首页版式

(三)公文末页版式(图 1-3)

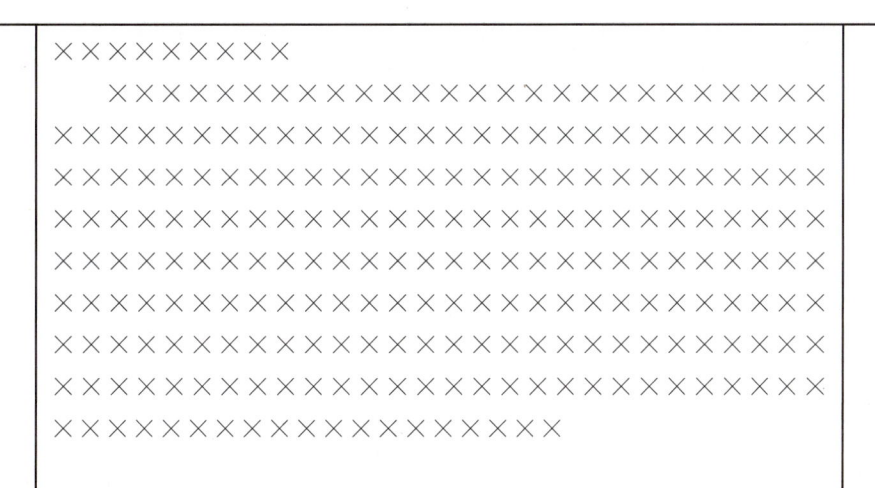

```
××××××××
    ××××××××××××××××
××××××××××××××
×××××××××××××
××××××××××××
×××××××××××××××
××××××××××××××
××××××××××××××××××

                              印 章
                          2021 年 7 月 1 日

   (××××)


抄送:××××××,××××××,××××××,××××××,
     ××××××
×××××××××              2021 年 7 月 1 日印发
```

图 1-3　公文末页版式

（四）联合行文公文末页版式（图1-4）

×××××××
×××××××××××××××××××××××
××××××××××××××××××××××××
××××××××××××××××××××××××
××××××××××××××××××××××××
××××××××××××××××××××××××
×××××××

| 印章1 | 印章2 | 印章3 |

| 印章4 | 印章5 |

2021年7月1日

（××××）

抄送：××××××，××××××，××××××，××××××，
××××××

××××××××　　　　　　　　　　　　2021年7月1日印发

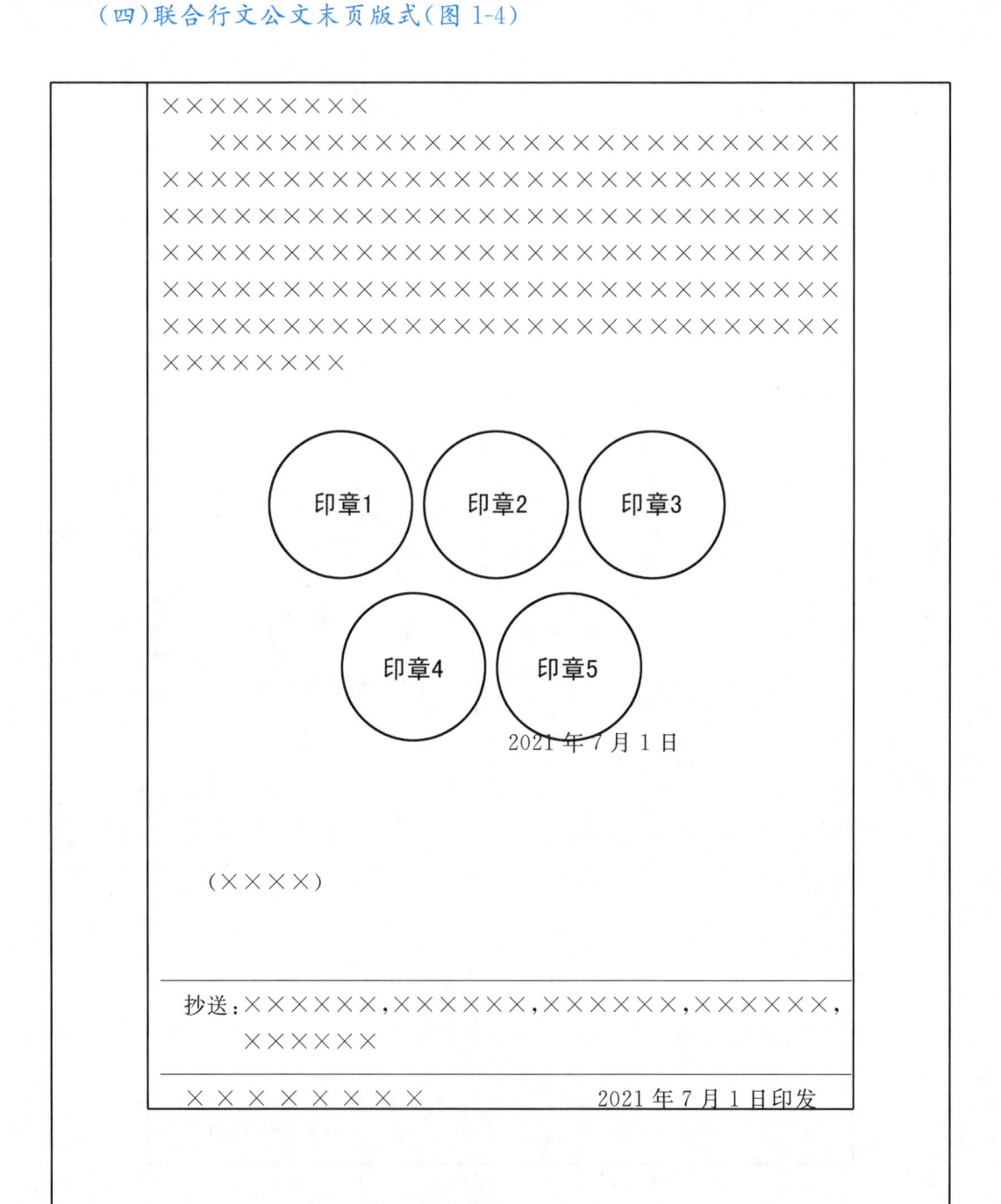

图1-4　联合行文公文末页版式

(五)附件说明页版式(图 1-5)

```
××××××
  ×××××××××××××××××××
×××××××××××××××××××××
×××××××××××××××××××××
×××××××××××××××××××××
×××××××××××××××××××××
×××××××××××××××××××××
×××××××××××××××××××××
×××××××××××××××××××

    附件:1.×××××××××××××××××
         ××××××
       2.××××××××××××××××

                    ×××××××
                    × × × ×
                   2021 年 7 月 1 日
  (××××)
```

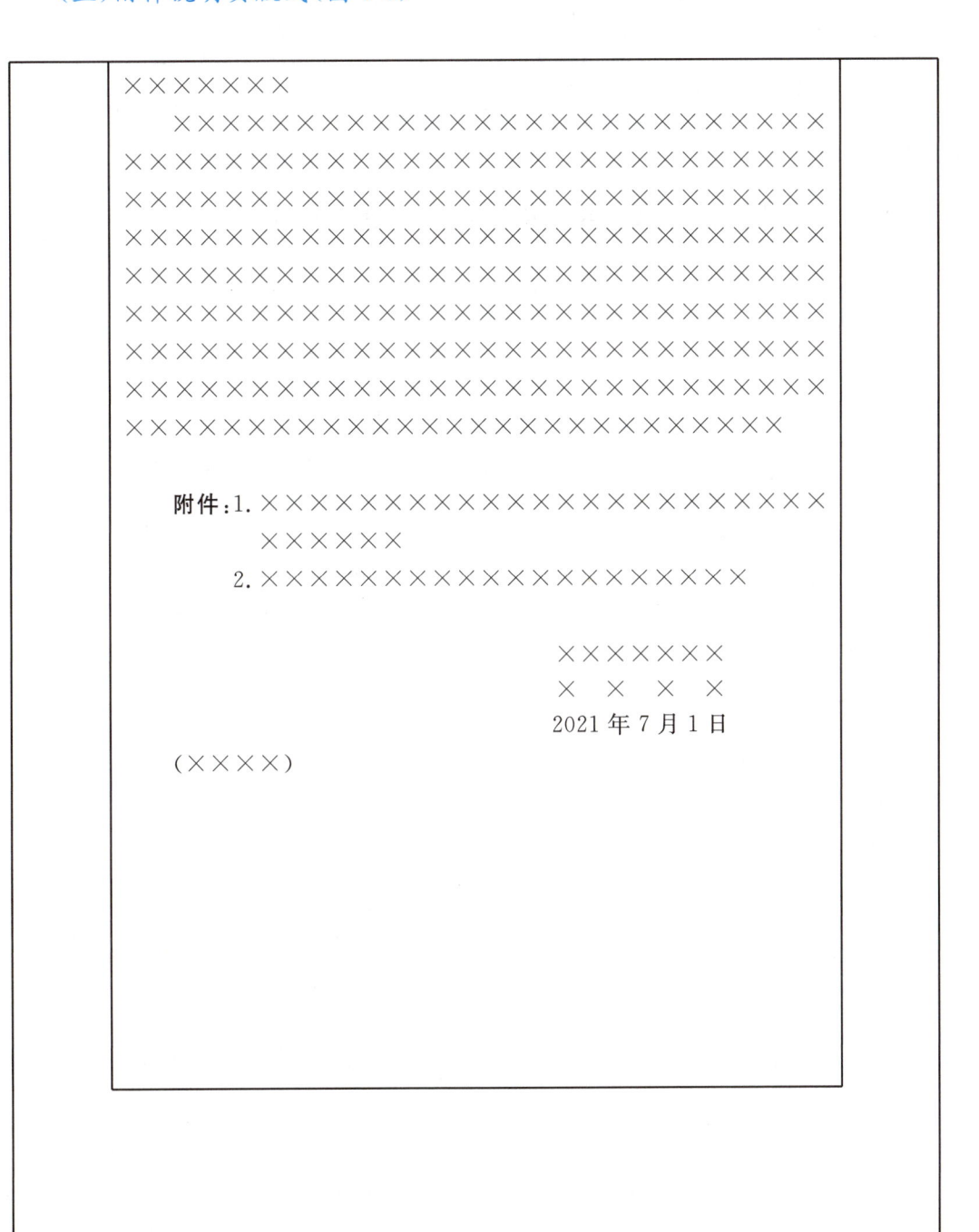

图 1-5 附件说明页版式

（六）带附件公文末页版式（图1-6）

```
附件2

            ××××××××××

    ×××××××××××××××××××××
    ×××××××××××××××××××××
    ×××××××
    ×××××××××××××××××××××
    ×××××××××××××××××××××
    ×××××××××××××××××××××
    ×××××××


    抄送：××××××，××××××，××××××，××××××，
         ××××××
         ×××××××××              2021年7月1日印发
```

图1-6　带附件公文末页版式

拓展训练

一、知识题

1. 填空题。

(1) 公文的发文字号一般包括_____、_____和_____三项内容。

(2) _____、_____和_____是构成规范的公文标题的三个基本要素。

(3) 根据紧急程度,紧急公文应当分别标注"_____""_____"。

(4) 联合行文时,发文机关标志可以并用联合发文机关名称,也可以单独用_____名称。

2. 判断题。

(1) 公文标题中除法规、转发文件、规章名称加书名号外,一般不用标点符号。（ ）

(2) 公文办理包括收文办理和发文办理。（ ）

(3) 党的机关一般不使用命令(令)、公报、通告、议案这四个文种。（ ）

(4)《条例》中规定公文种类为13种。（ ）

(5) 公文格式包括纸张要求、印刷要求和书面格式。（ ）

二、技能题

1. 指出下列公文版头部分的错误并修改。

平急

秘密:5年

××市财政局、××市人事局

联合文件

×人发[22]第02号

2. 指出下列公文主体部分格式的错误并修改。

××市财政局关于贯彻《××市城市特困人员医疗救助暂行办法》有关问题的实施细则

各区县财政局,各委、办、局:

××。

附表:

一、《×××市医疗参保人员医疗救助申请表》

二、《×××市医疗救助人员情况变更表》

三、《特困人员收入证明》

                  ××市财政局（印章）
                  二零二一年三月22日

3.指出下列公文版记部分格式的错误并修改。

主题词：津补贴和绩效工资   提标实施方案请示

××县财政局   二〇二一年七月十五日印

三、写作题

下面为一公文的正文开头，请你按公文格式规定中标题的形式给该文件加上恰当的标题。

【原文】

  近期，我校电信网络诈骗案件频发，给师生个人财产造成了巨大损失，为全面贯彻落实党中央、国务院、省教育厅、省司法厅的部署安排，更好地保障师生财产安全，营造文明和谐的校园环境，经研究，决定开展预防电信网络诈骗宣传教育专项活动，现将有关事项通知如下：

学习情境二 常用公文的写作

学习目标

1. 掌握几种公文的基本格式及写作要求；
2. 了解不同种类公文之间的区别；
3. 学会撰写通知、通报、请示、报告和通告。

思政目标

通过常用公文写作的学习，学生认识到学好公文写作的重要性，培养自身的职业能力，提升职业素养。

知识导读

国家税务总局浙江省税务局通告

尊敬的明星艺人、网络主播纳税人：

依法纳税是每一个公民应尽的义务。明星艺人、网络主播等社会公众人物，更要严格遵守税法规定。

一直以来，税务部门坚持依法依规、持续加强税收服务和监管工作。今年9月份，国家税务总局办公厅印发有关通知后，许多明星艺人、网络主播纳税人主动联系税务部门进行了自查补税。对个别存在涉嫌重大偷逃税问题，且经提醒、督促、警告后仍拒不配合整改的，税务部门依法开展税务稽查工作，选择部分情节严重的重点案件进行了公开曝光。

为进一步营造依法诚信纳税的良好环境，请此前尚未关注自身涉税问题或自查整改不到位的明星艺人、网络主播等，抓紧对照税法及有关通知要求进行自查，并于2021年底前向税务部门主动报告和纠正涉税问题，税务部门将依通知要求从轻、减轻或者免予税务处罚。对仍拒不自查自纠或者自查自纠不彻底的,税务部门将依法依规严肃处理。

感谢您一直以来对税务部门的理解、支持与配合。让我们一起努力,共同营造和维护法治公平的市场环境,促进行业在发展中规范,在规范中发展。

联系电话:0571-87668563,0571-87663257

联系时间:12月22日—12月31日,上午8:30—12:00,下午13:30—18:00

国家税务总局浙江省税务局

2021年12月22日

(资料来源:国家税务总局浙江省税务局官网)

从上面的案例可以看出,公文是党政机关实施领导、履行职能、处理公务并具有特定效力的文书,具有法定的权威性。本情境主要对常用公文的种类、写法及写作要求进行较为详尽的介绍。

理论知识

一、通知

通知适用于发布、传达要求下级机关执行和有关单位周知或者执行的事项。

(一)通知的种类

通知一般可分为以下五种:

1. 指示性通知

指示性通知用于直接发布行政法规和对下级某项工作的指示、要求,带有强制性、指挥性和决策性。指示性通知的事项,一般具有影响面较大、比较紧急和有一定的政策性的特点。

2. 批示性通知

批示性通知又称转发性通知。领导机关用批转、转发的方式发布某些法规,要求下级机关贯彻执行;批转下级机关送来的工作报告、建议、计划,以及沟通情况,以指导工作。

3. 周知性通知

周知性通知多用于上级机关向下级机关宣布某些应知事项,如成立或撤销机构或组织;启用或废止公章;变更一些组织或刊物的名称;出版发行刊物等。这种通知不具有强制性。

4. 会议通知

会议通知用于上级对下级、组织对成员或平行单位之间部署工作、传达事情或召开会议等。

5. 任免通知

任免通知即上级机关用通知的方式将人员的任免情况告知下级机关。

(二)通知的写法

1. 指示性通知

指示性通知一般先写发文的缘由、背景、依据;在事项部分,或写所发布的行政法规、规章制度、办法、措施等,或写带有强制性、指挥性、决策性的原则(或指示性意见)、具体工作要求等。通知内容要切实可行,便于受文单位具体操作。

2. 批示性通知

批示性通知的标题通常由发文单位、"批转"、被批转文件名称、"通知"四部分组成。正文须把握三点:对印发、批转、转发的文件提出意见,表明态度,如"同意""原则同意""要认真贯彻执行""望遵照执行""参照执行"等;写明所印发、批转、转发文件的目的和意义;提出希望和要求。结尾写明发文日期。最后将被批转的文件附后即可。

3. 周知性通知

周知性通知只要写清楚行文的依据、目的和事项即可。结尾写上"特此通知"等习惯用语,以示郑重。要求文字简练、明白。

4. 会议通知

会议通知依据其不同类型,有不同的写法。

(1)通过文件传递渠道发出的会议通知,一般应写明召开会议的原因、目的、会议名称、主要议题、到会人员、会议及报到时间、地点、需要的材料等,通常采用条文式写法,要求内容周密、语言清楚、表述准确,不致产生歧义。

(2)供机关、单位内部张贴或广播的周知性会议通知,正文开头可不写受文对象,应在通知事项中说明会议时间、地点、内容、准备材料及出席人员等。语言力求简短、明白。

5. 任免通知

规范的标题结构为"关于×××等同志职务任免的通知"。正文部分先写明任免的依据,然后写清任免事项,最后要按干部管辖权限抄送主管机关。

(三)通知的写作要求

1. 主题要集中

一份通知一般要求说明一件事或布置一项工作,不能表述多种事情和达到多种目的。

2. 重点要突出

通知的事项交代要清楚,措施要具体,要说清事情的来龙去脉、主要事项、目的要求。

3. 讲求实效

通知的撰写、传递要及时、快捷、高效,不可贻误时机,影响公务的执行和办理。

例文一

关于公布2022年第一季度国债发行计划的通知

财办库〔2021〕223号

2021—2023年储蓄国债承销团成员、2021—2023年记账式国债承销团成员,中央国债登记结算有限责任公司、中国证券登记结算有限责任公司,中国外汇交易中心、上海证券交易所、深圳证券交易所：

现公布2022年第一季度国债发行计划(见附件)。执行中如有变动,以届时国债发行文件为准。

附件:2022年第一季度国债发行计划表

财政部办公厅
2021年12月31日

【评析】 这是一篇周知性通知,正文目的明确,要求具体,格式规范,要言不烦。

例文二

沈阳市财政局转发辽宁省财政厅所转发的财政部办公厅关于开展政府采购备选库 名录库 资格库专项清理的通知

市直各部门,各区、县(市)财政局：

现将辽宁省财政厅《转发财政部办公厅关于开展政府采购备选库、名录库、资格库专项清理的通知》(辽财采函〔2021〕68号,以下简称《通知》)转发给你们,结合我市实际提出以下工作要求,请一并落实。

一、工作要求

开展政府采购备选库、名录库、资格库专项清理工作是优化营商环境的重要举措,市直各部门,各区、县(市)财政部门要高度重视,认真落实《通知》要求,全面梳理通过入围方式违规设库情况,坚决予以清理。市直部门负责组织本部门及所属单位自查清理工作,各区、县(市)财政部门负责组织本地区自查清理工作,确保清理工作全覆盖。

二、清理范围及时限

1. 根据《通知》要求,本次清理范围主要针对截至目前仍在服务期限内的政府采购项目,清理类别包括但不限于财务审计、资产评估、法律服务、印刷服务、车辆维修、车辆加油、维修改造等。

2. 市直各部门3月1日前将《辽宁省政府采购备选库、名录库、资格库清理情况表》(含电子版)等材料报市财政局,如无相关情况,须报送空表。各区、县(市)财政部门3月10日前将《辽宁省政府采购备选库、名录库、资格库清理情况表》(含电子版)及本地区核查清理情况报市财政局。3月15日起,市财政局将对市直各部门、各地区违规设库情况进行抽查,对发现漏报瞒报、清理不到位的,将予以通报批评。

三、接受社会监督

各区、县(市)财政部门要将违规设库情况作为政府采购日常监督、检查的工作重点,对于新的政府采购项目,坚决杜绝以入围方式违规设库情况的发生。同时,要设立举报邮箱和电话,报省财政厅备案后在辽宁政府采购网(www.ccgp-liaoning.gov.cn)进行公示,接受社会公众监督。

市本级违规设库监督电话:024—22873726

邮箱：syczcgb@163.com

附件：

1. 辽宁省政府采购备选库、名录库、资格库清理情况表
2. 转发财政部办公厅关于开展政府采购备选库、名录库、资格库专项清理的通知（辽财采函〔2021〕68号）

沈阳市财政局

2021年2月5日

（资料来源：沈阳市财政局官网）

【评析】 这是一篇转发性通知，标题注明了转发的文件来源，在正文中结合上级文件要求，提出了具体的工作要求、清理时限和范围。

例文三

关于召开全市财政工作会议的通知

为深入贯彻落实全省财政工作会议精神，推动我市财政各项工作顺利开展，经研究，决定召开全市财政工作会议，现将有关事项通知如下：

一、会议时间

××××年3月5日上午9:00，会期半天。

二、会议地点

市财政局培训中心4楼会议室。

三、参会人员

各县（区）财政局长及预算股长、农业开发办主任。

四、会议内容

（一）对先进县（区）进行表彰；

（二）传达全省财政工作会议精神；

（三）总结××××年度全市财政工作和部署××××年财政工作。

五、其他事项

请各参会人员按时参加会议，提前15分钟到场，没有特殊情况不得请假。

××市财政局

××××年2月26日

【评析】 这是一篇会议通知，正文开头写会议的目的和会议名称，接着具体说明了会议议题、时间、地点及其他相关事项。该通知内容完备而具体，可操作性强。

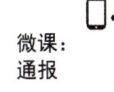

二、通报

通报适用于表彰先进、批评错误、传达重要精神和告知重要情况。

(一)通报的种类

1.表彰性通报

表彰性通报用于上级机关表彰下级机关的先进集体或先进个人,以便树立典型、鼓励先进。

2.批评性通报

批评性通报用于上级机关批评下级机关或个人所犯错误或不良倾向,以便揭露问题,引起有关方面注意,并引以为鉴。

3.情况通报

情况通报用于上级机关从全局出发,传达某些重要决策或情况,以便上情下达,协调工作。

(二)通报的写法

通报的正文一般包括以下内容:

1.通报事实

这是通报的依据,要将被通报事件的时间、地点、当事人、经过、结果交代清楚。

2.分析与评价

从通报事实出发做评价,即指明被通报事件的原因、性质,分析其精神实质,说明其意义和影响等。

3.通报决定

提出对被通报者的表彰或处理办法。

4.提出希望要求

向受文单位提出希望要求,或希望学习先进,做好工作;或要求吸取教训,防止类似事件发生;或针对通报情况提出工作意见。

(三)通报的写作要求

1.内容要典型

应选择新颖的、具有时代性的典型事例,选择与当前中心工作密切相关的重要事项或重大情况。

2.材料要真实

通报的材料必须经过深入细致的调查和反复认真的核实,不得有半点虚假和错漏。

3.结论意见要有指导性

通报在结尾要给出明确、具体的意见,对通报内容予以总结,对工作进行指导。

(四)通知与通报的区别

1.内容范围不同

通知可以发布行政法规,批转和转发公文,传达需要办理的事项等;通报则包括表扬先进、批评错误、传达重要的情况等内容。

2.目的要求不同

通知的目的是告知事项、布置工作,有严格的约束力;通报的目的是交流、了解情况,提高人们的认识。

3. 表达方式不同

通知主要采用叙述的表达方式;通报则兼用叙述、说明和议论的表达方式。

例文一

中国银保监会消费者权益保护局
关于银行服务违规收费典型案例的通报

银保监消保发〔2021〕16号

各银保监局,各政策性银行、大型银行、股份制银行、外资银行、直销银行:

党中央、国务院高度重视金融服务实体经济发展,要求银行业减费让利、切实降低企业综合融资成本。按照国务院有关工作部署,银保监会消费者权益保护局组织开展了小微企业融资收费检查和"清理银行乱收费"专项行动。检查发现,近年来,各银行基本能够贯彻落实党中央、国务院决策部署,加大减费让利力度,违规收费和变相推高融资成本问题有所减少,但仍有部分银行及其分支机构认识不到位、落实不彻底。现将部分违规典型案例通报如下:

一、中国进出口银行执行内部收费减免要求不到位

针对新冠肺炎疫情,中国进出口银行2020年5月22日出台优惠措施,对纳入专项再贷款支持范围名单的企业,阶段性免收转账汇款手续费。经查,该行天津分行在2020年5月25日至11月3日期间,向2户专项再贷款支持范围名单内的企业收取转账汇款手续费2 997元。该分行于检查发现后退还了相关费用。该分行系统无法自动处理收费减免操作,未建立及时确认及退还费用的工作流程,导致内部收费减免要求执行不到位。

二、中国银行未提供银团贷款服务而收费

2018年2月13日、3月2日,中国银行阜阳分行分别向某投资发展公司发放固定资产贷款4亿元、1.75亿元,期限16年。2018年3月27日,该公司向银行支付2 300万元银团贷款安排费。经查,该分行与阜阳颍东农村商业银行签订《债务优化银团协议》,但未提供发起或组织银团、承担分销或部分包销责任、分配分销银团贷款份额、进行银行贷款相关协调安排等服务。

三、浙商银行执行内部收费减免要求不到位

浙商银行出台措施,对小微企业减免签发银行承兑汇票手续费等6项服务收费。经查,该行未有效执行内部收费减免措施,2018年向小微企业收取银行承兑汇票签发手续费183.27万元,2019年1月收取相关费用1.63万元。

四、江苏如皋农村商业银行未合理分担小微企业抵押物财产险保费

《关于进一步规范信贷融资收费 降低企业融资综合成本的通知》(银保监发〔2020〕18号)实施后,江苏如皋农村商业银行于2020年10月向4户小微企业发放6笔共计4 100万元的抵押贷款,同时办理以该行作为受益人的抵押物财产险,7.8万元保费全部由借款企业承担。

五、大华银行(中国)以贷收费

2018年,大华银行(中国)上海分行发起、推荐,经总行审批同意,给予某集团所属

4家公司5 000万美元的授信额度。此后又将授信额度调整为7 500万美元。两份授信审批报告均列明：需要单独签署《咨询顾问服务协议》，咨询服务费为每年提款金额的0.6%。该行上海分行与客户签订《咨询顾问服务协议》，约定提供融资交易所涉相关方盈利水平、资产负债结构等财务状况分析，在2018年10月至2019年8月期间收取咨询服务费71.48万元。

上述案例中，相关银行违反《商业银行服务价格管理办法》《关于进一步规范信贷融资收费 降低企业融资综合成本的通知》《商业银行内部控制指引》等规章制度。银保监会将督促各银行进一步提升金融服务质效，强化服务价格管理和收费行为管控，不折不扣地贯彻落实党中央、国务院决策部署，大力保护和激发市场主体活力。

中国银保监会消费者权益保护局
2021年11月16日
（资料来源：光明网）

【评析】 这是一篇批评性通报。开头概述了批评的缘由，然后分别列举了被批评单位的具体违规事实，最后提出其他银行要吸取教训，严格按照国家要求执行相关政策。全文格式规范，结构合理，内容有理有据。

例文二

关于2020年度金融工作情况的通报

各镇（街道）人民政府（办事处）、区各相关部门、各银行业金融机构、融资性担保公司：

2020年，全区各金融机构、镇街、园区、部门认真贯彻落实党中央和省、市、区相关决策部署，积极助力"六稳""六保"工作，全面支持区委"1＋5"发展格局部署，进一步优化服务、务实创新、奋发进取，多措并举支持中小微企业发展，服务重特大项目建设，为防范化解金融风险、推动实体经济发展、促进经济社会高质量发展提供了有力支撑。按照《区委区政府关于印发淮安区2020年度高质量跨越发展考核办法的通知》（淮发〔2020〕17号）、《区委办区政府办关于印发淮安区银行业金融机构、融资性担保公司支持高质量发展激励办法的通知》（淮办发〔2019〕130号）等文件精神，决定对在金融支持高质量发展中表现突出的先进集体和先进个人（名单附后）予以通报。

希望上述先进单位和先进个人发扬成绩、珍惜荣誉、砥砺奋进、再创佳绩。全区各单位、各部门和广大干部群众要以此为榜样，紧紧围绕区委、区政府的重大决策部署，进一步解放思想、勇于担当、笃实前行，为支持淮安区经济社会高质量发展做出新的更大的贡献。

附件：
1. 2020年度银行业金融机构、融资性担保公司支持高质量发展先进集体、先进个人名单
2. 2020年度金融工作先进集体和先进个人名单

淮安市淮安区人民政府
2021年4月8日
（资料来源：淮安区政府网）

【评析】 这是一篇金融情况年度通报。首先交代了通报的背景和依据,指出通报的事项,结尾对被通报单位提出希望,并对未获表彰的单位提出要求。因涉及表彰的单位和个人比较多,所以用附件的形式加以呈现。这是表扬类型通报常用的格式。

三、请示

请示适用于向上级机关请求指示、批准。

(一)请示的种类

请示根据行文的目的和内容的不同,可分为事项性请示和政策性请示两类。

1. 事项性请示

这种请示是下级机关请求上级机关审核批准某项或者开展某项工作的请示,属于请求批准性的请示。这种请示多用于机构设置、审定编制、人事任免、重要决定、重大决策、大型项目安排等事项。这些事项按规定本级机关无权决定,必须请示上级机关批准。

下级机关在工作中遇到人力、物力、财力等方面难以解决的事项,请求上级机关给予帮助、支持的请示,也是事项性请示。

2. 政策性请示

下级机关往往会在工作中碰到对某一方针、政策等不明确、不理解的问题,或者碰到新问题和新情况。要弄清楚和解决这些问题,可用请示行文,并提出解决的办法,请求上级机关给予明确的解释和指示。

(二)请示的写法

1. 主送机关

请示的主送机关一般只写一个主管上级机关。受双重领导的机关在报送请示时,可同时抄送另一领导机关。

2. 正文

请示的正文一般包括三个部分。

一是阐明情况。这是请求上级机关批准的依据,主要交代请示的缘由、背景、基本情况。这部分既要阐述充分、有理有据,又要简明扼要、开门见山。

二是提出请示事项。这是请求上级机关指示或批准的具体问题。要写清楚请求上级机关帮助解决什么问题,同时明确地表述自己的看法,提出解决问题的意见或建议,使上级机关有针对性地给予批示。这部分要明确具体、切实可行。

三是以征询期复性用语作为结束语。一般用"妥否,请批示""是否妥当,请指示""请予批准""请批复"等习惯用语作为结束语。

(三)请示的写作要求

一要坚持一事一请示。

二要准确地阐明情况,恰当地提出意见或建议。

三要标题规范。不得将"请示"写成"请示报告"。

四要用语得体。请示的用语要谦恭、庄重,结尾应用约定俗成的习惯用语作为结束语。

例文

关于调整2022年内外资任务指标的请示

市招商服务中心:

根据全市统一部署安排,2021年10月1日起,铜陵横港化工园区整体划归铜官区管理,2022年1月1日起,园区指标统计口径全部调整至铜官区。横港化工园区涉及我区外资企业主要有3家,分别是铜陵盈德气体有限公司、铜陵国星化工有限责任公司、铜陵六国威立雅水务有限责任公司。全市完成外资任务主要通过外商直接投资(FDI)和外商再投资(A3),其中外商直接投资(FDI)认定标准高,外商再投资(A3)是我区完成市下达外资目标任务的主要抓手。近三年,我区分别完成市下达外资目标任务的101%、106.6%、102.7%,3家公司做出了突出贡献,甚至2019年三家企业再投资额占全区完成实际额的88.8%。横港化工园区划出我区后,我区将失去1家最大规模的外商独资企业和2家较大规模的中外合资企业,意味着我区今后完成外商再投资的企业(7家企业,盈德气体、利星汽车、正弦半导体、国星化工、六国威立雅、金城码头、生荣科技)基数减少一半。同时,横港片区企业的划转使得六国系企业全面划转,内资方面技改类项目和扩大再投资类项目不再属于我区,产业链中化工类产业项目无法落地,对招商引资项目落地和内资发展也造成了较大影响。

为了科学制定2022年双招双引指标,特恳请贵中心,根据实际情况,将我区2022年外资指标调整为4 000万美元(较2021年的6 900万美元下调42%),将我区2022年内资指标调整为80亿元(较2021年的85亿元下调6%)。

妥否,请批示。

铜陵市郊区商务局
2021年11月22日
(资料来源:铜陵市郊区人民政府网)

【评析】 这是一篇事项性请示。正文要言不烦,简洁明了。

四、报告

报告适用于向上级机关汇报工作、反映情况,答复上级机关的询问。

(一)报告的种类

根据性质的不同,报告可分为综合报告和专题报告两种;根据时间期限的不同,报告可分为定期报告和不定期报告两种;根据内容的不同,报告可分为工作报告、情况报告、建议报告、答复报告和递送报告等。

需要说明的是,有些专业部门使用的报告文书,例如,调查报告、审计报告、咨询报告、立案报告、评估报告等,虽然标题也有报告二字,但其概念、性质和写作要求与行政公文中的报告不同,不属于行政公文范畴,不应混淆。

按内容划分的几种报告,具体如下:

1. 工作报告

工作报告是指向上级机关或重要会议汇报工作情况的报告。它主要用于总结工作,反映某一阶段、某个方面贯彻落实政策、法令、批示的情况,如政府工作报告。

2. 情况报告

情况报告是指用于向上级反映工作中的重大情况、特殊情况和新动态等的报告。这种报告便于上级机关根据下级机关情况,及时采取措施,指导工作。

3. 建议报告

建议报告是指根据工作中的情况动向和存在的问题向上级机关提出具体建议、办法、方案的报告。

4. 答复报告

答复报告是指针对上级机关向下级机关提出询问或要求,经过调查研究后所做的陈述情况或者回答问题的报告。

5. 递送报告

递送报告是以报告的形式向上级呈报有关其他文件、物件的说明性公文。

(二)报告的写法

1. 开头

开头主要交代报告的缘由,概括说明报告的目的、意义或根据,然后用"现将××情况报告如下"转入下文。

2. 主体

主体是报告的核心部分,用来说明报告事项。它一般包括两方面内容:一是工作情况及问题;二是进一步开展工作的意见。

在不同类型的报告中,正文中报告事项的内容可以有所侧重。工作报告在总结情况的基础上,重点提出下一步工作的安排意见。情况报告结构顺序为基本情况、问题、原因、办法及措施,有的情况报告也可以将"情况"及"分析"结合起来写。建议报告的重点应放在建议的内容上,也可以采用标序列述的方法。答复报告则根据真实、全面的情况,按照上级机关的询问和要求回答问题、陈述理由。递送报告只需要写清楚报送的材料(文件、物件)的名称、数量即可。

3. 结语

结语根据报告种类的不同,一般用不同的程式化用语,应另起一段来写。工作报告和情况报告的结语常用"特此报告";建议报告常用"以上报告,如无不妥,请批转各地执行";答复报告多用"专此报告";递送报告则用"请审阅""请收阅"等。

(三)报告的写作要求

1. 坚持一文一事,重点突出

即一份报告不能同时汇报多个工作(综合报告除外),汇报工作、反映情况要选择典型材料和主要数据以突出重点。

2. 注意用事实说话,少发议论

作为陈述性公文,客观真实是报告的第一生命,事实陈述得清楚准确,再加上画龙点睛式的分析,报告自然就会产生力量了。

3. 报告不得夹带请求事项

对下级机关报送来的报告,上级机关可以做出相应批示,也可以不做批示。有人喜欢在报告中夹带请示内容,这是报告写作中常犯的毛病,容易贻误工作,要注意避免。

(四)报告与请示的区别

报告与请示是上行文中两个很接近的文种,其共同点是:在内容方面,都要反映情况,陈述意见;在格式方面,也有许多相同之处,一般都只能主送一个上级机关。但报告和请示是两个不同的文种,其区别如下:

第一,行文的目的不同。请示是为了解决工作中的问题,需要批示和批准。报告是为了让上级了解情况,以沟通和加强上下级联系。

第二,行文的时间不同。请示必须在事前,得到批复、批示、批准后再执行。报告在事前、事中、事后均可进行。

第三,行文的内容不同。请示带有迫切性,需指示、批复。报告是汇报工作,反映情况。

【例文一】

关于代培全日制本科走读生初步安排情况的报告

××市教育局:

在接到要求我院为××市代培部分全日制本科走读生的通知后,院领导进行了认真研究,特将结果报告如下:

一、由于我院教师、仪器设备和教室等条件的限制,我院今年只能招收200人左右。

二、为加强对学生的管理,我们拟将这批学生单独编班,按每班50人编成4个班。

三、我院决定开设的专业是机械制造和热处理。

以上是我院为××市代培全日制本科走读生的具体安排。

专此报告。

×××××学院(章)

××××年×月×日

【评析】 这是一篇答复报告。针对性强,行文简短清晰。

【例文二】

关于2021年地方政府债券发行及市本级预算调整方案的报告

厦门市人民代表大会常务委员会:

受市人民政府委托,我向本次常委会报告2021年厦门市地方政府债券发行及市本级预算调整方案,请予审议。

一、2020年我市地方政府债券发行及使用情况

2020年我市发行地方政府债券372亿元(新增债券343亿元,再融资债券29亿元),其中:5年期1亿元,7年期67亿元,10年期161亿元,15年期53亿元,20年期34亿元,30年期56亿元。

截至2020年年底,我市政府债务余额1 112.1亿元,其中:市本级820.3亿元,区级291.8亿元。我市举借的债务资金主要用于重大基础设施建设,形成了大量优质资产,债务偿还有保障。

二、2021年地方政府债券发行及市本级预算调整方案

2021年3月,财政部提前下达我市2021年新增地方政府债券额度141亿元(一般债券22亿元,专项债券119亿元),拟全部发行。收支预算相应调整如下:

(一)一般公共预算

全市一般公共预算收入总计调增22亿元,列"一般债务收入"科目,相应调增全市一般公共预算支出22亿元,其中:"住房保障支出"科目调增9亿元,"城乡社区支出"科目调增13亿元。

其中市本级一般公共预算收入总计调增9亿元,列"一般债务收入"科目,相应调增市本级一般公共预算支出9亿元,列"住房保障支出"科目,用于保障性安居工程建设。

其余一般债券13亿元,用于区级项目,其中:海沧区6亿元,翔安区3亿元,思明区2亿元,湖里区2亿元。区级预算调整方案由区政府按程序报区人大常委会批准。

(二)政府性基金预算

全市政府性基金预算收入总计调增119亿元,列"专项债务收入"科目,相应调增全市政府性基金预算支出119亿元,其中:"城乡社区支出"科目调增114亿元,"交通运输支出"科目调增5亿元。

其中市本级政府性基金预算收入总计调增92亿元,列"专项债务收入"科目,相应调增市本级政府性基金预算支出92亿元,其中"城乡社区支出"科目调增87亿元,"交通运输支出"科目调增5亿元,用于市级重大基础设施、污水处理设施、翔安机场高速公路等项目。

其余专项债券27亿元,用于区级项目,其中,思明区10亿元,湖里区10亿元,翔安区3亿元,集美区2亿元,同安区2亿元。区级预算调整方案由区政府按程序报区人大常委会批准。

三、做好下阶段政府债务管理工作

下一步,市政府将及时组织新增地方政府债券发行,确保债券资金尽快投入到项目上;加强债券资金支出管理,督促主管部门和项目单位加快项目建设进度,尽快形成实物工作量,提高债券资金使用效益;强化政府债务风险防控,加强专项债券项目平衡管理,动态监测市、区债务风险,及时排查风险隐患。

各位委员,市政府将在市委的坚强领导下,自觉接受市人大及其常委会的监督和指导,认真落实本次会议决议,进一步加强政府债务管理,促进我市经济持续健康发展,以更

高水平建设高素质、高颜值的现代化、国际化城市!

　　以上报告,请予审议。

　　附表:1.厦门市2021年一般公共预算和政府性基金预算可安排财力变动表

　　　　2.厦门市2021年一般公共预算和政府性基金支出预算调整表

　　　　3.厦门市本级2021年地方政府债券项目安排情况表

　　　　4.厦门市本级和各区政府债务限额情况表

厦门市财政局
2021年4月22日
(资料来源:厦门市人民政府网)

【评析】 这是一篇情况报告,用于向上级反映重大情况,予以审议通过的说明性公文。

五、通告

通告适用于在一定范围内公布应当遵守或者周知的事项。

(一)通告的种类

1. 规定性通告

规定性通告是国家政府职能部门依法公布有关政策,要求一定范围内的单位、部门和人员遵守、执行的事项。

2. 周知性通告

周知性通告是政府机关或企事业单位告知有关单位或人员需要知道的事项。

(二)通告的写法

通告的正文要写明通告缘由、通告事项,其中:

通告缘由是发通告的依据、目的,要写得简明扼要、引人注意。

通告事项是受文单位应该遵守或周知的事项,要写得具体明确,内容较多时应分条列项,以便醒目。一般以"特此通告"这一习惯用语结尾。

(三)通告的写作要求

第一,撰写通告,要从实际出发,依据有关法令政策,使之有针对性,维护国家和人民群众的利益。

第二,行文要求准确、严密,语言要简明通俗,便于群众理解和遵守。

例文一

关于2021年度取得会计专业技术中级资格人员的通告

2021年度会计专业技术中级资格考试已经结束。经复核,确认辽宁省共有7 271人取得会计专业技术资格中级证书,现予通告。证书发放的具体时间和地点,请关注报名所在地人力资源和社会保障局及考试管理部门网站通知。

附件：辽宁省2021年度取得会计专业技术中级资格人员名单

辽宁省会计专业技术资格考试领导小组办公室
2021年12月8日

（资料来源：辽宁会计网）

【评析】 这是一篇周知性通告。标题由事由和文种组成，正文开头写明了发文的缘由，通告的事项简明扼要、可操作性强。

例文二

工业和信息化部　　公安部
关于依法清理整治涉诈电话卡、物联网卡以及关联互联网账号的通告

为深入贯彻落实党中央、国务院决策部署，坚决遏制电信网络诈骗犯罪高发、多发态势，切实维护广大人民群众合法权益，按照《中华人民共和国刑法》《中华人民共和国治安管理处罚法》《中华人民共和国网络安全法》《互联网信息服务管理办法》等相关法律法规要求，现就依法清理整治涉诈电话卡、物联网卡以及关联互联网账号有关事项通告如下：

一、凡是实施非法办理、出租、出售、购买和囤积电话卡、物联网卡以及关联互联网账号的相关人员，自本通告发布之日起，应停止相关行为，并于2021年6月底前主动注销相关电话卡、物联网卡以及关联互联网账号。对通告发布后仍然进行上述非法行为的人员，将依法依规予以惩处。

二、电信主管部门、公安机关将持续深入推进"断卡行动"，以零容忍态度，依法严厉打击非法办理、出租、出售、购买和囤积电话卡、物联网卡以及关联互联网账号的行为，全力清理涉诈号卡资源。

三、电信企业、互联网企业应按照"谁开卡、谁负责，谁接入、谁负责，谁运营、谁负责"的原则，严格落实网络信息安全主体责任，加强电话卡、物联网卡、互联网账号的实名制管理，加强涉诈网络信息监测处置，强化风险防控。

四、电信企业应建立电话卡"二次实人认证"工作机制，针对涉诈电话卡、"一证（身份证）多卡"、"睡眠卡"、"静默卡"、境外诈骗高发地卡、频繁触发预警模型等高风险电话卡，提醒用户在24小时内通过电信企业营业厅或线上方式进行实名核验，在规定期限内未核验或未通过核验的，暂停电话卡功能，有异议的可进行投诉反映，经核验通过的可恢复功能。通过电信企业营业厅认证的，电信企业应要求用户现场签署涉诈风险告知书；采用线上方式认证的，电信企业应要求用户阅读勾选涉诈风险告知书，录制留存用户朗读知晓涉诈法律责任的认证视频。

五、互联网企业应根据公安机关、电信主管部门有关要求，对涉案电话卡、涉诈高风险电话卡所关联注册的微信、QQ、支付宝、淘宝等互联网账号依法依规进行实名核验，对违法违规账号及时采取关停等处置措施。

六、公安机关统一负责用户投诉受理、涉卡违法犯罪线索举报等事项，全国统一受理

电话为96110。

广大人民群众要提高风险防范意识,配合开展此次清理整治工作,并积极向公安机关举报涉及电话卡、物联网卡以及关联互联网账号的违法犯罪线索。

特此通告。

工业和信息化部　公安部
2021年6月2日

(资料来源:中华人民共和国工业和信息化部网站)

【评析】 本文是规定性通告。全文就依法清理整治涉诈电话卡、物联网卡以及关联互联网账号做出具体解读。行文清晰,目标明确,便于了解、实施。

拓展训练

一、知识题

1.填空题。

(1)通知的常见类型有_____、_____、_____、_____和_____五种。

(2)通报除表彰性通报、批评性通报外,还有_____通报。

(3)_____适用于公布社会各有关方面应当遵守或者周知的事项。

(4)请示按请示目的和内容,可分为_____请示和_____请示两类。

2.判断题。

(1)在公文中,通知是使用得最多、使用频率最高的一个文种。　　　(　)

(2)通知和通告都是要告知某事项,两者在写法上没什么区别。　　　(　)

(3)通报是用来批评错误的。　　　(　)

(4)报告和请示的事项必须是单一的。　　　(　)

(5)报告中有总结工作的成分,所以报告跟工作总结没有什么区别。　　　(　)

二、技能题

1.改错题。

(1)辽宁省人事厅(18)第七号文。

(2)××县农业银行支行请示拨款修建办公楼。

(3)××市××局关于转发关于规范党员干部网络行为的意见的通告。

2.将下面公文的标题填写完整,并在正文的空白处填上适当的词。

(1)
皇姑区人民政府办公室
关于转发(　　　　　　)的通知
沈皇政办发〔2021〕1号

各街道办事处,区直各相关部门,各社区:

为全面加强我区无主残土、建筑装修垃圾杂物有序化收集清运排放,进一步提高我区公共场所环境质量,按照区政府工作要求,结合我区实际情况,区城管局制定了《皇姑区无主残土杂物清运工作实施方案》。现将此方案转发给你们,请认真落实。
　　(　　　　　)。

皇姑区人民政府办公室
2021 年 2 月 3 日

（2）关于(　　　)初级会计专业技术资格考试合格标准有关问题的通告
　　根据2021年度会计专业技术初级资格考试数据统计分析,经商财政部,现将考试合格标准有关事项通告如下：
　　一、2021年度会计专业技术初级资格考试各科目的合格标准均为60分(各科目试卷满分均为100分)。
　　二、请各地抓紧做好证书发放及考试后期的各项工作。

人力资源社会保障部办公厅
2021 年 7 月 17 日

(　　　　　)

3.指出下面会议通知中存在的问题,然后加以修改。

××市教育局通知

全市各有关单位：
为深入推进教育系统作风效能建设,进一步提升各校(单位)财务管理水平,强化财务工作人员财经纪律意识,经研究,决定召开教育系统财务培训暨纪律警示教育会议,现将有关事项通知如下：
一、会议时间：10 月 31 日在××招待所报到,会期两天。
二、参加会议人员：
1.各校(单位)副校级以上领导,总务主任、报账员,信访监督员(见附件1)；
2.局机关、教育经费结算中心全体人员。
三、资料自备。
四、差旅费自理。
五、特此通知。

××市教育局办公室
二○二一年十月二十日

三、写作题

1.根据以下材料,以厂财务科的名义写一份向厂长汇报情况的专题报告。
　　××厂财务部门2021年4月一个月内接连发生三起违反财务制度的事。
　　第一次是4月6日,采购员张××到财务科借领了三张空白转账支票,张××在支票借领登记簿上登记的最高用款限额是 24 000 元,但他在6日、7日两天内连续填写发出的金额却是 32 600 元,以致超过该厂账户余额 6 000 元。张××超额填用支票后未及时告知该厂财务科出纳员。
　　第二次是4月12日,设备科李××到厂财务科借购买设备零件款 48 672 元,当时银行存款日记账余额虽为64 379元,但银行已于10日从该厂账户中转扣上季度贷款利息16 548元,故实际存款余额只有47 831元。出纳员未及时去银行取回贷款利息的付款通知,不知道存款余额已经减少。

第三次是4月21日,财务科收到银行转来××市××厂委托收款(材料款36 000元)的付款通知,出纳员立即将此付款通知转给供应科曹××科长,请他在两天内答复是否同意付款,不料曹××因有急事第二天出差离厂,匆忙中没有向出纳员回复此事。银行因该厂在三天内未表示异议,于第四天将此36 000元材料款从该厂款中划付,当天出纳员忘了此事,又开出转账支票一张,金额共7 900元,超过了存款余额960元。

银行对以上三起违规事项向厂财务科提出警告。

要求:

(1)在报告中依次阐述清楚每次违规事实,并认定违规的责任人。

(2)提出建立防止再次发生类似违规现象的责任机制的建议,并提出具体执行办法。

2.根据以下材料写请示。

××食品店是××市的一家百年老字号商店,此店经营有传统特色的食品,由于经营有方,又地处市中心繁华地段,故生意很好,常年的资金利润率都高出同行业70%～80%。现在该店想扩大规模,在另一地段增设门店。

请你以该店名义向××市商务局写一个请示。写作时可采用本地某家老字号商店的实名进行模拟写作。

3.用下面的材料写一个揭露错误行为的批评性通报。

2021年3月,××医院在修建一座联合大楼时,在未经规划部门批准的情况下,擅自扩大联合大楼建设项目的建设规模,增建两层办公用房,计1 132平方米。××建筑公司为其进行施工。为此,××市人民政府对这种违反建设程序规定的做法做出如下处理:

(1)对××医院和××建筑公司予以通报批评。

(2)对这两层违规违纪建设的办公用房予以没收,交由市委宣传部统一安排。市政府告诫各主管部门对在建项目加强检查,发现擅自扩大建设规模的,要坚决制止、纠正,并申明今后对类似问题要追究有关人员直接责任。

4.用下面的材料拟写一份恰当的公文。

情境设定:2022年5月12日,沈阳市政府准备组织全市马拉松比赛,具体时间是9:00—13:00,路线为奥体中心到世博园,为确保活动安全,届时青年大街至东陵路全线禁止各种车辆通行。

请代拟一份恰当的公文(要求:围绕目的和主旨选材,表述要简洁,内容要周全)。

模块二

事务文书

- 学习情境一 计划的写作
- 学习情境二 总结的写作
- 学习情境三 简报的写作
- 学习情境四 演讲稿的写作
- 学习情境五 规章制度的写作
- 学习情境六 应聘文书的写作

学习情境一　计划的写作

学 习目标

1. 了解计划的概念、特点及种类；
2. 学习计划的结构和内容；
3. 掌握计划的写作要求；
4. 学会撰写计划。

思 政目标

通过计划的学习，学生明确"凡事预则立，不预则废"，在工作中养成良好的职业习惯。

知 识导读

南通发布健康 2030 规划 预期寿命将达 83 岁以上

　　4日，随着全市卫生与健康大会暨深化医改推进会的召开，《"健康南通2030"规划纲要》（以下简称《规划纲要》）正式发布。该规划纲要设定了全民健康素养提升行动、健康环境绿色发展行动等12项重点任务，目标到2030年，健康优先的制度设计和政策体系更加完善，健康领域整体协调发展，健康生活方式得到普及，健康服务优质公平，健康产业成为城市支柱性产业之一，人人享有高质量的健康服务和高水平的健康保障，全民健康水平大幅提高，生活质量不断提升，城乡居民主要健康指标达到国内先进水平，把南通打造成长三角北翼医疗健康服务高地。

　　当前南通老龄化现象严重，《规划纲要》中提到：实施老年人科学健身行动计划，不断创新适合老年人特点的健身项目和方法；加快康复、老年病、长期护理、慢性病管理、安宁疗护等医疗机构建设;加强社区居家养老服务中心、养老机构与医疗机构的衔接;支持社会力量大力发展护理院,鼓励发展品牌连锁护理机构;到2020年,实现社区居家养老和养老机构医疗卫生服务全覆盖。

针对"看病难",《规划纲要》提出要实施"健康南通"云服务计划,以网站、移动客户端、微信、APP等形式,向居民提供网上预约、线上支付、在线随访、健康咨询等互联网健康服务;加大医疗卫生领域接轨上海力度,推进实施"102030"能力提升工程,与上海10所医学院系建立合作关系,与上海20家以上的三级甲等医院开展全方位医疗技术交流合作,与上海三级甲等医院之间至少有30个重点学科(专科)全面对接。

在深化体制机制改革上,《规划纲要》提出要深化公立医院改革,加快建立现代医院管理制度,探索政事分开、管办分开的有效实现形式。改革医保支付方式,全面建立医疗费用总额控制下的按病种付费、按疾病诊断相关分组付费、按人头付费、按项目付费等多元复合支付方式。加快推进医药价格改革,逐步构建以成本和收入结构变化为基础的医疗服务价格动态调整机制,合理体现医务人员技术劳务价值。建立符合医疗卫生行业特点的薪酬制度,健全激励约束机制,调动医务人员积极性,逐步实现公立医院收入分配的科学化、规范化。加快政府职能转变,推进健康相关领域简政放权、放管结合,促进公平竞争,提高政务服务效率,建设高效运行的服务型政府。

人才是实现"健康南通"各项目标的必要因素,《规划纲要》明确,要实施医学重点学科建设和人才战略,健全完善高层次人才自主培养、高端引进制度,集聚优秀医学重点人才,加大培养和引进力度。加强高层次健康人才队伍建设,培养选拔健康相关领域具有国内先进水平的领军人才,引进一批具有国际领先水平的学科带头人,构筑南通医疗卫生人才高地,到2030年,全市医疗卫生单位博士增加到300名,省333人才、市226人才培养达到400名。

"健康南通"离不开大量资金的投入。《规划纲要》提出,建立健全政府主导的多元化健康投入机制,鼓励各类创业投资机构、支持健康服务领域创新型新业态和小微企业,引导和支持社会资本参与项目建设,开展银企合作,创新适合健康服务业特点的金融产品和服务,多渠道满足健康服务业发展的资金需求。

(资料来源:人民网,2018年7月6日)

从上面的案例中我们可以看出计划能指导人们按既定的方向和目标努力奋斗,可以增强自觉性,减少盲目性,少走弯路。一般来说,计划的种类包括哪些?其结构和内容都有哪些?本学习情境将围绕这些问题进行详细解读。

理论知识

计划是预先对一定时期内要完成的工作或任务所做的打算和安排。计划可以统一思想,协调行动,增强自觉性,减少盲目性,使工作正常有序地开展;同时,还便于领导的检查监督,也可以为总结经验教训提供必要的依据。所以,在开展工作时,为了更好地完成工作任务,就需要根据党和国家的方针、政策以及上级指示精神,结合本部门、本单位的实际情况,规定奋斗目标,提出具体要求,制定相应措施,限定完成期限,把这些实际的想法清楚地写成书面材料。这就是计划。

一、计划的特点和种类

(一)计划的特点

1. 全面性

计划是为了完成某项工作或者任务,对有关工作的全面部署或者安排。

2. 预期性

计划制订者要正确地判断实际情况,并且对未来一定时期内的工作做出合理安排。这种由未经行动的情况到成为事实的内容,具有预测未来的特征。

3. 目的性

计划中所采取的措施和办法,从根本上讲都是为了一定的目的服务的,目的性是计划的灵魂和生命,是计划的出发点。

4. 可行性

计划以实现工作为基础,既不能毫无突破,无所进取,又不能脱离实际,好高骛远,必须充分考虑主客观条件,实事求是,切实可行。

(二)计划的种类

计划的种类很多。按时间划分,有长期(五年以上)计划、中期(三年以上、五年以下)计划、短期(年度、季度、月份、旬、周)计划等。

计划是一种统称,常见的日程安排、内容要点、规划、方案、设想、打算等都属于计划。具体名称,是由目标远近、内容详略和时间长短等方面的不同而决定的。

1. 日程安排

日程安排在时间上要短些、近些,内容往往单一而细致,凡是召开各种会议、开展各种活动、突击完成各项工作等需要分工负责的日常性工作,都必须事先进行安排。日程安排的写法也有自己的特点:内容较为简洁、单一;实现要求具体、周密;讲究条理;布置工作落实到日期;形式不拘一格(可以用条文,也可以用表格)。安排的内容条款,在正常情况下必须是能办到的,因此写日程安排务必要妥当、周密、带有某种规章性。

2. 内容要点

内容要点是对一定时期内的工作所做的提纲式的简要安排,它只需要明确工作的主要内容,而不讲其他有关问题。其特点是:内容的提要性,即抓住工作内容中起主导作用的最主要、最重要的方面,择其要而提之;语言的简明性,即分条列项,简而言之,一目了然。内容要点常在单位、系统内部使用。它便于布置和指导工作,一个时期主要抓了什么工作,领导机关要定下几项要点,发挥指令效用,形成对下级单位的领导,同时也为具体安排工作提供依据。

3. 规划

规划与日程安排不同,在时间上要长远些,内容则往往简明扼要。因此,人们多称之为长远计划。规划是专门就全局性工作和发展问题,从宏观上所做的长远计划,也就是具有战略指导意义的总体设想和布置。规划的显著特点有三个:一是长远性,从时间上看多在五年以上,有的甚至长达十几年或者几十年;二是战略性,它是在全局总体思想指导下对工作的开展进行战略设想的结果,着眼的是全局、是发展、是高度概括和原则性部署;三是理论性,这主要表现在它不只是提出相应措施,还必须从现实与科学设想的发展目标结合上,去阐明道理,论证所提出的目标任务和措施的正确性、可行性,这一点是日程安排和内容要点所不及的。

4. 方案

方案是对较大规模的工作的定额、目的、要求方式和方法、具体程序,都做出全面考虑的计划。它既有计划的特点又有决策的意义。

5. 设想

设想是对长远的工作或者某种利益所做的初步的、非正式的计划。

6. 打算

打算是指对在近期要做的事情的计划,对具体措施和步骤仅做初步的考虑。

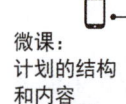

二、计划的结构和内容

计划的写作没有固定格式,写法比较灵活。它一般由标题、正文、落款三个部分组成。

(一)标题

标题一般要写在第一行正中,由制订计划的单位名称、适用期限、计划的内容和文种四个部分组成。有时也可以省略单位名称或者适用期限(在标题下面标明),但必须有计划的内容和文种。若计划未经会议讨论正式通过,要在标题之后的括号内标明"讨论稿""初稿""征求意见稿"等;不成熟的计划用"草稿""试行"等字样。

(二)正文

正文就是计划的内容,一般包括目标、工作安排和执行要求等,它回答做什么、怎么做、什么时候完成等问题。它是对计划的四要素(指导思想、任务目标、方法措施以及具体步骤)的详尽阐述。正文一般分为前言、主体、结尾三个部分。

1. 前言

前言主要是提纲挈领、简明扼要地说明有关方针政策、上级指示、指导思想等制订计划的依据,交代总目标和总任务,这是计划的出发点,也是计划的灵魂和生命。有时为了提出充分的依据,也可以简要分析前一段工作,扼要总结它的经验教训,对完成计划的有关条件和问题进行分析,这是计划产生的基础。有的计划也可以不用前言直接进入主体部分。

2. 主体

计划的主体部分着重说明要做的工作事项,它是为完成总目标、总任务而按照一定的工作类别和主次关系分别安排的具体工作。这部分首先要写明做什么,即工作任务是什么,而且要提出所要达到的标准,这是全文的重点,要写得具体明确。一般采取分条列项的方法,用小标题或者段首主旨句的形式加以叙述,以便达到眉目清楚、要点明确、便于掌握的效果。其次是回答怎么做的问题,提出实现总目标、总任务的具体方法,如举措、分工、岗位责任、协作、注意事项等。另外,要安排出实现任务目标的工作程序,划出阶段,大体分配时间,并且扼要提出各阶段的期限、任务以及完成任务的具体措施等,时间步骤的安排一定要合乎本项工作自身的客观规律。

这部分内容的安排可用条文式或表格式。条文式计划适用于时间较长、范围较大的计划,其特点是通过书面文字分条列项地将整个计划的内容反映出来。表格式计划一般适用于时间较短、范围较小、问题较简单的计划,如财经工作中的成本计划、财务工作计划等,其特点是把计划内容数字化,并且通过必要的文字加以说明。同时,主体部分材料的安排,可以是递进式的,几项内容环环相扣;也可以是并列式的,把目标、措施、步骤、责任者等内容结合成一体,各条内容按一定的逻辑顺序前后排列。

3. 结尾

结尾可对计划的其他事项进行补充说明,包括计划的实施要求、检查或者修订办法等。如果无须表达这些内容,可以不单设结尾。

(三)落款

落款主要写明制订计划的单位名称以及计划正式通过的时间。如对外行文,要在落款处加盖公章。另外,有的计划中,有些材料不便在正文中逐条表达,可作为附件在正文后分别说明,这也是计划的重要组成部分。

三、计划的写作要求

(一)要事前准备充分

制订计划之前要根据计划的基本内容,做总体构思,然后在收集了有关材料的基础上,开始动笔起草。

(二)要从实际出发

从实际情况出发,是制订计划时应坚持的一个重要原则。要以有关的方针政策作为指导方针,紧密结合本部门、本单位的实际情况,实事求是地制定任务指标及措施,不说假话、大话、空话,使计划既先进积极,又切实可行,而且留有余地。

(三)要力求具体明确

制订计划,要解决"做什么""怎么做""什么时间完成"等问题,因此,内容要具体,条理要分明,文字要恰当,以便执行和检查。如果写得笼统、含糊,就会使人不得要领。所以,写计划要求语言准确、简明扼要、层次分明、数据可靠，便于掌握。

（四）要经常检查并做必要的修改

在计划实施的过程中，要进行定期或者不定期的检查。如果发现计划中有些项目与客观情况不符，或者客观情况有了变化，那就要及时地修改计划。

例文一

龙川县财政局2022年工作计划

2022年，县财政部门将全面深入学习贯彻习近平新时代中国特色社会主义思想，紧紧围绕县委、县政府的工作部署，充分发挥财政职能作用，立足新发展阶段、贯彻新发展理念、融入新发展格局，以抓铁有痕的决心做好财政各项工作，贯彻落实习近平总书记关于"六稳""六保"重要指示批示精神，切实兜牢"三保"保障底线，全力服务于县域经济社会和民生事业高质量发展，为龙川县经济社会高质量发展提供坚实的财政保障。

一、以持续加力挖潜增收、培植财源为切入点，推动经济发展行稳致远。一是继续落实积极财政政策，深入贯彻落实各项减税降费政策措施，推动供给侧结构性改革，降低实体经济成本，激发市场主体活力，营造良好营商环境。二是强化税收征管，做到应收尽收，深化部门协同配合，完善构建涉财税源数据共享机制，确保涉税信息畅通，加强园区企业和房地产企业税收征管，抓好欠税清缴工作，防止征管漏洞，深度挖潜税收增长空间。三是落实支持实体经济发展系列政策，加大科技创新战略、企业技术改造等省级专项资金的争取力度，推动实体经济规模体量、质量效益同步提升。四是创新思路，积极拓宽财政资金渠道，用足用好地方政府债券资金，做好项目谋划和前期准备，积极争取新增债券推动重点项目建设。

二、以持续增进民生福祉为落脚点，切实保障和改善民生。一是加大存量资金盘活和统筹力度，压减公用经费和非刚性项目支出，强化资金统筹使用力度，全面梳理、有效盘活政府各类闲置资源资产，增加民生保障可支配财力，全力保障"三保"支出。二是坚持以推进基本公共服务均等化为导向，推动区域协调发展和城乡统筹共建，做好普惠性、基础性、兜底性民生建设，持续加大文化、教育、医疗卫生等重点民生事业投入，积极回应人民群众新期待。三是重点领域持续发力，聚焦脱贫攻坚成果同乡村振兴有效衔接；聚焦污染防治和生态建设；聚焦新冠肺炎疫情防控常态化；聚焦"三大平台"建设，努力实现人民美好生活需要。

三、以推动各项改革落地见效为突破点，加快构建现代财政体系。一是深化财政资金项目库管理改革，落实"项目等钱"理念，完善项目储备机制，为预算科学精准编制、高效执行和承接管好用好上级资金夯实基础。二是深化涉农资金统筹整合改革，健全投入保障机制，进一步提高财政资金的使用效率，推动乡村振兴工作取得新进展。三是深化部门预算改革，严格执行《龙川县部门预算调整管理暂行办法》，规范部门预算调整行为，强化预算约束力。四是深化镇级财政管理体制改革，厘清县和乡镇财政事权和支出责任关系，加快建立权责清晰、区域均衡的县、镇财政关系。五是完善"数字财政"，推动财政核心业务与省、市共享共通,通过信息化手段提升财政治理能力,实现财政管理有载体、财政监控有抓手、财政决策有支撑。六是推进财政资金统筹使用,加强政府性基金预算、国有资本经营预算和一般公共预算的有机衔接,提高财力综合保障能力。

龙川县财政局
2021 年 11 月 22 日

(资料来源:河源市龙川县财政局官网)

【评析】 这份计划的前言部分点明了制订计划的依据,明确了工作指导思想,主体部分做了详尽的学习计划并提出了具体的要求。内容扼要,条理清晰,重点突出,具有可操作性。

拓展训练

一、知识题

1.填空题。

(1)计划的结构通常是由_____、_____和_____三个部分构成的。

(2)计划的内容一般包括_____、_____、_____等。

(3)_____是对长远的工作或者某种利益所做的初步的、非正式的计划。

(4)计划的标题通常由_____、_____、_____和_____四个部分组成。

(5)_____是对在近期要做的事情的计划,对具体措施和步骤仅做初步的考虑。

2.判断下列各计划的标题是否恰当。

(1)××乡发展高产优质高效农业的五年安排

(2)××市××局八月份政治学习纲要

(3)××商场三月份销售设想

(4)××市××区 2019 年环保工作设想

(5)××市总工会 2019 年开展职工活动的初步要点

二、技能题

试指出下面这份计划存在的问题并修改。

2021—2022 学年度第一学期团支部工作计划

不知不觉中我们走过大一,对激情燃烧的岁月留下了无限的回忆。昨日,我们还带着满腔的热情忙学习,忙锻炼……今日,当我们回首,我们都在因昨天的成绩而欢欣。

步入大二,我们依然年轻,拥有大一的经验,本学期的生活不会单调,本学期的我们不会寂寞,我们打算在上好团课的基础上,开展丰富多彩的团日活动,因为激情依旧在,形式有不同。

中秋之夜,我们"唱晚",响遍校园

正值新生入校,军训开始不久,我们班将在 9 月 24 日中秋节晚上开展"中秋联欢"活动。

中秋节是我们的传统节日,许多大一新生可能是第一次独自在外乡过中秋节,因而我们将使气氛更融洽,希望每个同学都能感受到"家"的温馨。

10 月,我们将响应团总支号召,积极认真学习新的规章制度。千里之行,始于足下,我们只有点点滴滴地努力,事事都认真对待,这样才可以成大器。届时,我们将以团小组为单位,开展研究与讨论活动,并请每个小组派 2~3 名代表,交流一下学习心得与重要事项。我们觉得,在一系列的研究、交流、讨论后,规章制度将深入我们的心灵,将在日常生活中规范我们的行为。

寻找正确方向,奋力进军"四级"

大学英语四级考试对于每个同学来讲都很重要。但我们依然常常听到身边一片"唏嘘",可能同学们心里多少有几分"难以把持",因而我们在 11 月中旬将邀请上届在英语考级中取得优异成绩的师兄师姐与大家交流。交流将以报告和提问的形式展开。先由报告者对同学加以指导,听完后如果还有问题,我们可以提出,再由报告者一一给予回答。

辞旧迎新,赛场联欢

结束四级考试,本学期将临近尾声,告别 12 月,告别 2021 年,抬头即是 2022 年了。在辞旧迎新的时刻,我们将相约在羽毛球赛场,举行羽毛球比赛。比赛对手将以抽签的形式决定,每个同学都可以抽取自己的对手,当然赢的一方可以获得我们准备的一件小礼物。

当然,在上好团课,开展好团日活动的同时,我们团支部还会负责支部内团员的思想教育工作和组织工作,引导团员做德、智、体全面发展的有理想、有道德、有文化、有纪律的一代新人;会经常了解和分析团员的思想状况,及时向党、团组织反映团员的思想意见和要求并汇报工作;会教育团员热爱集体,刻苦学习,尊师守纪,关心同学,讲究卫生,文明礼貌,养成良好的道德素质。

我们团支部会及时组织学习,传达上级组织和领导的工作部署,指示精神,保证上级组织决议和工作计划的实施。

去年,我们风风火火走过,今年我们依然会精彩多多。××系××班就是一个不一般的班级,因为我们有不一般的热情参与,今天的我们不会示弱,今天的我们依然万丈豪情!

三、写作题

1. 参加社会实践活动是学生成才的一个重要途径,请制订一份社会实践计划。

2. 俗话说:"吃不穷,穿不穷,不会打算一世穷。"每个学生都要学会按计划用钱。请你将一个学期的开支(包括学费、购买学习生活用品、餐费及其他费用)先预计一下,做一个表格式计划,必须说明的内容用文字做简要说明。

学习情境二　总结的写作

学习目标

1. 了解总结的概念、特点及种类；
2. 学习总结的结构和内容；
3. 掌握总结的写作要求；
4. 学会撰写总结。

思政目标

通过总结写作的学习，学生养成反思的思维习惯和职业素养，以及勇于承担责任的担当意识。

知识导读

年年岁岁花相似，岁岁年年总结忙

年终总结对很多人来说都是道关卡。别看薄薄一张纸，却愁煞了不少人。这两天，论坛和微博上随处可见网友为此所发的牢骚，更有人因为要在一周内交5份总结而抓狂。

近来，一网友在微博上写道："千山鸟飞绝，都在写总结；远上寒山石径斜，白云生处写总结；送君千里终一别，回去还得写总结；举头望明月，低头写总结。"引发了无数共鸣。

接受采访的多位资深白领表示，年终总结不仅是交给单位的一份"自我检视"，更重要的是借此契机帮助自己总结、回顾一年来的工作得失，因此一定要做到实事求是。当然，从技术层面上来说，年终总结可被处理成一个系统性的报告，表达方式不妨根据所在单位的不同而有所区别；除了清晰、明朗的文字汇报，最好辅以表格、图表等，以方便向上司、同事展示。

一位外企经理人还建议,在年终总结时,除了回顾今年做的事情,不妨写下来年要做的事情,可以不局限于工作计划,可以包括人际关系、工作与生活的平衡等。

（根据《扬州晚报》及千龙网的信息整理改编）

从上面的案例中我们可以看出总结是人们在工作中要经常完成的任务,在当今社会有着不可取代的重要作用。如何在总结中找出规律性的东西,进而实现观点和材料的统一,如何使总结精炼、充实,这些都是本情境要完成的任务。

理论知识

总结是人们正确认识客观实践,特别是工作实践的一种书面工具,是人们对一定时期所完成的工作或任务进行总的回顾和评价后写出的书面材料。具体地说,人们为了取得工作效果,事前要制订计划,以保证进行相应的实践活动,当这种实践活动全部结束或告一段落时,便要对前面的实践活动进行一番回顾：做了些什么工作,怎样做的,工作效果如何,经验是什么,教训是什么,分析原因找出差距,提出改进措施,明确今后的努力方向。这种"回顾",就是总结。

一、总结的特点和种类

（一）总结的特点

1. 借鉴性

总结能够为将要进行的工作提供有益的借鉴。一般来说,工作总是有连续性或联系性的,研究一项或一个阶段、一个时期的工作,必须要认真了解以往相应工作的进行情况,目的就是要在确定目标、具体做法等方面进行借鉴。

2. 自觉性

实践证明,一些人做了某项工作,却不真正了解工作的过程、意义、结果及其原因,这是充满盲目性、缺乏自觉性的表现,不利于取得预想的工作效果。而进行总结却完全是自觉的活动,总结不仅具有自觉性,还具有能动性,是人的能动性充分发挥的结果。

3. 目的性

总结要达到什么目的必须清楚明白,即为了从实践中得出经验教训,再反过来指导实践。总结的经验教训,都是为了指导今后的工作。

4. 实践性

由于写总结的目的是总结经验教训,所以,它必须遵循"实践—认识—再实践—再认识"的规律。只有这样,才能有所发现、有所创造、有所前进。

5. 理论性

总结不仅要叙述前一段工作做了什么,而且要阐明为什么做,既有事实交代又有理性分析,把感性认识上升到理性认识,不能写成流水账,所以理论性较强。

总结与计划有着密切的联系,二者是同一工作前后两个阶段的认识。计划是事前打算和安排,它既是总结的基础和前提条件,也是总结检查、评价与分析的对象;总结是事后的反映,它既是计划执行情况的反映,也是修订计划或制订新计划的依据。但二者在内容要求上却有所不同:计划在于拟订一定时期的具体任务以及完成任务的具体措施、方法和步骤,总结则是对计划执行情况的检查、评价、分析与研究;计划回答一定时期内"要做什么,怎么做"的问题,总结回答一定时期内"已经做了什么,做得怎么样"的问题。

(二)总结的种类

在实际应用中,总结不外乎两大类,即专题总结和全面总结。

1. 专题总结

专题总结也叫经验总结,是对一定时期的某项工作,或某项工作的一个侧面、一个问题所进行的专门总结。这种总结内容比较集中、单一,有较强的针对性,要有一定的思想深度,概括出规律性的东西。

2. 全面总结

全面总结也叫综合性总结,它是对一个地区、部门或单位在一定时期内所做的各项工作进行的比较全面的总结。这种总结内容多,涉及面广,要求点面结合,突出重点,把一个单位的工作全貌展现出来。

二、总结的结构和内容

一份完整的总结包括标题、署名、正文、日期四个部分。

(一)标题

标题应反映总结的内容特点,主要有三种:一是公文式标题;二是一般文章式标题,标题要概括文章的主要内容;三是将前两种标题形式结合到一起,正题点明中心,副题说明总结的对象、范围。

(二)署名

署名就是要写上总结者的姓名,一般在标题下一行的居中位置,或者放在正文之后成文时间之前。

(三)正文

正文是总结的内容阐述部分,不同种类的总结,写作内容的侧重点及结构的安排也有所不同。最常见的有以下三种形式:

1. 传统式

传统式总结按"情况—成绩—经验(体会)—问题—意见"的顺序来写。

(1)开头部分,一般概述基本情况和主要成绩。

(2)主体部分,即总结事项部分,先介绍基本做法或成绩和主要经验(体会),接着指出存在的问题和主要教训。

(3)结尾部分,提出今后努力的方向和面临的任务。

这是人们习惯使用的程式化写法。每部分还可以用小标题、序号等,这种结构的好处是容量较大,眉目清楚,适用于大型的综合性总结。写这种总结,既要全面,又要突出重点。只有全面总结,才能调动人们的积极性;只有突出重点,才能总结出规律性的东西。

2. 分项式

分项式总结按"情况—经验(做法)—总结全文或今后打算"的顺序来写。

(1)开头部分,一般概述基本情况和主要成绩。

(2)主体部分,采用分项式,将主要经验或做法分成若干条,每条冠以小标题或段首主旨句,它的顺序是将每条经验概括出来后,先写结果,由果导因,引起叙述,将有关情况、过程、做法充当必要的论据。各条经验之间是一种并列关系。

(3)结尾部分,总结全文或指出今后的发展方向,有的总结没有结尾部分。

这种形式主要用于专题性经验总结。写这种总结,以谈经验、讲体会为主要目的,着眼于介绍典型经验,侧重于描述具体事实,手法是夹叙夹议,写作时要少用逻辑推理,多用事实说明,通过具体、生动、典型的事例来描述经验、反映规律。

3. 阶段式

阶段式总结按照工作的几个阶段来安排结构。这种写法除开头概述基本情况外,主体部分人为地把工作或经历的整个过程分成几个阶段,分别说明每个阶段的成绩、经验和教训,并注意怎样从较低阶段推进到较高阶段,适用于写个人的思想总结、业务工作总结。

(四)日期

日期指总结的写作时间。一般标于正文右下方。

三、总结的写作要求

总结是对实践的回顾和理性概括,写作时应做到以下几点。

(一)要有实事求是、严肃认真的科学态度

总结必须从实际出发,有什么问题就总结什么问题,有什么经验就写什么经验,有多大收获就写多大收获,一是一,二是二,既不能夸大,也不能缩小。

(二)要找出规律性的东西

必须抓住事物的特点和新经验、新动向,即抓住最突出的、最能反映总结对象本质特点的事实来写,切忌堆砌材料,贪大求全,漫无边际地罗列表面现象。

(三)要注意观点和材料的统一

既不能有实无论,也不能有论无实,更不能论实矛盾,必须做到有事实、有分析、有结论,即对事实进行分析研究,然后上升到理论高度,得出规律性的认识,做到观点与材料的和谐统一。

(四)要注意文风

语言要准确、简洁、生动,避免枯燥乏味、华而不实。总结不宜冗长,应精炼、充实。

例文一

皇姑区财政局2021年上半年工作总结

2021年上半年,区财政局在区委、区政府的正确领导下,认真贯彻落实区委十三届十

五次全会精神,积极应对严峻复杂的财政形势,正确处理防疫与财政工作之间的关系,持续强化财政收入征管管理,全力保障各项重点支出需求,圆满地完成了上半年各项工作任务。

一、财政收支指标完成情况

2021年1—6月份,我区一般公共预算收入预计完成20.49亿元,完成全年预算37亿元的55.38%,与上年同期相比增加2.68亿元,增长15.05%,与2019年同期相比减少0.45亿元,下降2.16%。

在一般公共预算收入中,税收收入预计完成17.7亿元,与上年同期相比增加3.35亿元,增长23.38%,与2019年同期相比增加0.4亿元,增长2.42%。非税收入预计完成2.8亿元,与上年同期相比减少0.67亿元,下降19.38%,与2019年同期相比减少0.9亿元,下降23.24%。

上半年政府性基金预计完成21.68亿元,与上年同期相比增加5.6亿元,增长34.57%……

二、主要工作完成情况

(一)抓牢财政改革工作主线,推进财政工作的不断发展(略)

(二)强化巡查整改责任担当,推进整改政治任务落到实处

针对省委巡视回头看、市委提级巡查提出的有关财政管理方面存在的问题,财政局进行了认真梳理,了解形成的具体原因,将问题整改作为财政局的第一工作要务,严格按照区委的统一要求,落实整改具体责任。对省巡查组提出的14处闲置资产加快推进参与运营,目前已盘活资产8处,其中:拍卖成交2处,成交面积173.61㎡,上缴非税收入140万元;正在推进的运营资产6处,将按照优化统筹整合原则,多渠道开展运营工作,力争年底前全部投入运营。

(三)兜牢"三保"底线,保障重点民生支出

2021年是我区多年以来首次将刚性支出全部列入预算管理的一年,为切实做到兜牢"三保"底线奠定了基础,为预算执行提供了法律保障。

(四)积极落实惠企政策,助力项目落地和企业发展

全面落实沈阳市24项人才新政和高校毕业生、失业人员等重点群体就业服务政策,累计拨付各项补助2 806万元,较上年同期增加417万元,增长17.5%。其中:累计拨付基层公共服务岗位及公益岗位补贴等就业资金1 613万元,拨付高校毕业生首次购房及吸引人才就业创业房租补贴1 193万元。

同时,通过大力宣传《皇钻十六条》政策,提高企业对政策的知晓率和通达率,上半年共兑付惠企资金3 599万元,全力支持我区信创产业园、苏青工场、万科C6科创走廊和首府云创等一大批高新技术产业发展,助力我区新业态的形成与发展,为提升我区产业链占位、服务全区发展提供了有力保障。

(五)加大资金投入,全力保障抗疫资金需求

为了有效应对我市第二波新冠疫情,财政局积极筹措资金,切实做好疫情防控及企业复工复产所需资金双保障工作。上半年累计投入疫情防控资金7 225万元,主要用于隔离酒店费用1 700万元,购置8台防疫用车102万元,两所PCR实验室建设207万元,方

舱建设60万元,防疫物资采购等防疫经费3584万元;街道办事处防疫资金1087万元;及机构隔离人员、车辆费用等。累计减免疫情防控期间企业房屋租金共103处,减免租金218万元。

(六)加强债务管理,防范和化解债务风险

对于2021年到期的1.44亿元政府债务,已通过采取发行再融资债券方式实现转贷1.35亿元,另900万元在7月份到期时也以同种方式实行转贷。目前已支付当年应付利息3701万元,年内将按照时间进度支付剩余利息2892万元。

对于2021年到期的5.7亿元隐性债务,其中:建信资本股权收购贷款3.7亿元,已与沈阳诚信集团完成此笔隐性债务股权转让手续;盛京银行贷款1.4亿元,拟继续采取展期延贷;建行棚改贷款0.48亿元正与中信银行沟通采取借新还旧方式进行置换;农发行和国开行的1280万元,将筹措资金进行偿还。截至6月末,已偿付今年利息0.56亿元,剩余的0.49亿元利息拟通过加快土地出让等多渠道筹措资金方式进行偿还。目前,我区债务总体处于可控中。

(七)继续推进解决历史遗留问题,强化营商环境建设

2021年1—6月份,累计拨付以往年度工程欠款3028万元,其中:城建局项目1028万元、城管局项目596万元、田义垃圾场2020年5—8月份残土清运费95万元、2020年独立投资老旧小区改造工程361万元、首府项目资金882万元。

筹措资金1823万元,用于解决部分历史遗留问题和营商投诉案件。其中:借款解决华泰小区临时电改建工程110万元、皇姑供暖采暖用煤欠款信访案件80万元、奥祥转企200万元,拨付辽河街道路改造工程、2014年英雄园项目监理费、2020年方溪暗渠堵漏工程营商投诉案件共计433万元。

拨付2017—2018年度居民小区自来水内网改造工程款1000万元。

(八)细化资产管理,全面提升国资监管效能

目前,我区2020年度资产年报已通过市局、省厅和财政部三级审核。截至2020年末,我区资产统计单位共144个,全区资产总值68.3亿元,较上年增长80.23%,全区负债总值23.8亿元,较上年下降7.36%,全区净资产余额44.47亿元,较上年增长265.24%。

截至目前,审批配置更新资产4220件(套),上半年更新资产价值731.82万元,处置资产74件,处置资产价值128万元,审批无偿划转资产692件,资产总值143.71万元,上半年全区共备案出租房产113处、总面积1.7万㎡。全区房产存量为1588处,总建筑面积132.92万㎡。通过细化资产管理,我们彻底弄清了家底,为进一步强化资产管理、发挥资产的使用效能提供了坚实的数据保障。

(九)加快国企改革步伐,扎实推进国企改革三年行动计划(略)

(十)坚持"项目为主",加大土地整理资金投入力度(略)

三、下半年主要工作

(一)全面推进预算管理一体化工作

按照《关于全面推进辽宁省预算管理一体化建设的通知》(辽财办〔2021〕49号)要求,全力推进和实施我区预算管理一体化系统建设。一是制定我区的财政预算管理一体化业

务规范及操作细则,努力实现业务上对标财政部规范。要以财政预算管理一体化建设为抓手,以信息部门牵头加强技术支撑,努力做到技术上对标财政部要求,力争实现横向到边、纵向到底的一体化管理。二是推进实施国库集中支付电子化管理,健全电子签名与电子印章管理制度,实现资金支付全流程实行电子化管理。三是做好组织财政部门和预算单位业务人员培训准备工作,适时开展财政预算管理一体化相关业务培训。

(二)进一步推进非税收入收缴电子化管理

积极结合我区实际,实施部署我区非税收入收缴电子化管理改革相关工作,贯彻落实《沈阳市财政局关于实施非税收入收缴电子化管理改革相关工作的通知》的规定,将按照"统筹规划、分步实施"的原则,逐步统一缴款渠道和收缴管理系统,为优化营商环境和政务服务"一网通办"提供有力保障。

(三)扎实开展国库管理基础工作,确保财政资金运行安全

一是加强预算单位账户管理。主要是按照《预算管理一体化规范》有关加强预算单位资金管理的要求,在保障资金安全、业务规范等前提下,依托预算管理一体化平台,加强预算单位各类账户管理。二是夯实日常管理基础。认真落实《预算法》《财政总预算会计制度》等相关规定,依托"一体化"平台,依法依规、科学高效地进一步做好资金拨付和总预算会计核算工作。

(四)加强财政收支监控和执行分析

深入学习财政税收方面的相关知识,掌握相关政策,关注重大影响收入项目和政策;建立财税银沟通机制,畅通信息数据来源渠道,强化调查研究,研判财政收支变化、库款变动等情况背后的规律性问题,努力提升发现问题和解决问题的能力。

皇姑区财政局
2021年6月15日

(资料来源:皇姑区财政局官网,有删节)

【评析】 这是一篇半年工作总结。标题采用了公文式,正文分开头、主体、结尾三部分。开头部分交代了上半年工作总体情况;主体部分总结了工作的完成情况、采取的措施、取得的成绩;结尾部分提出了下半年工作的具体方向。全文主次分明,详略得当,点面结合,有理有据。

例文二

××××年春季交易会××市纺织品交易团调研工作总结

在今年春季交易会上,我市纺织品交易团重视调研工作,组成工贸结合的调研组,调研人员通过业务洽谈和召开专题座谈会进行调研。

一、取得的成绩

(一)通过调研,基本上弄清了当前纺织品市场情况,对做好今后交易会的业务起到了良好的作用。

(二)通过调研,对于当前和今年下半年纺织品市场供求关系和价格趋势较之前有了

更为明确的认识,有利于完成全年的经营计划,为领导确定经营决策、制定措施提供了参考。

(三)调研组对一些重点市场和重点商品的产、销、存等情况及趋势进行了调研,积累了资料,有利于今后进行系统研究。

(四)调研组调查了国外纺织品和服装的品种、花色、款式及处理等方面的流行趋势及用户对我产品的反映,将信息提供给我生产部门以便改进生产,使我产品适合国外市场需要,扩大纺织品出口数额。

二、经验和体会

(一)领导重视调动调研员的积极性,不断强调和宣传搞好调研工作的重要性,这是做好调研工作的保证。

(二)本届交易会采用工贸结合的调研组织形式,是较好的可行形式,只要加强统一领导,互相配合通气,工贸双方既可分头活动,也可相互合作。

(三)调研中要注意不断提高调研工作的质量,不仅要及时反映情况,还要在一定时间内进行分析研究,提出意见和看法。调研可分阶段进行,前半段应着重调研当前市场情况和价格水平,为本届交易会工作服务;后半段应着重调研趋势,为今后工作服务。

(四)座谈会是进行调研的好方法,今后可多搞一些专题性的客商座谈会和业务员座谈会。

三、存在的问题和建议

(一)工作中调查多,分析研究少。在编印的简报中,介绍客商的反映多,而经过分析拿出的看法少、建议少。调查偏重于商品,对地区市场情况缺乏系统归纳分析,拿不出有参考价值的意见。

(二)建议今后在交易会前,各有关公司都应该提出本公司的调研提纲,以便调研组及时制订反映实际要求的调研方案。

××市纺织品交易团调研组
××××年×月×日

【评析】 这是调研工作结束后做的总结,分为取得的成绩、经验和体会、存在的问题和建议三部分,是一份结构规范的工作总结。一般常规工作总结都应有这几个部分。

拓展训练

一、知识题

1.填空题。

(1)在实际应用中,总结分为两大类,即_____总结和_____总结。

(2)一份完整的总结,结构包括_____、_____、_____、_____四个部分。

(3)总结的正文最常见的形式有以下三种:_____、_____、_____。

(4)_____是人们对一定时期里所完成的工作或任务进行总的回顾和评价后写出的反映这种认识过程和结果的书面材料。

(5)总结正文最常见的有以下三种形式:_____、_____、_____。

2.下面是总结《"下管一级"抓重点,控制支出见成效》的小标题,请合理排序。

(1)建立完整的经费管理责任体制,实施定员、定额管理,是做好"下管一级"的基础

(2)我省行政经费"下管一级"的主要做法

(3)努力探索,创造条件,抓好全省行政经费"下管一级"工作

(4)领导重视是关键,部门配合是保证

(5)几点体会

(6)划分类别,定额控制,加强管理工作

(7)认真分析,抓住重点,解决突出矛盾

(8)对人、车、会实行重点控制是搞好"下管一级"的关键性措施

二、阅读题

1.给下面一段材料补写段首提要句。

由于今年资金来源少,需求量大,为保证各续建项目按计划顺利进行,我们对资金的使用采取了灵活调度、加强监督的方针。一方面,根据各续建项目的工程进度、资金需求的轻重缓急合理安排资金;另一方面,加强贷款使用监督,建立严格的贷款使用审批制度,实行逐步核贷,从用款数额、投向到结算方式全面审核,杜绝不合理贷款的使用。

2.阅读下文,并组织讨论。

从落实责任制入手加强企业管理的基础工作

××钢铁公司

近几年,我公司建立了工人岗位责任制和干部职务责任制,对克服职责不清和无人负责的现象,起到了较好的作用。但是,没有明确每项工作要干到什么程度、达到什么标准,结果衡量没有尺度,考核没有依据,往往是责任制写在纸上、贴在墙上,执行不执行一个样。工人们反映,这样的责任制是"橡皮尺子",可长可短,不好衡量,容易流于形式。事实说明,生产水平越高,越要落实责任制,才能把基础工作搞扎实。

因此,总结如下:

一、制定岗位考核标准

我们对全公司劳动管理和岗位责任制的现状进行了调查,摸清了情况,然后根据各厂矿赶超国内外先进水平的目标和"多、快、好、省"的要求,制定了工人考核标准和干部的办事细则,要求做到"全、细、严"。所谓"全",就是工人的考核标准要有7项内容,即产量、质量、消耗指标,技术操作标准,事故控制标准,设备维护标准,文明生产标准,限额领料金额和劳动纪律规定。干部办事细则有4个方面,即分管的指标必须完成,分管的基础工作必须健全,专业分析必须及时、准确,业务工作必须取得成效。所谓"细",就是按工人岗位确定标准,每个岗位都要提出几条标准,每个干部都要把所承担的业务一项一项地定出办事程序、协作关系、时限与完成程序。所谓"严",就是制定岗位标准与办事细则,不能迁就现状,而要按照创水平、攀高峰的要求来制定,不仅要有"定向"的要求,而且要有明确的数量、质量、时间的要求,要能够据以考核。

二、严格按标准进行考核

制定出岗位考核标准后,我们坚持从严考核,用一整套的定额、计量、原始记录和统计数据,精确地计算每个岗位的生产效果,科学地分析每项技术操作,使各项经济活动和生产技术操作规范化、标准化、最佳化。各厂矿对工人普遍实行了班统计、日公布、周分析、月总结的制度;干部按人建立考核手册,按日登记办事细则完成情况,按周由上一级领导签字记分,按月用百分制进行计算。这使考核的过程变成技术分析的过程、班组经济核算的过程、竞赛评比的过程。有了这套考核办法,既可以有节奏地组织生产,又做到了好坏分明,功过有别,为实行奖惩和升职提供了可靠依据。

通过坚持按标准严格考核,每一名干部、工人都自觉地各尽其责,使企业管理和生产建设都出现了新气象。去年30项可比指标全部超过历史水平。其中6项指标进入世界先进行列,16项指标夺得国内同行业冠军。

三、根据考核结果实行奖惩

在严格考核的基础上,我们把考核同奖惩紧密结合起来,根据考核结果,做到赏罚分明。我们在发放利润提成奖时,根据在赶超先进水平、实现优质、低耗方面是否有成绩,在降低成本、完成订货合同、实现内部利润等方面经济效果是否显著,企业管理基础工作是否扎实这三个方面,为每个厂矿评定分数,按得分多少,把厂矿分为贡献突出单位、成绩较好单位、完成任务单位、工作较差单位四类,并分别按四种标准领取奖金。各厂矿在把奖金分到个人时,还要根据平时考核,按贡献大小、能力高低、劳动态度三个方面,对每个职工评定分数,按分计奖。工人们说:过去发奖,不是"一人一勺汤",就是领导凭印象。现在是奖多奖少看贡献,贡献大小有考核,有赏有罚心明眼亮。过去有事大家"推着转",现在人人抢着干,出满勤、干满点的越来越多,报病假、混日子的越来越少。

实践说明,制定岗位考核标准,严格按标准进行考核和根据考核结果实行奖惩三位一体,是落实岗位责任制,把企业各项管理基础工作进一步扎根基层的行之有效的办法。

请讨论:

(1)该文属于哪种总结?

(2)标题是何种写法?

(3)主体采用的结构形式是什么?主体各部分之间的关系怎样?

(4)分析此文的写作特点。

三、写作题

1.根据总结的特点和写作要求,写一篇学习总结。

提示:概述基本情况;介绍学习收获(如何学习的、成绩、缺点)以及经验(要找出规律);指出存在什么问题;提出今后努力方向。

2.下文是一则经济新闻,请你代厂方把它改写成一篇专题经验总结或体会。

国家课题攻关提升技术水平 行业标准起草奠定领军地位
斯林达:引领高压气瓶产业享誉国际

4月1日对于沈阳斯林达安科技术有限公司(下称斯林达)是一个值得铭记的日子:上海汽车集团送来了5年2亿元的新能源氢能高压气瓶订单,国内汽车氢能源百亿元市场在招手；申请北美的认证已获批，进入发达国家多了一张"通行证"；某基金组织第一次来企业考察后，表达了强烈的合作意愿，近期已有近10家基金主动来寻求合作；企业第四次厂区扩建工程正式开工，产品供不应求局面即将解决……春暖花开的4月，斯林达展现的是勃勃生机。

成立于2002年的斯林达，顺风顺水地经历了三个阶段：打破国外垄断、产品达到行业领先水平，布局新能源汽车领域，推出世界先进水平产品。"传承科研院所国家队的优良传统，用技术引领企业发展，用一流产品实现科技报国之志，奋斗17年抢占了国家高压气瓶产业高地。"4月1日，在斯林达扩建工程开工现场，斯林达常务副总经理屠硕向记者点出了企业成功的奥秘。

斯林达所研发的产品高压气瓶，广泛地应用于消防、救援、医疗、工业、食品、车用等诸多领域，是国民经济必需品。21世纪以前，中国高压气瓶产品基本上被国外垄断。20世纪90年代，为响应国家科技转化为生产力的召唤，中科院金属所成立了"所企业"——科金公司，专门从事这种产品的研制。几年后，随着国家科研体制的变化，科金公司包括总经理、总工程师及研发人员12名员工集体"下海"，便有了斯林达。国家科研院所涵养了斯林达，"技术至上"成了企业的DNA，技术引领贯穿了企业发展的始终。

2002年成立当年，凭借国家科研院所的技术优势，斯林达推出的两款产品——金属无缝气瓶和复合材料气瓶一炮打响。这两种产品品质不弱于国外产品但价格仅为国外产品的一半，因此迅速占领了国内消防救援及医疗等市场。

斯林达靠技术引领初战告捷，强化了高起点技术研发的企业战略，坚定了用技术引领企业继而引领行业的决心，开启了技术创新的发展之路。斯林达联合社会优质资源，主动承担国家课题研发，先后与清华大学等高校联手，承担了国家863计划5个课题的研究。他们先是用复合气瓶替代铝制高压气瓶，后采用新材料向产品轻量化发展，使气瓶重量减少30%～70%……核心问题的解决使斯林达的产品迅速达到了世界先进水平。借此，2008年斯林达开拓了世界标准最高的美国市场，瞄准汽车氢能源方面，截至目前累计出口美国达3万只，是国内唯一一家出口美国同类气瓶的企业。

技术引领行业，同时提高了企业战略眼光。从2008年开始，斯林达就布局汽车新能源领域。他们开国内先河，与大学及上海汽车集团合作进行了氢能源电池研发，这个"节能与新能源汽车项目"课题，让我国高压储氢容器制造技术达到了国际先进水平。该项技术用于2010年上海世博会的节能环保车，获得了教育部科技进步一等奖。2016年斯林达的70兆帕高压氢能气瓶通过了国家型式试验，使搭载该气瓶的氢能源汽车实现400千米的续行能力，不仅是国内首创，而且达到了世界先进水平。

掌握了世界先进的气瓶研制技术，斯林达成为多项国家标准重要起草单位，更是铝合金无缝气瓶和铝内胆碳纤维全缠绕气瓶两个国家标准的第一起草人。掌握标准制定权，意味着斯林达成为行业引领者。目前，在斯林达消防气瓶、便携式医用供氧器等13类别280余种规格产品中，多种类型产品通过了欧盟等国际认证，通过美国认证也只差"临门一脚"。斯林达产品牢牢地占领了国内高端市场，更多产品则远销美国、法国、英国、澳大利亚等60多个国家。

（来源：《沈阳日报》网络版，2019年4月3日）

学习情境三 简报的写作

学习目标

1. 了解简报的概念、特点及类型；
2. 掌握简报的结构和写法；
3. 弄清简报与其他文体的区别；
4. 学会撰写简报。

思政目标

通过简报写作的学习，学生养成关注时政热点的习惯，培养团队协作性和社会责任感。

知识导读

一张小简报发挥大作用

新华网河南频道郑州铁路局电 "伙计们，快来看呀，咱们段开办的'春运简报'运行了！"1月8日上午，在郑州机务段客运车间南线机车队学习室，支部书记刘洪波兴奋地喊道。他这么一喊，在机车队进行业务学习的所有人员都向他围拢过去，争着看在段局域网上刚刚运行的"春运简报"栏目。

为了更好地方便干部职工及时了解领导动态、掌握段内信息情况，更好地保证春运期间安全生产，春运开始第一天，郑州机务段在段局域网主页开办了"春运简报"。简报包括临客开行、重要信息、班子动态和机车质量，每天发行一期。点击网页，每天临客列车开行情况、段内发生的信息、上级主管部门检查发现的问题、段领导的动态，以及机车机破、临修、抢修的情况一目了然。简报的发行在春运期间发挥了重要作用，赢得了全体干部职工的喜爱，三五个职工常常聚在一起阅览，简报成为该段春运期间一道不可缺少的"大餐"。

目前,简报已经在内部发行了四期,成为安全生产的助推器,一张小简报正在发挥着鼓舞士气、提醒安全、反映动态的大作用。

(资料来源:郑州铁路局网)

从上面的案例中我们看到,简报是党政机关、企事业单位运用得最为广泛的一种文体。它使用量多、用途广泛、基础性强、发放范围广,对掌握信息、推动工作、改进作风,都有很大作用。我们应该深入认识和把握这种文体,熟悉它的编写技巧和艺术。

理论知识

简报,也称简讯、动态、情况反映、内部参考等。它是机关、团体、企事业单位内部反映情况、汇报工作、交流经验的一种常用文体。简报既可以上报,又可以下发,是一种具有汇报性、交流性和指导性的简短灵活的信息宣传材料。

一、简报的特点

简报主要具有以下特点:其一是简,即简明扼要;其二是快,即报道迅速快捷,讲究时效性;其三是新,即内容新鲜;其四是实,即简报内容一定要真实可靠,准确无误,特别是时间、地点、具体数据等信息一定要经过认真的核实,不能凭想象虚构。

二、简报的类型

简报按照不同划分标准,可以分为不同类型。按性质分,有综合简报和专题简报;按内容分,有工作简报、会议简报和动态简报。

(一)工作简报

工作简报是反映本系统、本部门日常工作或问题的经常性简报。它包含的内容较广,定期或不定期编发,在一定范围内发行。

(二)会议简报

会议简报是会议期间反映会议情况的简报,内容包括会议的进行情况、讨论发言及会议决定等。

(三)动态简报

动态简报包括情况动态简报和思想动态简报。

三、简报的结构与内容

简报的格式比较固定,由报头、报体、报尾三部分组成,其中报头和报尾有约定俗成的书写格式。

(一)报头

报头在简报的首页上方,约占全页的三分之一,一般都事先印成固定

的格式,报头部分包括以下内容:

1. 简报名称

简报名称位于上端居中位置,用大号字体套红印刷,以显得醒目。

2. 简报期号

一般在简报名称正下方加上括号写明期号,如(第×期),也可以不加括号。如果是增刊,则要注明"增刊"字样,并单独编排期数。

3. 编发单位

编发单位位于期号左下方,要写明编发单位的全称或规范化的简称。会议简报一般注明"××会议秘书处"。

4. 编发日期

编发日期位于期号右下方。年、月、日要写全,不能随意省略。

5. 密级

有的经济简报内容涉及经济机密,则需标明密级。密级分绝密、机密、秘密三种,根据内容的保密程度而定。一般简报也可以写上"内部刊物　注意保存"。

6. 编号

保密简报一般还需加上编号,以利于收发、存档。编号位置同密级相对,标在简报名称的右上角。一般简报就不必加编号了。

报头、报体之间用一条或两条粗红线隔开。

简报报头的样式一般如下所示:

内部刊物　注意保存

简　报

第×期

××政府办公室　　　　　　　　　　　　　　　××××年×月×日

(二) 报体

报体主要由按语、标题、正文三部分组成。

1. 按语

简报的按语即编者按,是编者对编发稿件所做的说明或批注,也是用来表明办报单位的主张和意图的概述性文字。常见的按语有以下三种:

(1)说明性按语:说明编发稿件的意义,提供有关背景,帮助读者理解正文。

(2)提示性按语:一般提示内容的重点和要点。对那些篇幅较长的文章,加上这种按语,便于读者抓住中心、掌握要领。

(3)指示性按语:对文章发表意见,表明态度。这种按语所发的议论、所提的希望和要求,往往带有指导意义或强调作用。

2. 标题

标题是对简报正文内容的概括。标题的写法与报纸上发表的新闻(或消息)的标题一样,可以采用单行标题,如《我厂毛纺产品走向世界》《整顿夏季市场初战告捷》;也可以采用双行标题,如《一方有难八方支援　公司职工积极参加赈灾义卖活动》;还可以采用三行标题,如《只有识别才能杜绝　我局举行假冒伪劣产品展示会　500种伪劣假冒产品当众曝光》。

3. 正文

简报正文的结构安排,没有固定的模式。原则是根据报道意图和具体内容的需要,能够简要清楚、准确无误地传递信息。常见的写法有以下五种。

(1)新闻式。这是简报最基本的一种结构模式,与新闻稿的写法相似,只不过要求不那么严格,不必导语、背景、主体、结语样样齐全,通常有导语式的开头,然后或按类别,或按时间先后,或按内在逻辑顺序叙述具体情况。

(2)总结式。其写法类似经验总结,但不像总结那样面面俱到、详细解析,而是扼要介绍。一般先简单交代事实背景,然后或一二三四罗列或采用小标题引述具体做法。

(3)指示式。上级机关对下级机关部署工作可以编发简报,它不同于公文,不具有行政效力,只是参照执行。一般先以导语写明指示的目的和意义,然后分条列项说明具体的指示内容。

(4)短讯式。这是一种适用于内容单纯、事实性较强、性质相同或相近的信息的结构模式,无所谓开头、结尾、过渡,一般按并列关系把材料汇编在一起。

(5)转发式。这是用简报的形式转发对本单位(或本系统)有借鉴或参考作用的重要文章,编发时,需要加"编者按",一般用于提示说明所转发材料的内容和意义。

(三)报尾

报尾是在简报正文结束的末页底部,用两条平行横线与正文隔开,平行线中间的左侧注明简报发送范围,右侧注明印刷份数,有的还要注明拟稿人、核稿人或责任编辑姓名。

报尾的样式如下:

拟稿人:	核稿人:
本期发至:	共印××份

四、简报的写作要求

(一)简明扼要

在形式上,简报刊登的文章要篇幅简短,以尽量少的文字交代重要内容,以有限的篇幅传播更多的信息。

(二)迅速及时

信息是一种财富,简报传播越及时,信息的价值越高;时间越久,信息的价值就越低,甚至完全失去价值。在收集信息、整理材料、编写、发送等各个环节都要有强烈的时间观念,要求快写、快审、快编、快印、快发、快报,便于及时沟通交流信息。

(三)内容新颖

在内容上,简报要有新意。要反映工作中的各种新情况、新问题、新经验,要善于抓住新人、新事、新动向,尤其是那些带有倾向性、苗头性的事物,因为那是领导和群众都比较关注的。

(四)真实可靠

简报最主要的作用是向上级领导机关反映情况,让下级部门了解本单位工作动态,它所提供的信息既要反映本单位的工作方向和进程,也影响着领导机关对编发单位的工作状态做出判断。因此,简报所反映的内容一定要真实可靠。

五、简报与其他文体的区别

一是简报有别于公文。简报的使用范围虽然很广,但它毕竟不是正式公文,没有公文那种法定的权威性和行政约束力。对上级,它代替不了"请示"和"报告";对下级,它代替不了"通知"和"通报";对同级单位,它代替不了"公函"。二是简报有别于新闻报道。简报是一种内部刊物,只在一定范围内流通,具有一定的机密性,而新闻则是公开的。

例文一

中国总会计师协会
工作简报

2013 年第 1 期
(总第 1 期)

中国总会计师协会　　　　　　　　　　　　　　　2013 年 1 月 6 日

中国总会计师协会顺利回归财政部

鉴于总会计师的业务职能与国家财政部关系密切,协会会员与广大总会计师一致表示,希望中国总会计师协会改由财政部主管。根据广大会员与总会计师的意愿,协会进行了深入调研与多方面协调工作。去年,经征得中国科协与财政部同意,并报国家民政部批准,中国总会计师协会顺利完成了主管单位变更手续,领取了变更后主管单位为财政部的社会团体法人登记证书。

自 2001 年以来,中国总会计师协会在中国科协的主管领导下,自身建设与事业发展都取得了长足进步,相信变更主管单位后,在财政部的主管领导下,协会的自身建设与总会计师事业发展都会迈上一个新的台阶,取得新的、更大的发展,为建设会计强国做出应有的贡献,为中国特色社会主义事业做出应有的贡献。

报:部领导,中国总会计师协会会长、副会长、常务理事
送:部内有关单位,司领导

发:各省、自治区、直辖市、计划单列市总会计师协会,中国总会计师协会分会、专业委员会

(资料来源:总会计师(CFO)资源水平测试资格认证网)

【评析】 这是一篇工作简报,文中内容简明扼要、层次清晰,很好地体现了简报简明、新颖、快捷的特点。

例文二

情况简报

2021 年第 10 期

县政务服务办　　　　　　　　　　　　　　　　　　2021 年 12 月 6 日

【综合信息】

业务科:宁海试点推进企业上市合法合规证明"一件事"改革(略)

法规科:县公共资源交管办多举措打造"三公"营商环境(略)

基本建设:"三个赋能"打造企业投资项目审批新模式(略)

市场监管:窗口快速办结第一家培训机构转登记(略)

市场监管:县政务服务办开设"亲老驿站"暖人心(略)

资规:宁海县浦西幼儿园新建工程许可证顺利办理(略)

民政:窗口全面启动学科类培训机构"营转非"工作

根据《浙江省义务教育阶段校外培训机构登记民办非企业单位工作指引》及《宁波市义务教育阶段学科类校外培训机构转登记工作方案》文件精神,民政窗口积极做好前期准备工作,有序推进非营利性学科类培训机构的登记工作进程。

一、勤答疑。10 月 7 日上午,召开营利性学科类培训机构转登工作会议,县民政局、县教育局和县市监局等部门分别就相关政策进行解读并现场答疑。

二、优流程。针对此次转登工作,减少了"可行性报告"等原有的必要性材料,同时积极与教育部门沟通,把应由培训机构提供的"教育部门同意办理非营利性学科类校外培训机构的函",转为由教育部门统一提供,减少申请人部门之间"多头跑"的情况。

三、细服务。为了让培训机构顺利了解登记流程,民政窗口一方面在网上进行业务指导及培训,另一方面,制定了详细的操作指南,其填报流程及内容细化到每一项指标,方便培训机构在后续申报过程中能在家就享受"保姆式"的指导。

【简讯】

▲ 综合科:10 月 22 日上午,县政务服务办组织志愿者深入车河社区开展"烟头不落地 城市更美丽——烟头换鸡蛋"创城志愿服务活动,穿好红马甲的志愿者们通过捡拾烟蒂、耐心劝导、及时清理周边小广告等志愿服务,为打造文明整洁美丽的居住环境贡献出自己的力量。

▲ 业务科:10 月 15 日上午,县政务服务办组织村集士驿站站长开展政务服务进村专题培训,以政务服务掌办、网办平台应用为基础,对涉及各业务领域的社保医保、商事登

记、户籍办理、民政低保户困难户申报等进行了详细讲解,并对如何进一步优化政务服务在村办理的能力,在着力提升政务服务满意度、成熟度、便利度等方面做了详细指导。

▲妇委会:为庆祝中心成立二十周年,丰富全体工作人员业余文化生活,强化队伍凝聚力,10月23日,县政务服务办组织全体工作人员前往力洋镇跳头村由良蜜橘基地开展"金秋十月赏橘,党群和谐同乐"户外采摘活动。

▲农业农村:10月25日,农业农村窗口工作人员前往宁海县丰庆尤伟敏环城北路农资经营部,进行经营场所规范上门指导服务。

▲生态环境:宁波市生态环境局制定了《宁波市建设项目环评文件编制单位和编制人员考核管理办法》《宁波市建设项目环评文件编制单位和编制人员管理考核办法实施细则的通知》。10月12日上午,生态环境窗口组织了一场集中学习活动,明确了窗口的下一步工作重点和方向。

【评析】 这是一期情况简报,本期共由七条综合信息、五条简讯构成。该简报新闻性比较强,信息量比较大,围绕全县工作情况进行灵活快捷的报道,观点鲜明、材料详实、有点有面、数据精当。

拓展训练

一、知识题

填空题。

(1)简报通常是由_____、_____、_____三个部分组成的。

(2)简报的报头部分主要包括简报名称、_____、_____、_____、_____等项目。

(3)简报的按语一般有三种,分别是:_____、_____、_____。

(4)简报的特点可概括为:_____、_____、_____、_____。

二、阅读题

分析下面这份简报。

辽宁探索书证融通新路径 推动"三教"改革取得新成效

——贯彻落实全国职教大会精神系列之五
教育部简报〔2021〕第 14 期

辽宁认真贯彻落实习近平总书记关于职业教育的重要指示和全国职业教育大会精神,把1+X证书制度作为职业教育内涵提升的重要改革举措,积极探索1+X书证融通新路径,着力解决人才培养与证书标准、培养过程与培训过程、专业考试与证书考核相脱节等问题,有力推动教师、教材、教法"三教"改革,提升了学生技能水平和就业能力,切实为职业教育增值赋能。2020年,组织工业机器人应用编程、工业机器人装调、宠物护理与美容、财务数字化应用、网络系统建设等5个职业技能等级证书开展书证融通试点工作,修订人才培养方案23个,融通课程84门、技能点856个,首批试点学生完成书证融通课程学习、考核及学习成果转换,取得职业技能等级证书。

坚持成果导向,科学确定书证融通路径。遵循国家专业教学标准,基于学分银行成果转换规则,从知识、技能、能力、职业素养与价值观四个维度,对技能等级证书及人才培养方案进行比对、拆分、补充、完善,实现对接与融合。按照"技能最小单元化、考核可量化"的原则,对职业技能等级标准的职业技能要求进行颗粒化拆分和系统化重组,并进一步规范和细化,形成适应教学规律、体现职业岗位(群)特定能力要求的若干个清晰的技能点。根据拆分形成的技能点,制定可操作、可量化的评价标准;根据国家专业教学标准,在技能点中补充知识点和能力点做支撑,形成对应教学目标的学习结果。制定学习成果认证单元,在国家开放大学制定的国家资历框架下,依据职业岗位(群)能力标准建立认证单元库,明确评价标准和学习结果。按照"政府主导、平等自愿、协商一致"的原则,社会评价组织与学校就认证单元、教学实施过程、考核评价等达成一致,取得相关认证单元的学习成果后,可直接获得对应的职业技能等级证书;获得职业技能等级证书的学习成果,可以免试相应课程。目前,已有68家培训评价组织的92个证书正式启动书证融通工作。

加强协调联动,全面推进教育教学改革。修订人才培养方案,按照技术技能人才培养规律和认知规律,对比认证单元具体要求,科学确定培养目标,重构课程体系,补充、强化、拓展课程标准,将职业技能等级标准融入人才培养过程。组织教学实施,按照修订后的人才培养方案和课程标准组织实施教学,引入行业企业优质实训资源开展实践教学,将认证单元的各项要求落实到教学过程中,实现职业技能等级要求与培养目标同步达成。开展学习成果转换,遵照书证融通考核评价标准,实施课程考核,对考核合格的进行相应的学习成果认定,认定结果同时作为证书培训和课程教学的"双成果",并将学习成果存入学分银行,实现1与X的有机统一。实施书证融通,既激励教师提升实践教学能力,又推动企业和院校合作开展特色教材开发建设,推进项目化、案例式教学方法改革,使培养目标更加贴近产业需求,实现学历证书与X证书的内容融通、过程融通和评价融通,提升技术技能人才培养质量。

完善体制机制,积极开展书证融通试点工作。加强全省统筹,印发《关于开展职业技能等级证书书证融通工作的通知》,全面开展书证融通工作,成立省级1+X证书制度工作办公室,指导各院校根据专业建设需要和学生就业需求,合理申报试点计划,择优选择证书试点。加强过程管理,成立辽宁省学分银行,具体牵头负责全省1+X书证融通工作;搭建辽宁省1+X证书制度书证融通管理平台,提升信息化管理水平。加强培训指导,把培训评价组织请进来,开展1+X证书制度专项培训,共培训教师4 229人次,在全国率先完成核定并发布75个证书考核费用标准。截至目前,全省共有145所院校开展试点工作,参加考试21 518人,通过考试15 551人,考试通过率72.26%,有力推动了校企深度合作、产教协同育人的进程。

健全组织保障,凝聚书证融通合力。加强政策解读,召开职业教育书证融通工作部署会,对相关政策和技术标准进行解释说明,并提出具体要求。加强经费投入,拨付专项资金500余万元,用于开展书证融通标准研制、推广应用等工作。加强部门协同,推动教育、人社、财政等部门协同推进,将符合条件的职业院校、职业教育培训评价组织、职业技能等级证书统一纳入人社部门"两目录一系统",并对在校期间取得职业技能等级证书的毕业年度学生直接给予资金补贴,真正让学生长本事、就好业、得实惠。

(资料来源:教育部网站)

请讨论:
(1)该文属于何种简报?
(2)简报名称属何种写法?
(3)该简报的内容符合哪些写作要求?

三、技能题

给下面这份简报拟写"按语"。

党史学习教育简报

(第13期)

党史学习教育工作开展以来,省金控公司认真贯彻落实省委、省国资委党委关于深入开展"我为群众办实事、我为企业解难题、我为基层减负担"专题实践活动的工作要求,立足干部群众、联系企业、基层一线的实际需求,着力解决"急难愁盼"的实际问题,推动党员干部沉下去、民生实事干起来、学习教育效果实,不断践行共产党人的初心和使命。

一、多方联动,在利企惠企上进一步拓展"广度"。3月以来,公司牵头联动浙江省金控企业联合会党建共建联盟各成员单位在党史学习教育中组织开展"百名干部联百企破百题"专项行动,以"七个阶段"共开展"十个一"系列活动的形式,集中抽调20余家联盟单位的107名党员干部、集中结对覆盖我省9个地市的107家联盟重点投资企业、集中破解100余个结对企业遇到的实际难题,以实际行动推动金融服务实体经济高质量发展。

二、数字赋能,在项目落地上进一步跑出"速度"。今年以来,公司紧密围绕省委关于打造"三服务"2.0版的指示要求,坚持以浙江省金控企业联合会为1个协同载体,以"资本、数据、服务"为3个协同纽带。在2020年"上门送'1+3'服务"活动1.0版的基础上,由党委班子成员牵头,组建4个党员服务专班,赴市县、省属国企和参控股企业开展"上门送'1+3'服务"活动2.0版。强化数字赋能,坚持项目为王,依托"混合云+混合链"技术,统筹建设统一的数据服务、标准规范、安全可靠的"1+3"服务模式,通过线上实时采集项目数据、数据治理、数据大屏等手段,促进公司及时、全面、准确掌握全省"1+3"服务动态,实现金控体系数据共享,共同挖掘和放大项目价值。进一步推动政策资源、金融资源直达基层、直达企业,助力项目高效落地。

三、打造样板,在共同富裕上进一步加强"力度"。综合运用产业基金、投贷保担、政采云平台等具有金控特色的市场化工具,实施"新云采消费助农共富计划",探索促进乡村振兴共同富裕市场化运作的新路径。以公司消薄结对村——开化县高合村为试点,联合开化县建立"政府引导、市场运营、社区(乡村)承载、金融(科技、教育)支持"的"政企社金"四方合作机制,通过实施传统基建改造、产业基建升级、数字基建拓展三条路径,全面推动高合村建设"四化十场景"的未来村庄2.0版。以开化土蜂蜜产业为抓手,建立以金控体系企业牵头、村集体经济入股、养蜂协会指导、蜂农全面参与的产业协同机制,计划联动开化县建设 30 个中蜂产业示范村(包含高合村在内)共 100 个蜂场,全年实现产值 5 000 万元,推动每个农户(蜂场)每年增加收入 36 万元,每个示范村实现分红收益 10 万元,促进共同富裕。

四、融入基层,在服务职工上进一步提升"温度"。创新开展"两级书记心连心月月谈"主题活动,公司党委书记、副书记、派驻纪检监察组组长与基层党支部书记、党员和职工群众共同开展月度谈心活动,并将收集到的意见建议纳入公司督办系统,切实推动问题解决。截至目前,已对收集到的 68 条意见、建议实行分类督办,推动实现"事事有响应、件件有回音",切实把职工关切问题解决到实处。

(资料来源:浙江省人民政府国有资产监督管理委员会网站)

四、写作题

情景模拟:同学们收集并了解所在学院及专业的近期工作,编写一份简报。

学习情境四 演讲稿的写作

学习目标

1. 了解演讲稿的概念和特点；
2. 学习演讲稿的结构和内容；
3. 掌握演讲稿的写作要求；
4. 学会各类演讲稿的写作。

思政目标

通过演讲稿写作的学习，学生树立正确的人生观、价值观和世界观，认同并践行社会主义核心价值观。

知识导读

珍惜眼前，不要给自己拖延的理由

2017年9月8日上午，北京大学举行了2017年新生开学典礼。在典礼上，孙祁祥教授作为教师代表以"珍惜"为题发表了讲话。这次演讲内容被各大媒体争相报道，为新一代年轻人带来了不一样的思考！

各大主流媒体还把这次开学典礼演讲的视频内容全部转为详细文字，为读者提供最大便利。人民日报更是用"大气"两个字来评价孙祁祥教授的演讲！

除了主流媒体，新媒体也对这次演讲进行了报道，演讲与口才类的媒体对此次演讲报道后，阅读量达到了10W＋，点赞量达到2W＋，阅读量如此之高，看得出大家对孙祁祥教授这次演讲的喜爱。

（资料来源：北京大学网）

> 演讲的目的就是向听众宣传自己的观点并力争使听众接受。演讲稿的写作,即从听众角度出发,为达到演讲目的而寻求最佳的内容和形式的过程。只有经过充分准备的演讲稿,在演讲时才能做到有的放矢、立论坚实,才能顺应听众的心理和情绪。由此可见演讲稿写作的重要性。

理论知识

演讲是在群众集会或者会议上就某个问题对听众说明事理、发表见解。演讲稿是在演讲之前所写的底稿。

演讲稿能够使演讲的中心更集中、更突出。准备演讲稿时,要收集大量的资料,并留出充足的时间对这些材料进行仔细筛选,做到演讲时有备无患、信手拈来、运用自如。在演讲过程中,演讲稿能够提示演讲内容,帮助演讲者掌握演讲的速度。为了使演讲具有感染力、说服力,起到鼓动、宣传、教育的作用,写好演讲稿是很重要的。

一、演讲稿的特点和种类

(一)演讲稿的特点

1. 选题的现实性

演讲稿所选择的话题应当是从现实生活中发掘出来的,是现实生活中需要解决的问题,是需要宣传、提倡的问题,是需要探讨的问题。演讲稿最忌讳老生常谈,必须有现实的针对性,才有演讲的价值。

2. 表达的情感性

演讲稿独特的表达方式,要求演讲者在演讲的过程中投入强烈的感情,这样才能使演讲具有很大的感染力和号召力,从而使听众更容易理解和接受。

3. 选材的真实性

演讲者面对听众表达个人的主张见解,抒发个人的情怀和感受,所以,应该从自己看到的、听到的、感受到的事实中获取演讲的材料,这样才有亲切感,有说服力。要讲真话,讲实话,不能哗众取宠,不能夸夸其谈,不能无关痛痒。

(二)演讲稿的种类

我们在校学习期间日常接触的是学生集会上的命题演讲;在社会生活中,常见的是岗位竞聘、商务礼仪活动演讲等。而根据演讲稿内容的写法不同,也可以把演讲稿分为叙述式(陈述自己的想法或者转述他人的思想、经历、事迹)、说明式(说明情况、道理、问题)和议论式(摆事实、讲道理)三种类型。

二、演讲稿的结构和内容

演讲稿从结构上分为标题、称谓和正文。

(一)标题

标题可以标明性质和文种,也可以交代演讲的中心和内容。

(二)称谓

称谓要热情、友好、亲切、全面、别致,本着先外(外宾)后内(国内同志、朋友)、先高后低(职务或者职称的高低)、先女后男、先疏后亲的顺序,要把到场的所有人都包括进来。

(三)正文

正文一般分为开头、主体和结尾三个部分。

1. 开头

正文的开头部分,也叫导入部分。开头很重要,如果说得不好,可能给听众留下一个不好的印象,使他们失去再往下听的兴趣,而演讲是否能够成功,关键就在于开始的一两分钟是否能营造某种气氛,抓住听众,所以,开头要别开生面、引人入胜。同时,开头还要为下文的展开精心铺垫。开头的方法很多,通常有以下几种:

(1)情景入题法:结合演讲当时的气氛和情景,发表感想,拉近演讲者和听众之间的距离。

(2)事例衔接法:从个人经历、新闻事件、传闻轶事中选取与主题相关的事例,通过"先讲一个故事"的方式导入正题。

(3)开门见山法:直截了当进入正题,给听众留下深刻明确的印象,引导听众听取、接受、消化后面的论证。

(4)石破天惊法:用看似无关紧要的内容作为开始,出奇制胜,活跃气氛。

(5)设问入题法:提出一连串问题,设置悬念,启发听众思维,由此导入正文。

(6)引用入题法:引用诗歌、谚语、名人名言作为开头。

要增强演讲效果,一定要因人而异,设计出符合听众心理特点和喜好的开头。

2. 主体

主体是演讲稿主要展开的部分,它要针对演讲主题从多方面去阐述和证明,围绕主题铺陈展开,使听众得到一个明晰深刻的印象。

首先,在选取事例作为材料论证观点时,要选用有代表性、有说服力、能够揭示事物深度的典型事例,同时运用引申性议论法(在事例的基础上以合乎逻辑的构想,分解演绎,推导分析,从而增强材料的说服力)和探究性议论法(举出事例后,进行层层深入的、由现象到本质的剖析)等论证方法加以阐述,事例的选择、阐释、安排关系到写作的成败。

其次,主体部分的结构要清晰单一、有起有伏、有张有弛,应该是递进式的,不要并列繁杂,要给听众以生动新鲜的感觉,如果只是平铺直叙,如流水账一般,容易使听众产生单调乏味的感觉,难以取得好的演讲效果。

再次,主体部分的语言,要生动通俗、引人入胜,要多使用排比句、设问句,多使用比喻,或者使用格言及群众性语言、口语、谚语、歇后语,从而深入浅出、活泼生动地表述观点。

3. 结尾

结尾是演讲内容的自然收束。这部分可以写口号、提建议,可以给听众一个诚恳的希望,可以引用一段恰当的诗文,可以简洁地总结一下前边讲过的各个要点,还可以用成语以及古今中外的格言来加强演讲的力量。写作的时候要求简洁明快、恰到好处,加强演讲内容的力度,使之生动而令人回味。

不同类型的演讲稿在写作内容上各有不同和侧重,如祝酒词,正文部分可以分四层:首先,写致辞者代表谁向到会者表示欢迎或者感谢和问候;其次,用饱含感情的笔墨,写双方友谊和合作的新发展;再次,极简要地说明对未来的希望;最后,写致辞者提议为什么而干杯,内容要与宴会的参加者的愿望密切相关。

三、演讲稿的写作要求

(一)了解对象,有的放矢

演讲稿是讲给人听的,因此,写演讲稿首先要了解听众:了解他们的思想状况、文化程度、职业状况如何;了解他们所关心和迫切需要解决的问题是什么;等等。否则,不看对象,演讲稿写得再花功夫,说得再天花乱坠,听众也会感到索然无味,无动于衷,也就达不到宣传、鼓动、教育的目的。

(二)观点鲜明,感情真挚

演讲稿要观点鲜明,显示出演讲者对一种理性认识的肯定,显示出演讲者对某一客观事物见解的透辟程度,能给人以可信性和可靠感。演讲稿观点不鲜明,就缺乏说服力,就失去了演讲的作用。

演讲稿还要有真挚的感情,才能打动人、感染人,有鼓动性。因此,它要求在表达上注意感情色彩,把说理和抒情结合起来。既有冷静的分析,又有热情的鼓动;既有所怒,又有所喜;既有所憎,又有所爱。当然这种深厚动人的感情不应是"挤"出来的,而要发自肺腑,就像泉水喷涌而出。

(三)行文变化,富有波澜

构成演讲稿波澜的要素很多,有内容,有安排,也有听众的心理特征和认识事物的规律。如果能掌握听众的心理特征和认识事物的规律,恰当地选择材料、安排材料,也能使演讲在听众心里激起波澜。换句话说,演讲稿要写得有波澜,要靠内容的有起有伏、有张有弛,有强调,有反复,有比较,有照应。

例 文

珍　惜

——孙祁祥教授在北京大学2017年开学典礼上的讲话

亲爱的同学们,大家上午好!

非常荣幸作为教师代表,在今天这样一个热烈、庄重、喜庆的开学典礼上,欢迎你们来到美丽的燕园,开启新的生活篇章。

北大一直是中国最优秀学者成长的沃土,是莘莘学子心中的学术殿堂,是无数校友的精神家园。你们凭借自己的聪慧和勤奋,通过大考,来到北大,从这里眺望世界、走向未来。我和我的同事们,要向你们表示最热烈的祝贺!

同学们,从幼儿园到小学,从中学到大学,从大学到研究生,你们"按部就班"地走到了今天,应当说非常幸运。要知道,我这一代人在我曾经历过的那个青年时代,没有你们的这份幸运,这个世界上,还有许多青年人没有你们的这份幸运,所以,你们应当对你们得到的这份幸运格外珍惜。作为一名年龄比你们长,阅历也比你们更加丰富一些的人,今天,我想就"珍惜"给你们一些建议:

请珍惜当下

做好每天的事情,而不要给自己太多懈怠、拖延的理由。"明日复明日,明日何其多,我生待明日,万事成蹉跎。"人生真的就是一场马拉松,每一个到达终点的人,都是从第一步开始、从每一步积累的。

我希望你们能珍惜当下,认真做好手头的每一件事情,并且,在自己的能力范围内尽量做到极致和卓越。养成这样的习惯,将会让你终身受益。

请珍惜他人

在大千世界里,在芸芸众生中,我们能走到一起,真的就是一种缘分。因此,要学会珍惜彼此:珍惜师生情,珍惜同学情,珍惜朋友情,不要把从别人,甚至你的父母那里得到的一切看作"理所当然",而要心存感激,常思回报。

当然,这种珍惜是对真的、美的、善的情感的尊重和顾惜,是在无关重大是非原则问题时表现出来的宽厚和宽容。而如果触了底线,绝对不要迁就和纵容。

请珍惜自己,特别是你的健康

不要因为年轻就肆意透支你的身体。

有一句格言说:"有两种东西丧失之后才会发现它的价值——青春和健康。"但青春逝去,未见得活力不在、睿智不在、优雅不在;而失去健康,即使青春犹在,年轻于你何用?财富于你何用?时间于你何用?

我特别赞同瑞士心理学家亚美路对健康的洞见:"健康是一种自由——在一切自由中首屈一指。"你可以像《潇洒走一回》那首歌中唱到的那样"我用青春赌明天",但同学们,千万不要"用健康赌明天"。我希望你们一定平衡好学习和锻炼身体的关系,做德智体全面发展的青年人。

请珍惜你内心的渴望而不要忽视它、压抑它,甚至掐灭它

做自己喜欢的、擅长的事情,而不要人云亦云、心浮气躁;不要去跟别人攀比,做最好的自己足矣。当然,选择自己心之所属并坚守,有时可能并不是一件容易的事,但如果你能做到这一点,你将会有更多的淡定和从容,更多的积淀和突破,更多的喜悦和快乐。

最后,请珍惜我们这个伟大的时代

四十多年前,当我还是一名上山下乡知青的时候,我绝对想不到,有一天自己能够进入大学读书,更别说攻读博士学位、出国学习、当上北京大学的教授。我常常想,我是幸运的,因为,我赶上了改革开放的伟大时代,这个时代给予了我们每个人以机会。

始于上世纪(20世纪)70年代末的改革,让中国在不到40年的时间里成为世界第二

大经济体,人民的生活水平得到了极大提高,我们离中华民族伟大复兴的目标越来越近。但是,任何一个美好的时代,都不是凭空而来的,它是万千建设者们、筚路蓝缕、艰苦奋斗创造出来的。

同学们,我们一定要珍惜这个伟大的时代,而最好的珍惜,就是为这个时代做出我们应有的贡献!

在今年7月份经济学院举行的毕业典礼上,中国首位女航天员刘洋,在致辞中引用一位战斗机飞行员的话"我最大的遗憾就是只能为祖国牺牲一次",让所有在场的人热泪盈眶。这种摄人心魄的爱国主义宣言,也正是百余年来,与国家前途命运紧密相连的,我们北大人的情怀!

最后,再次祝贺你们!欢迎你们!

2017年9月8日

【评析】 整篇演讲结构严谨,脉络清晰。开头部分即兴入题,生动贴切,活跃气氛,抓住听众。主体部分从"珍惜"着眼,从个人到家国,我们既要珍惜当下、珍惜他人,也要珍惜自己的健康、珍惜自己内心的渴望和伟大的时代!该演讲稿见解精辟,发人深省,实现了情、理、事的交融。结尾部分提出期望,充满激情,引发共鸣。全篇语言生动形象,富有感染力。

拓展训练

一、阅读题

1. 请说明下面演讲稿的开头运用了哪种方法。

(1)伟大的诗人歌德曾有这样的一句名言"生命之树常青"。是的,生命是阳光带来的,应该像阳光一样,不要浪费它,让它也去照耀人间。

(2)"我们唱着东方红 当家做主站起来,我们讲着春天的故事 改革开放富起来,继往开来的领路人 带领我们走进那新时代"这是一首创作于1997年的歌曲,而现在,走过40年改革历程的今天,这首歌曲依然唤起人们对革命时期、改革开放时期的回忆,那一幕幕中国儿女奋发图强、神采飞扬的精神面貌……新时代东风浩荡,中国梦曙光在前,党的十九大之后的新时代,我们改革开放再出发,中国梦想正在书写新的传奇。

2. 有篇题为《不能盲目地"拿来"》的演讲稿,说的是对待引进外国的文化、技术等,要持有正确的态度,不能盲目地"乱拿"。现在有两件事例可供选择:

第一件:某厂从A国引进了一套设备,工人们高兴极了,可是拆开一开,零件是旧的、坏的,机器根本不能用。

第二件:某厂从A国引进了一套设备,可是拆开一看,这才发现整个机器都是自己厂不久前出口的,只是被洋人换了个商标!

比较一下哪个更典型、生动,更有说服力。

3. 阅读下文,分析它列举事例的方法和作用。

改革开放伊始,百废待兴。农民、农业、农村问题是一个亟待顶层设计解决的问题。有这样一位老人,从1982年到1986年,连续5年参与主持起草了著名的五个"中央一号文件",对于家庭联产承包责任制在中国农村的推广和巩固起了巨大作用,他是公认的20世纪80年代中国农村改革政策制定的核心人物之一。他叫杜润生,被誉为"农村改革之父"。还有一群这样的年轻人,他们的平均年龄仅34.5岁,是典型的"80后""90后"组合。但他们恪尽职守、脚踏实地、敢想敢为、勇于担当,用年轻人特有的执着和追求,把严谨细致落实到工作的每一个微小细节。他们是长征六号团队,一群"小字辈大能量"的航天人,用行动和成果续写着中国长征系列火箭新的辉煌。

4.梁启超的著名演说《少年中国说》这样结尾:

"少年智则国智,少年富则国富,少年强则国强,少年独立则国独立,少年自由则国自由,少年进步则国进步,少年胜于欧洲,则国胜于欧洲,少年雄于地球,则国雄于地球!"

请分析其表达效果。

二、技能题

试指出下面这篇竞聘演讲稿的毛病,并补写文章缺少的内容。

竞聘院学生会主席的演讲

各位老师,各位同学:

　　大家好!

　　参加竞聘之前,我一直在想:我应不应该参加这次竞聘?我靠什么来参加这次竞聘?思索再三,我想,我愿意把这次竞聘当成争取尽自己一份责任的机遇,更愿意把这个竞聘过程当作我向各位同学学习、接受各位评判的一个难得的机会。因为我是鼓着十二分的勇气参加竞聘的。

　　我知道,成为一名合格的院学生会主席很不容易。我之所以鼓起勇气参加院学生会主席的竞聘,首先缘于我对同学们的热爱和对学生工作的执着。我相信,一个人,只要他执着地热爱自己的事业,他就一定能把他的事业做好。当然,我也有过一些学生工作的经历,我曾经在高中时当过班长,对组织管理工作并不陌生。有人说,经历是一笔财富,而我更愿意把自己的经历当作一种资源,一种在我今后工作中可以利用、可以共享、可以整合的资源。

　　当然,我更清楚,成绩也好,经验也罢,它只能说明过去,并不能证明未来。

　　假如我能竞聘成功,我将做好自己应该做的工作。

　　说到这里,我想起了阿基米德的一句名言:"给我一个支点,我可以撬起整个地球。"但在这里,我不敢高喊这类豪言壮语,我只想表达一个愿望,请投我一票,我会尽自己有限的能力给大家以回报!

　　谢谢大家!

××

三、写作题

结合张桂梅给年轻人的这封信,写一篇关于青年学生应如何面对人生的"寒冬"的演讲稿,题目自拟。

不惧怕,人生的"寒冬"里带着必然的希望

孩子们:

你们好,我是张桂梅。能在2021年年末以这样的方式和你们交流,是一件特别温暖的事。

虽然我们没有见过面,但读着你们的留言,我仿佛看到了提问背后一张张或困惑,或迷茫,或正在认真思考自我和未来的年轻的脸。

这一年里,或许你们各有各的不容易:既要面对自己升学、工作、情感等方面的压力,又要直面外部环境变化带来的内心焦虑与挣扎。

每个人都希望人生可以不断前进,但我们也不得不去面对人生中脚步慢下来甚至停下来的那些时刻。

你们当中的许多人都问了我一个问题:"我觉得我的人生可能就这样了,我很辛苦,我是不是应该认命了?"

我相信,人生在必经的"寒冬"里,也带着必然的希望。没有人愿意经历严寒,但它经常不请自来,不经选择;也很少人敢确信未来一帆风顺,但如果你经历过和见过,你就会相信,并且愿意把它强烈地送给别人,让身边的人都感受到。

我人生中的大部分时候,都过得不那么"舒服",可以说是很"痛"的。在我很小的时候,就失去了母亲。在青年时期,父亲又离我而去。本以为到大理后,有一份稳定的教书工作,遇到一位爱我的丈夫,就能过上平淡安稳的生活了,能从一个天真少女变成一个幸福女人。

但突如其来的变故彻底打破了我的人生计划,我的丈夫被查出癌症,尽管全力筹钱治疗,但坚持了一年后,他还是离开了我。和他一同离去的,还有我人生中短暂拥有的快乐和美好。

那是我人生中最黑暗的一段时光。那时我的眼里,大理的山也不美了,水也不绿了……幸福感觉离你很远很远。后来,我要求调岗到了偏远的丽江华坪。说是"调岗",其实就是想找一个没有人认识我,不会让我记起生命中任何美好的地方,把自己"流放"了。那时候你跟我说希望、说未来,我也不想听。

你们的人生也一定经历过这样的时刻:感觉全世界都在跟你作对,所有的厄运都降临到了你的头上。

走出痛苦的过程,有时候比痛苦本身还要难受。那时的我也只是一个普普通通的年轻人,在挫折面前也没那么坚强。我只是努力地让自己再多挣扎了一下,心里还是抱着一线希望。

在走出痛苦的过程中,身边的人向我伸出了手,让我感受到了人世间的温暖。也就是那一点挣扎,那一点温暖,让我一次次坚持了下来。

不论何时,我们都需要彼此的爱。如果你觉得痛苦、迷茫,去看看其他人,你就会发现自己的命运既有独特性,也有共同性。

共同性会让你不因为孤单而害怕,在必要时伸出给彼此的手;而独特性则可以帮助你真正走上你乐于走上的路。

我现在仍然过得很"苦",积了一身病。经常这个问题缓解了一点,那个问题又严重

了。越来越糟的时候，我心里也很难受。

　　但现在的"苦"，是一种我愿意付出的苦。因为我有一个清晰的目标，我要把孩子们带出大山，我要去实现它。有目标就有了干劲儿，就不觉得那么苦了。

　　孩子们，你们需要有一个人生大目标，去帮助你走过那些痛苦的、坚持不下去的时刻。但大目标就像一座高山，需要长久地攀登。你还需要找到一条上山的"路"，在每天的日常里完成一个个具体的小目标，一步步扎实地往上爬。爬着爬着，或许就走过了那一段黑暗的路，拨云见日。

　　给你们写下这封信，希望从我讲述的经历中让你们感受到一点点温暖、一点点力量。这是我今天正在完成的小目标。我今天还有好多个小目标要完成，比如等会儿我就要去看看孩子们测验的情况。督促她们上好每一节课，抓好每一分，也是我现在每天的小目标。

　　你也许和我一样，正在完成每天的小目标。也许，正在寻找你的那个大目标。但只要你开始思考、开始行动，你就已经走上了一条必然不易，但也充满希望的路途了。

　　放弃和认命是一条没有尽头的"下坡路"。请记住，在任何一个你没有察觉的时刻，包括现在，通过行动去改变命运的机会，一直都存在。

（资料来源：新华社）

学习情境五 规章制度的写作

学习目标

1. 了解规章制度的概念、特点及种类；
2. 学习规章制度的结构和内容；
3. 掌握规章制度的写作要求。

思政目标

通过规章制度写作的学习，学生树立规则意识，遵纪守法，做合格公民。

知识导读

监管上线 让网红依法而"红"

在我们这个"民以食为天，食以味为先"的国度，人们对于"吃"，不再单纯只是为了填饱肚子，更多的是一种对生活品质的追求。近年来，随着网络分享型APP和朋友圈的兴起，很多美食和餐厅借着网络"一炮而红"，他们拼颜值、蹭热点、比口碑、比火爆排队场面，通过饥饿营销、大咖点赞的方式刷屏朋友圈，让"吃货"们"种草"。但是这些爆款的网红食品和网红餐厅是不是也有如高颜值一般的食品安全生产状况呢？光鲜的背后，真相并不乐观。

由于不少"网红"店还处于创业初期，属于"一夜爆红"，食品安全管理水平尚不成熟，存在较高的食品安全风险。如某网红点心店因为食品中毒事件被责令停业接受调查；某网红面包店使用过期面粉，店内制作环境卫生不佳，甚至还用发霉的布装面包；更有一些网红店不仅没有实体店,连营业执照或食品生产许可证都未申请,在自家住宅内就开工经营,通过微博、朋友圈来售卖裱花蛋糕等需经过现场核查卫生状况的高风险食品。

市场的盲目和失控需要政府伸出正义之手予以正向引导。网红食品既然是借助网络走红,监管者就应该顺应时势,延伸自己的监管半径,升级监管手段,借助大数据等先进方式开展执法工作,加强法律责任的落实。比如通过对百度、饿了么、美团等外卖平台的数据分析,筛选出区域内销量排名较高的"网红店",加强监管频率和力度。在选择重点监管的"网红店"时,可着重考量其在各相关投诉平台上的被投诉举报数量、监管许可信息,如门店扩张规模、速度;日常监管执法的结果等,并参考一些网络消费点评网站和APP等网络新媒体的信息,留意"网红店"的日常经营状态。目前,上海市已制定了"网红重点监管名单",将区域内开展经营活动的100多个品牌共1 000多家门店列入名单,并重点约谈了一些高风险的网红餐饮店。面对"网红"的火爆,监管者只有顺应时代和潮流的变革,主动作为、顺势而为,把互联网食品经营者和推广者纳入日常巡查监管范畴,形成常态化监管机制,才能为消费者构筑起一道食品安全的"防火墙"。

除了监管者的努力,大众也需告别盲目跟风。对消费者来说,除了关注食品的高颜值、餐厅的火爆程度之外,更应该关注的还是"吃得放心"。相信在理性的市场环境中,我们也能沉淀出很多口碑好店,让品相俱佳的"网红"食品和餐厅在监管者和消费者的共同监督下一直红火下去。

(资料来源:中国医药报)

> 不仅"网红"需要监管,在社会日益发展的今天,各行各业都需要标准化管理。严谨的规章制度是管理的可依循文本,合理、规范、科学的规章制度是本章讲授的重点。

理论知识

规章制度是由党政机关、社会团体、企事业单位制定的,旨在保证社会经济生活、生产活动和经营活动的正常运行,并要求全体成员共同遵守的规范性和法规性的文书。

一、规章制度的特点和种类

(一)规章制度的特点

1. 内容的缜密性

规章制度的内容必须具有缜密性,保证在实施过程中不会被人钻空子,显示其严肃性和权威性。这主要表现在三个方面:全面,内容必须完备,有关条款不能遗漏;缜密,内容要周到一致,不能出现前后矛盾、解释不一的情况;稳定,规章制度相对稳定,时效较长,不能朝令夕改,令执行者无所适从。

2. 效力的规范性

规章制度是规定行为准则和办事章法的文体,其效力的规范性比较明显,具有约束活动、规范行为的效力。

3.写法的条文化

规章制度的写法,大多采用分条列款的方式,经常使用一些程式语,使它在写法上较为固定,没有其他文体那么多样。在外观上表现出条文化的特点,显示出这类文体的庄重性,又使得条文内容醒目、清楚,给执行或检查带来方便。

(二)规章制度的种类

规章制度可分成以下三大类。

1.行政法规类

这类规章制度是国家行政部门为实现国家管理职能而制定的,如章程、条例、规定、办法等。

2.管理规范类

这类规章制度是为使经济活动按照一定程序和规范进行,便于管理、监督、检查而制定的,如制度、准则、规程和岗位职责等。

3.教育约束类

这类规章制度在一定范围内规定道德、行为规范,要求有关人员遵守、知照或照此办理,如规则、须知和公约等。这些文种制约性较弱,大多带有告知性、服务性。

二、规章制度的结构和内容

规章制度的种类有很多,写法也各有差异,但总体上大致相同。其格式一般分为四个部分:标题、正文、具名、日期。

(一)标题

标题一般由制定单位名称、工作内容或范围和文种名称构成,如"××市海洋有限公司章程""××市大地有限公司人事管理制度""海关对回国探亲华侨进出境行李物品的管理规定"等。标题的位置在正文前居中。

(二)正文

根据规章制度种类的不同、内容繁简程度的不同,正文有以下三种不同的写法。

第一种写法是把正文分为三层:第一层简要说明制定规章制度的目的、意义、缘由和根据,即序言;第二层分条款写应遵守的事项,或哪些事能做、哪些事不能做,应该怎么做、不应该怎么做等;第三层说明未尽事宜如何处理以及执行日期等。

第二种写法是直接分条列款。这种写法全文主体部分只有一个层次,常用数字标注,或用"第×条"标注,把内容依次排列出来。

以上两种写法是内容较少较简单、使用级别较低的规章制度的写法,如规则、规程、须知、准则、守则和公约等文种。

第三种写法是将全文分为总则、分则、附则三个部分。总则相当于文章的开头,用序言或条文形式说明制文的目的、依据、基本原则、主管部门等情况;分则是主体内容,具体写明要求执行的事项和必须遵循的行为规则;附则说明制度的适用范围、法律责任、制定权、修改权、解释权、生效日期、与该文相抵触的应废止的文件、未尽事宜的处理办法等。在这种写法的规章制度中,总则、分则、附则三个部分的条款序号是依次顺接的。

（三）具名

具名即签署制定单位的名称,位置可在正文之后的右下方。

（四）日期

规章制度要写清制定的年、月、日,一般在具名之下,有些也可置于标题之下。

三、规章制度的写作要求

第一,制定规章制度必须符合党的方针、政策,符合执行范围的客观实际。制定前要进行充分的调查研究,顾及有关各个方面,不能有疏漏。如果内容还不够成熟,则应以草案先试行,然后再日臻完善。

第二,制定规章制度要明确制定的权限。规章制度较多,有全国性的,有地区性的,也有本单位、本部门的,都应有明确的制定和效力范围,不能越权制定。

第三,制定规章制度在写作格式上,条目要简明、具体,措辞要准确,语气应肯定,以便于领会和执行,避免模棱两可,造成歧义。在写法上一般采用演绎法:先一般,后个别;先总纲,后细则。

第四,制定的规章制度随着时间的推移和形势的发展变化,要定期检查,对已不符合形势要求的内容,要按规定的程序进行修改或补充。

例文一

中央财政专项扶贫资金管理办法

财农〔2017〕8号

第一章 总则

第一条 为贯彻落实《中共中央国务院关于打赢脱贫攻坚战的决定》（以下简称《决定》）和精准扶贫、精准脱贫基本方略,加强中央财政专项扶贫资金管理,提高资金使用效益,依据《中华人民共和国预算法》和国家有关扶贫开发方针政策等,制定本办法。

第二条 中央财政专项扶贫资金是中央财政通过一般公共预算安排的支持各省（自治区、直辖市,以下简称"各省"）以及新疆生产建设兵团（以下简称"新疆兵团"）主要用于精准扶贫、精准脱贫的资金。

第三条 中央财政专项扶贫资金应当围绕脱贫攻坚的总体目标和要求,统筹整合使用,形成合力,发挥整体效益。中央财政专项扶贫资金的支出方向包括:扶贫发展、以工代赈、少数民族发展、"三西"农业建设、国有贫困农场扶贫、国有贫困林场扶贫。

第四条 坚持资金使用精准,在精准识别贫困人口的基础上,把资金使用与建档立卡结果相衔接,与脱贫成效相挂钩,切实使资金惠及贫困人口。

第二章 预算安排与资金分配

第五条 中央财政依据脱贫攻坚任务需要和财力情况,在年度预算中安排财政专项扶贫资金。

地方各级财政根据本地脱贫攻坚需要和财力情况,每年预算安排一定规模的财政专项扶贫资金,并切实加大投入规模,省级资金投入情况纳入中央财政专项扶贫资金绩效评价内容。

第六条 中央财政专项扶贫资金分配向西部地区(包括比照适用西部大开发政策的贫困地区)、贫困革命老区、贫困民族地区、贫困边疆地区和连片特困地区倾斜,使资金向脱贫攻坚主战场聚焦。

第七条 中央财政专项扶贫资金主要按照因素法进行分配。资金分配的因素主要包括贫困状况、政策任务和脱贫成效等。贫困状况主要考虑各省贫困人口规模及比例、贫困深度、农民人均纯收入、地方人均财力等反映贫困的客观指标,政策任务主要考虑国家扶贫开发政策、年度脱贫攻坚任务及贫困少数民族发展等工作任务。脱贫成效主要考虑扶贫开发工作成效考核结果、财政专项扶贫资金绩效评价结果、贫困县开展统筹整合使用财政涉农资金试点工作成效等。每年分配资金选择的因素和权重,可根据当年扶贫开发工作重点适当调整。

第三章 资金支出范围与下达

第八条 各省应按照国家扶贫开发政策要求,结合当地扶贫开发工作实际情况,围绕培育和壮大贫困地区特色产业、改善小型公益性生产生活设施条件、增强贫困人口自我发展能力和抵御风险能力等方面,因户施策、因地制宜确定中央财政专项扶贫资金使用范围。教育、科学、文化、卫生、医疗、社保等社会事业支出原则上从现有资金渠道安排。各地原通过中央财政专项扶贫资金用于上述社会事业事项("雨露计划"中农村贫困家庭子女初中、高中毕业后接受中高等职业教育,对家庭给予扶贫助学补助的事项除外)的不再继续支出。

开展统筹整合使用财政涉农资金试点的贫困县,由县级按照贫困县开展统筹整合使用财政涉农资金试点工作有关文件要求,根据脱贫攻坚需求统筹安排中央财政专项扶贫资金。

第九条 各省可根据扶贫资金项目管理工作需要,从中央财政专项扶贫资金中,按最高不超过1‰的比例据实列支项目管理费,并由县级安排使用,不足部分由地方财政解决。

项目管理费专门用于项目前期准备和实施、资金管理相关的经费开支。

第十条 中央财政专项扶贫资金(含项目管理费)不得用于下列各项支出:

(一)行政事业单位基本支出;

(二)交通工具及通信设备;

(三)各种奖金、津贴和福利补助;

(四)弥补企业亏损;

(五)修建楼堂馆所及贫困农场、林场棚户改造以外的职工住宅;

(六)弥补预算支出缺口和偿还债务;

(七)大中型基本建设项目;

(八)城市基础设施建设和城市扶贫;

(九)其他与脱贫攻坚无关的支出。

第十一条 中央财政专项扶贫资金项目审批权限下放到县级。强化地方对中央财政专项扶贫资金的管理责任。各省要充分发挥中央财政专项扶贫资金的引导作用,以脱贫成效为导向,以脱贫攻坚规划为引领,统筹整合使用相关财政涉农资金,提高资金使用精准度和效益。

第十二条 各省要创新资金使用机制。探索推广政府和社会资本合作、政府购买服务、资产收益扶贫等机制,撬动更多金融资本、社会帮扶资金参与脱贫攻坚。

第十三条 财政部在国务院扶贫开发领导小组批准年度资金分配方案后,及时将中央财政专项扶贫资金预算下达各省财政厅(局),并抄送财政部驻当地财政监察专员办事处(以下简称"专员办")。

根据预算管理有关要求,财政部按当年预计执行数的一定比例,将下一年度中央财政专项扶贫资金预计数提前下达各省财政厅(局),并抄送当地专员办。

安排新疆兵团的财政专项扶贫资金,按照新疆兵团预算管理有关规定管理。

第十四条 各地应当加快预算执行,提高资金使用效益。结转结余的中央财政专项扶贫资金,按照财政部关于结转结余资金管理的相关规定管理。

第十五条 中央财政专项扶贫资金的支付管理,按照财政国库管理有关规定执行。属于政府采购、招投标管理范围的,执行相关法律、法规及制度规定。

第四章 资金管理与监督

第十六条 与中央财政专项扶贫资金使用管理相关的各部门根据以下职责分工履行中央财政专项扶贫资金使用管理职责。

(一)扶贫办、发展改革委、国家民委、农业部、林业局等部门分别商财政部拟定中央财政专项扶贫资金各支出方向资金的分配方案。扶贫办商财政部汇总平衡提出统一分配方案,上报国务院扶贫开发领导小组审定。由国务院扶贫开发领导小组通知各省人民政府。财政部根据审定的分配方案下达资金。

(二)各级财政部门负责预算安排和资金下达,加强资金监管。

(三)各级扶贫、发展改革、民族、农业(农垦管理)、林业等部门负责资金和项目具体使用管理、绩效评价、监督检查等工作,按照权责对等原则落实监管责任。

(四)新疆兵团的中央财政专项扶贫资金规模由财政部确定,新疆兵团财务、扶贫部门负责使用管理与监督检查。

第十七条 各地应当加强资金和项目管理,做到资金到项目、管理到项目、核算到项目、责任到项目,并落实绩效管理各项要求。

第十八条 全面推行公开公示制度。推进政务公开,资金政策文件、管理制度、资金分配结果等信息及时向社会公开,接受社会监督。

第十九条 中央财政专项扶贫资金使用管理实行绩效评价制度。绩效评价结果以适当形式公布,并作为中央财政专项扶贫资金分配的重要因素。绩效评价年度具体实施方案由财政部、扶贫办制定。

第二十条 各级财政、扶贫、发展改革、民族、农业(农垦管理)、林业等部门要配合审计、纪检监察、检察机关做好资金和项目的审计、检查等工作。各地专员办按照工作职责和财政部要求对中央财政专项扶贫资金进行全面监管,定期或不定期形成监管报告报送财政部,根据财政部计划安排开展监督检查。各级扶贫、发展改革、民族、农业(农垦管理)、林业等部门要配合专员办做好有关工作。

创新监管方式,探索建立协同监管机制,逐步实现监管口径和政策尺度的一致,建立信息共享和成果互认机制,提高监管效率。

第二十一条　各级财政、扶贫、发展改革、民族、农业(农垦管理)和林业等部门及其工作人员在中央财政专项扶贫资金分配、使用管理等工作中,存在违反本办法规定,以及滥用职权、玩忽职守、徇私舞弊等违法违纪行为的,按照《中华人民共和国预算法》《公务员法》《行政监察法》《财政违法行为处罚处分条例》等国家有关规定追究相应责任;涉嫌犯罪的,移送司法机关处理。

第五章　附则

第二十二条　各省根据本办法,结合本省的实际情况制定具体实施办法,报送财政部、扶贫办备案,并抄送财政部驻本省专员办。

第二十三条　本办法自2017年3月31日起施行。《财政部　发展改革委　国务院扶贫办关于印发〈财政专项扶贫资金管理办法〉的通知》(财农〔2011〕412号)同时废止。《财政部　国家民委关于印发〈少数民族发展资金管理办法〉的通知》(财农〔2006〕18号)、《财政部　农业部关于印发〈国有贫困农场财政扶贫资金管理暂行办法〉的通知》(财农〔2007〕347号)、《财政部　国家林业局关于印发〈国有贫困林场扶贫资金管理办法〉的通知》(财农〔2005〕104号)、《财政部　国务院扶贫办关于印发"三西"农业建设专项补助资金使用管理办法(修订稿)的通知》(财农〔2006〕356号)中有关规定与本办法不符的,执行本办法。

第二十四条　本办法由财政部会同扶贫办负责解释。

【评析】　该管理办法采用直接分条列款的写法,内容全面、完整、具体,语言严谨规范。

例文二

财务开支审批报销的规定

根据国家财政有关会计制度和会计基础工作规范的要求,结合本公司财会工作的具体情况,为明确各级经济责任,堵塞开支漏洞,提高经济效益,特制定本规定。

一、用款申请

1. 公司员工因公出差应填写出差审批表,经有关领导审批,凭此到财务部门办理相应的借款手续。

2. 公司临时费用支出,经办人要填写费用支出计划单,经有关领导审批,凭此到财务部门办理相应的借款手续。

3. 公司临时消耗物品采购用款,由使用部门填制物品采购单,经有关领导审批,财务部门凭此安排资金,由采购人员办理用款手续。

4. 凡增购固定资产、进行改扩建工程,由工程部门提出计划编制预算,经总裁办公室讨论决定后,财务部门方可安排资金,经办人办理用款手续。

5. 每月定员内的工资性支出,由人事部门核算后报总裁审批。临时用工,由使用部门填制临时用工工资计划单,人事部门审核后报总裁审批,凭此办理结算手续。

6.外单位和个人借款,原则上不许发生,特殊情况报金融事业部部长批准,并有人担保,方可办理借款手续。逾期还款按日万分之四付资金占用费。

7.公司向外投资、参股等重大事项用款,要经公司董事会讨论通过,形成文字材料,财务总监签字,经办人办理用款手续。

8.对地方政府有关部门的无偿性收费,由财务总监审批后付款。

9.以上各项款项的支付,必须经财务部负责人的审核,符合规定的,财务部负责人签字付款,否则,由财务部负责人承担责任。

二、用款报销

1.凡上述经审批借款的,符合审批内容和标准的,报销时不再审批,超过标准和内容的,需再审批。

2.用款结束后,经办人须于七日内(含假日)到财务部门办理报销手续,余款交回。逾期不报或欠款的,财务部门从其当月工资中扣回借款及逾期占用款的资金占用费(每日万分之四)。

3.采购人员物品采购用款报销时,必须有物品采购的原始发票和验收入库单,必要的要有技师检验单等,并经采购主管人员审批。

4.增购固定资产、改扩建工程完工,要经工程部门验收合格,签署意见,财务部门方予报销。

5.对经银行账户托收付款的水、电、电话费等,事后财务部门于三日内将发票和清单送有关部门审核,如无误,由主管部门经理签字认可,如有误,由主管部门追查。

6.财务部门对报销的单据、发票、凭证等,按有关标准、制度严格审核,凡不符合规定和制度要求的,一律不予报销,否则,由财务部门承担经济责任。

三、附文

1.其他未尽事宜,一旦发生,由财务部负责人请示有关领导,经领导签字同意后,财务部视资金情况酌情付款。

2.本规定由财务部负责解释。

3.本规定自发文之日起执行,前发有关规定废止。

×××有限公司(章)
××××年×月×日

【评析】前言说明制定此规定的依据和目的。正文分条列项按事务的逻辑顺序从不同的方面去写,分别从两方面做出规定,易于理解把握。最后补充说明废止、解释等事项。全文内容具体,格式规范。

例文三

中国互联网金融协会会员自律公约

第一章 总 则

第一条 为规范互联网金融从业机构行为,维护市场秩序,防范系统性风险,保障中国互联网金融协会(以下简称"协会")会员和金融消费者合法权益,树立服务经济社会发展的正面形象,营造诚信规范发展的良好氛围,贯彻落实《关于促进互联网金融健康发展的指导意见》(银发〔2015〕221号),根据《中国互联网金融协会章程》(以下简称《章程》),全体会员经协商达成共识,制定本公约,并承诺共同遵守。

第二条　本公约所称的互联网金融指传统金融机构与互联网企业利用互联网技术和信息通信技术实现资金融通、支付、投资和信息中介服务的新型金融业务模式,具体包括但不限于互联网支付、网络借贷、股权众筹融资、互联网证券、互联网基金销售、互联网保险、互联网信托以及互联网消费金融等业态。

第三条　会员自律的基本原则是:依法合规、诚实守信、科学创新、防范风险、公平竞争、团结协作、自我约束、健康发展。

第二章　自律管理

第四条　会员应严格遵守国家相关政策和法规制度,自觉贯彻协会章程、自律规则和其他有关规定,不得损害国家利益、社会公共利益、行业利益和金融消费者合法权益。

第五条　会员开展业务创新,应当以依法合规为前提,以风险防控为原则:

(一)应当建立良好的创新机制,通过产品、技术、制度、服务和流程等创新方式有效解决信息不对称问题,提高资金和信息使用效率;

(二)应当坚持以服务实体经济、防范金融风险为宗旨,在业务许可的范围内开展业务活动;

(三)应当加强风险防控策略研究,防范互联网金融新产品、新技术可能带来的风险,不得开展风险不可控的畸形创新。

第六条　会员应完善公司治理和内控制度,自觉担负风险管理责任:

(一)应当建立覆盖所有业务流程和操作环节,建立能够对风险进行持续监控、定期评估和准确预警的全面风险管理体系,同时根据业务实际情况有针对性地实施重点风险监控;

(二)应当制定切实可行的风险预防、处置和应急措施并确保有效落实,会员有义务配合有关部门进行风险处置以保障金融市场稳定;

(三)应当全方位自觉健全企业文化,强化从业人员职业道德、职业纪律及职业技能建设,防范从业人员道德风险。

第七条　会员应主动履行金融消费者权益保护义务:

(一)应当加强金融知识宣传和教育,不断提高金融消费者风险识别能力和自我保护能力,审慎甄别客户身份和评估客户风险承受能力,不得主动将产品销售给予风险承受能力不相匹配的客户;

(二)应当严格履行信息披露义务,及时向客户披露重大经营活动、财务状况等信息,确保客户知情权,明确、清晰地提示业务风险,不得隐瞒、误导或欺诈金融消费者;

(三)应当保证客户信息安全,防止信息的灭失、损毁与泄露,不得利用客户信息从事与客户约定事项外的活动。

第八条　会员应保障客户资金账户安全,防范资金账户风险:

(一)除另有规定外,应严格执行客户资金第三方存管制度,选择符合条件的银行业金融机构作为资金存管机构;

（二）对客户资金进行管理和监督，实现客户资金与会员自身资金分账管理；

（三）不得挪用客户资金，确保专款专用，资金存管账户应接受独立审计并公开审计结果。

第九条　会员应严格履行反洗钱义务，防范洗钱和恐怖融资风险：

（一）会员应严格执行客户身份识别、客户身份资料和交易记录保存、大额交易和可疑交易报告等制度；

（二）会员应当按照反洗钱预防、监控制度的要求，开展反洗钱宣传和培训工作；

（三）会员接受反洗钱行政主管部门反洗钱调查时，应当予以配合，如实提供有关文件和资料，根据反洗钱行政主管部门或侦查机关要求，对洗钱或恐怖融资资金采取冻结措施。

第十条　会员应强化IT基础设施和技术安全保障设施建设：

（一）加强网络安全管理，遵守国家、行业网络安全相关法规制度，建立健全网络信息安全软硬件防护体系；

（二）加强信息系统安全管理，强化对信息系统运行情况及运行环境的监测与管理；

（三）加强业务连续性管理，制定完善的安全审计机制和数据备份及恢复机制，建立完善的应急预案和风险事件处置流程。

第十一条　会员应自觉营造合法、公平、有序竞争的良好环境，不得采用不正当手段进行市场竞争。会员之间发生争议时，要采取合法手段，通过协会调解及其他金融领域争议解决机制化解分歧。

第十二条　会员应建立信息沟通与共享机制，及时向协会反映市场信息与行业情况，报送业务数据和信息，共同推动建设权威、可靠的互联网金融行业信息服务平台，为行业管理和市场发展提供支持。

第十三条　会员应积极参与国际合作和交流，主动参与同行业相关国际条约和协定的制定，自觉遵守我国签署的国际规则。

第十四条　会员应自觉接受社会各界的监督和批评，共同抵制和纠正行业不正之风。

第三章　公约执行及违约处理

第十五条　协会实施自律管理，组织对会员遵守公约的情况进行督促检查。督促检查结果向全体会员公布。会员有义务接受并积极配合检查。

第十六条　会员违反本公约，造成不良影响，经查证属实的，由协会依据《章程》和有关规定做出处理。

第十七条　会员对处理结果有异议的，可以向协会申诉。

第四章　附　则

第十八条　本公约适用于协会全体会员。

第十九条　本公约经协会会员代表大会审议通过后实施。

第二十条　协会可根据本公约制定相关的实施细则，组织对会员公约执行情况的监督检查。

第二十一条　协会可根据本公约，结合实际情况，制定补充条款，经协会常务理事会审议通过后实施。

第二十二条　本公约由协会负责解释与组织执行。

（资料来源：信用中国网）

【评析】　全文由总则、分则、附则三部分组成。总则中说明了制定公约的目的、适用范围及意义。分则中具体叙述了公约的基本内容：一是中国互联网金融协会会员的基本要求，二是对其的监督和处罚。附则则对公约本身进行了补充和说明。本公约内容全面完整，行文简约明白，要求具体明确，具有一定的告知性。

拓展训练

一、知识题

1.填空题。

（1）规章制度是由党政机关、社会团体、企事业单位制定的，旨在保证社会经济活动和经营活动正常运行，并要求全体成员共同遵守的_____和_____的文书。

（2）规章制度的格式一般分为四个部分：_____、_____、_____和_____。

（3）规章制度可分成以下三大类：_____、_____和_____。

（4）规章制度的标题一般由_____、_____或范围和文种名称构成。

2.判断题。

（1）制定规章制度要明确制定的权限。（　　）

（2）制度、准则、规程和岗位职责属于行政法规类规章制度。（　　）

（3）规章制度不可以直接颁发。（　　）

（4）内容简单、条文较少的规章制度多采用直接分条列款的写法。（　　）

（5）制定的规章制度随着时间的推移和形势的发展变化，要定期检查，对已不符合形势要求的内容，要按规定的程序进行修改或补充。（　　）

二、阅读题

1.下列规章制度标题中的名称是否规范，请加以评析。

（1）×××公司经济合同管理条例

（2）×××仓储商店规章制度试行条例

（3）×××物流公司仓库管理办法

（4）×××银行贯彻《企业职工代表大会条例》实施细则

（5）×××公司财务员岗位规范

2.规章制度的内容要求具有缜密性，保证在实施过程中不给人钻空子，显示其严肃性和权威性。根据这一要求，修改下面的条文。

第二条　奖学金申报对象为学校全日制大中专学生。评奖年度有下列情况者，不得申报奖学金。

（一）考评当年因违纪受到纪律处分的。

（二）因违法犯罪等行为受到公安、司法机关处理的。

（三）考评当年办理休学手续的。

（四）考评当年有缺考课程者。

（五）考评当年学业成绩有不及格科目的(含必修)。

三、技能题

1.阅读下面的例文,并回答下列问题。

(1)该办法哪几条属于总则,哪几条属于分则,哪几条属于附则？

(2)总则、分则、附则各涉及了哪些方面的内容？

会计专业技术人员继续教育规定

财会〔2018〕10号

第一章 总 则

第一条 为了规范会计专业技术人员继续教育,保障会计专业技术人员合法权益,不断提高会计专业技术人员素质,根据《中华人民共和国会计法》和《专业技术人员继续教育规定》(人力资源社会保障部令第25号),制定本规定。

第二条 国家机关、企业、事业单位以及社会团体等组织(以下称单位)具有会计专业技术资格的人员,或不具有会计专业技术资格但从事会计工作的人员(以下简称会计专业技术人员)继续教育,适用本规定。

第三条 会计专业技术人员继续教育应当紧密结合经济社会和会计行业发展要求,以能力建设为核心,突出针对性、实用性,兼顾系统性、前瞻性,为经济社会和会计行业发展提供人才保证和智力支持。

第四条 会计专业技术人员继续教育工作应当遵循下列基本原则：

（一）以人为本,按需施教。会计专业技术人员继续教育面向会计专业技术人员,引导会计专业技术人员更新知识、拓展技能、完善知识结构、全面提高素质。

（二）突出重点,提高能力。把握会计行业发展趋势和会计专业技术人员从业基本要求,引导会计专业技术人员树立诚信理念、提高职业道德和业务素质,全面提升专业胜任能力。

（三）加强指导,创新机制。统筹教育资源,引导社会力量参与继续教育,不断丰富继续教育内容,创新继续教育方式,提高继续教育质量,形成政府部门规划指导、社会力量积极参与、用人单位支持配合的会计专业技术人员继续教育新格局。

第五条 用人单位应当保障本单位会计专业技术人员参加继续教育的权利。

会计专业技术人员享有参加继续教育的权利和接受继续教育的义务。

第六条 具有会计专业技术资格的人员应当自取得会计专业技术资格的次年开始参加继续教育,并在规定时间内取得规定学分。

不具有会计专业技术资格但从事会计工作的人员应当自从事会计工作的次年开始参加继续教育,并在规定时间内取得规定学分。

第二章 管理体制

第七条 财政部负责制定全国会计专业技术人员继续教育政策,会同人力资源和社会保障部监督指导全国会计专业技术人员继续教育工作的组织实施,人力资源和社会保障部负责对全国会计专业技术人员继续教育工作进行综合管理和统筹协调。

除本规定另有规定外,县级以上地方人民政府财政部门、人力资源和社会保障部门共同负责本地区会计专业技术人员继续教育工作。

第八条　新疆生产建设兵团按照财政部、人力资源和社会保障部有关规定,负责所属单位的会计专业技术人员继续教育工作。中共中央直属机关事务管理局、国家机关事务管理局(以下统称中央主管单位)按照财政部、人力资源和社会保障部有关规定,分别负责中央在京单位的会计专业技术人员继续教育工作。

第三章　内容与形式

第九条　会计专业技术人员继续教育内容包括公需科目和专业科目。

公需科目包括会计专业技术人员应当普遍掌握的法律法规、政策理论、职业道德、技术信息等基本知识,专业科目包括会计专业技术人员从事会计工作应当掌握的财务会计、管理会计、财务管理、内部控制与风险管理、会计信息化、会计职业道德、财税金融、会计法律法规等相关专业知识。

财政部会同人力资源和社会保障部根据会计专业技术人员能力框架,定期发布继续教育公需科目指南、专业科目指南,对会计专业技术人员继续教育内容进行指导。

第十条　会计专业技术人员可以自愿选择参加继续教育的形式。会计专业技术人员继续教育的形式有:

(一)参加县级以上地方人民政府财政部门、人力资源社会保障部门,新疆生产建设兵团财政局、人力资源社会保障局,中共中央直属机关事务管理局、国家机关事务管理局(以下统称继续教育管理部门)组织的会计专业技术人员继续教育培训、高端会计人才培训、全国会计专业技术资格考试等会计相关考试、会计类专业会议等;

(二)参加会计继续教育机构或用人单位组织的会计专业技术人员继续教育培训;

(三)参加国家教育行政主管部门承认的中专以上(含中专,下同)会计类专业学历(学位)教育;承担继续教育管理部门或行业组织(团体)的会计类研究课题,或在有国内统一刊号(CN)的经济、管理类报刊上发表会计类论文;公开出版会计类书籍;参加注册会计师、资产评估师、税务师等继续教育培训;

(四)继续教育管理部门认可的其他形式。

第十一条　会计专业技术人员继续教育采用的课程、教学方法,应当适应会计工作要求和特点。同时,积极推广网络教育等方式,提高继续教育教学和管理的信息化水平。

第四章　学分管理

第十二条　会计专业技术人员参加继续教育实行学分制管理,每年参加继续教育取得的学分不少于90学分。其中,专业科目一般不少于总学分的三分之二。

会计专业技术人员参加继续教育取得的学分,在全国范围内当年度有效,不得结转以后年度。

第十三条　参加本规定第十条规定形式的继续教育,其学分计量标准如下:

(一)参加全国会计专业技术资格考试等会计相关考试,每通过一科考试或被录取的,折算为90学分;

（二）参加会计类专业会议，每天折算为10学分；

（三）参加国家教育行政主管部门承认的中专以上会计类专业学历（学位）教育，通过当年度一门学习课程考试或考核的，折算为90学分；

（四）独立承担继续教育管理部门或行业组织（团体）的会计类研究课题，课题结项的，每项研究课题折算为90学分；与他人合作完成的，每项研究课题的课题主持人折算为90学分，其他参与人每人折算为60学分；

（五）独立在有国内统一刊号（CN）的经济、管理类报刊上发表会计类论文的，每篇论文折算为30学分；与他人合作发表的，每篇论文的第一作者折算为30学分，其他作者每人折算为10学分；

（六）独立公开出版会计类书籍的，每本会计类书籍折算为90学分；与他人合作出版的，每本会计类书籍的第一作者折算为90学分，其他作者每人折算为60学分；

（七）参加其他形式的继续教育，学分计量标准由各省、自治区、直辖市、计划单列市财政厅（局）（以下称省级财政部门）、新疆生产建设兵团财政局会同本地区人力资源社会保障部门、中央主管单位制定。

第十四条　对会计专业技术人员参加继续教育情况实行登记管理。

用人单位应当对会计专业技术人员参加继续教育的种类、内容、时间和考试考核结果等情况进行记录，并在培训结束后及时按照要求将有关情况报送所在地县级以上地方人民政府财政部门、新疆生产建设兵团财政局或中央主管单位。

省级财政部门、新疆生产建设兵团财政局、中央主管单位应当建立会计专业技术人员继续教育信息管理系统，对会计专业技术人员参加继续教育取得的学分进行登记，如实记载会计专业技术人员接受继续教育情况。

继续教育登记可以采用以下方式：

（一）会计专业技术人员参加继续教育管理部门组织的继续教育和会计相关考试，县级以上地方人民政府财政部门、新疆生产建设兵团财政局或中央主管单位应当直接为会计专业技术人员办理继续教育事项登记；

（二）会计专业技术人员参加会计继续教育机构或用人单位组织的继续教育，县级以上地方人民政府财政部门、新疆生产建设兵团财政局或中央主管单位应当根据会计继续教育机构或用人单位报送的会计专业技术人员继续教育信息，为会计专业技术人员办理继续教育事项登记；

（三）会计专业技术人员参加继续教育采取上述（一）、（二）以外其他形式的，应当在年度内登录所属县级以上地方人民政府财政部门、新疆生产建设兵团财政局或中央主管单位指定网站，按要求上传相关证明材料，申请办理继续教育事项登记；也可持相关证明材料向所属继续教育管理部门申请办理继续教育事项登记。

第五章　会计继续教育机构管理

第十五条　会计继续教育机构必须同时符合下列条件：

（一）具备承担继续教育相适应的教学设施，面授教育机构还应有相应的教学场所；

（二）拥有与承担继续教育相适应的师资队伍和管理力量；

（三）制定完善的教学计划、管理制度和其他相关制度；

(四)能够完成所承担的继续教育任务,保证教学质量;

(五)符合有关法律法规的规定。

应当充分发挥国家会计学院、会计行业组织(团体)、各类继续教育培训基地(中心)等在开展会计专业技术人员继续教育方面的主渠道作用,鼓励、引导高等院校、科研院所等单位参与会计专业技术人员继续教育工作。

第十六条 会计继续教育机构应当认真实施继续教育教学计划,向社会公开继续教育的范围、内容、收费项目及标准等情况。

第十七条 会计继续教育机构应当按照专兼职结合的原则,聘请具有丰富实践经验、较高理论水平的业务骨干和专家学者,建立继续教育师资库。

第十八条 会计继续教育机构应当建立健全继续教育培训档案,根据考试或考核结果如实出具会计专业技术人员参加继续教育的证明,并在培训结束后及时按照要求将有关情况报送所在地县级以上地方人民政府财政部门、新疆生产建设兵团财政局或中央主管单位。

第十九条 会计继续教育机构不得有下列行为:

(一)采取虚假、欺诈等不正当手段招揽生源;

(二)以会计专业技术人员继续教育名义组织旅游或者进行其他高消费活动;

(三)以会计专业技术人员继续教育名义乱收费或者只收费不培训。

第六章 考核与评价

第二十条 用人单位应当建立本单位会计专业技术人员继续教育与使用、晋升相衔接的激励机制,将参加继续教育情况作为会计专业技术人员考核评价、岗位聘用的重要依据。

会计专业技术人员参加继续教育情况,应当作为聘任会计专业技术职务或者申报评定上一级资格的重要条件。

第二十一条 继续教育管理部门应当加强对会计专业技术人员参加继续教育情况的考核与评价,并将考核、评价结果作为参加会计专业技术资格考试或评审、先进会计工作者评选、高端会计人才选拔等的依据之一,并纳入其信用信息档案。

对未按规定参加继续教育或者参加继续教育未取得规定学分的会计专业技术人员,继续教育管理部门应当责令其限期改正。

第二十二条 继续教育管理部门应当依法对会计继续教育机构、用人单位执行本规定的情况进行监督。

第二十三条 继续教育管理部门应当定期组织或者委托第三方评估机构对所在地会计继续教育机构进行教学质量评估,评估结果作为承担下年度继续教育任务的重要参考。

第二十四条 会计继续教育机构发生本规定第十九条行为,继续教育管理部门应当责令其限期改正,并依法依规进行处理。

第七章 附 则

第二十五条 中央军委后勤保障部会计专业技术人员继续教育工作,参照本规定执行。

第二十六条 省级财政部门、新疆生产建设兵团财政局可会同本地区人力资源和社会保障部门根据本规定制定具体实施办法,报财政部、人力资源和社会保障部备案。

中央主管单位可根据本规定制定具体实施办法,报财政部、人力资源和社会保障部备案。

第二十七条 本规定自2018年7月1日起施行。财政部2013年8月27日印发的《会计人员继续教育规定》(财会〔2013〕18号)同时废止。

2.指出下面这则规定存在的毛病。

××市工商企业登记管理暂行规定

第一条 为维护社会经济秩序,创造良好经济环境,特制定本规定。
第二条 企业命何名称由工商行政管理机构核定。
第三条 企业不能以国际组织等名称命名。
第四条 企业名称由工商行政管理机构进行分级管理。
第五条 企业名称根据企业情况可以转让。
第六条 企业擅自使用名称或变更名称是不允许的。
第七条 本规定适用于个体工商户的名称。
第八条 本规定由工商部门解释。

三、写作题

情景模拟:结合自己的专业实训,拟写一份实训室规章制度。

学习情境六 应聘文书的写作

学习目标

1. 了解应聘文书的概念和种类；
2. 学习应聘文书的结构和内容；
3. 掌握应聘文书的写作要求；
4. 学会撰写应聘文书。

思政目标

通过应聘文书写作的学习，学生认识到在校期间就应努力学习，做好职业生涯规划，坚定职业理想。

知识导读

武汉一高校毕业生个性简历引热议

在 2012 年首场中国光谷"3551"高成长性企业专场招聘会现场，武汉船舶职业技术学院的毕业生李刚的个性简历引起招聘企业的热议，有人认为"画蛇添足"，也有人称"个性十足"。

李刚的这份简历内容丰富，除了平常的实习经历说明和获奖情况，还在眉头上方标注了自己邮箱地址、新浪微博昵称等。最令人瞩目的是他的简历上的头像脸部竟然被白纸遮住了，换成英文字母"Hire me"，意为"录用我"。

李刚曾在武汉一家公司的人力资源部工作，专门负责招聘毕业生，看过求职简历无数。"企业收到的简历都相似，没特色。有个性的简历总会让人眼前一亮。"李刚说。从 2 月 1 日离职到现在，他一直都在跑招聘会找工作，每周投出近 50 份简历。此前也做过几份很有个性的简历,如以百度搜索引擎为模板的简历,但效果都不是太好。这份用英文"Hire me"遮住头像脸部的简历从上周开始使用。

笔者随后采访了李刚面试的几家企业,其中华工科技产业股份有限公司的刘先生对李刚的简历"一票否决"。刘先生说:"从专业的角度来看,求职简历应该有头像。既然来求职应聘,简历中连照片都不贴,还用英文遮住脸部,显得不严肃、不诚信。当然有个性的简历我们会关注,但过度花哨就会弄巧成拙、画蛇添足。"

风脉可再生能源技术公司负责人则表示:"应聘者在应聘的时候对招聘方有一定的心理揣测,他们希望引起企业重视也能理解。我们允许个性,但不要太出格,总归还是要看综合能力的。要是应聘策划、美工之类的岗位,这种简历就会很受欢迎。"

锐科光纤激光器技术公司招聘负责人则十分看好李刚的这份简历。"这份简历为他加分不少,"该负责人说,"总体看这份简历,可以发现他的逻辑性很强,个人事迹有突出点、重点。而且在简历中把脸部遮住换成英文'录用我',既能看出他有个性、聪明自信,也能感受到他是一个有创意的求职者,还会自我营销。"

（资料来源：新华网）

> 用人单位根据一份简历筛选出符合他们岗位需求的人选进行面试,是绝大多数企业的常规做法。由此可见,一份好的简历或求职信不仅能帮助应聘者获得理想的职位,更是一个人综合能力的展现。本情境就是教你如何写出一份让人满意、求职成功率高的应聘文书。

理论知识

在市场经济环境下,人们自由择业的机会越来越多,同时,用人单位可选择聘用的潜在求职者也越来越多。在这样一个宽松而又竞争激烈的求职与聘用双向选择的环境中,为了谋求一份满意的工作,求职者不仅要学会写,而且要写好应聘文书。

应聘文书是求职者或他人为帮助求职者谋求职业,以便用人单位了解求职者的基本情况而使用的各类文书和表格。

应聘文书主要有求职信、简历和推荐信三种,然而从目前的求职实践来看,简历和推荐信的使用频率更高、作用更大些。

一、求职简历

求职简历也称履历表,是求职者在向用人单位推介自己时,为了清晰、有效地介绍自己的基本情况、教育背景、经历特长等而使用的一种推荐表格。

求职简历是一份非常重要的自我推销文件,目的在于争取面试机会。要达到这个目的,你可能要与几百个、甚至几千个应聘者竞争,所以必须设法展现自己的才能,瞬间抓住面试者的注意力,让对方知道你具备的条件。在面试者的挑选过程中,简历是你唯一能够全权控制的部分,至于写出来的简历如何,则与你所做的准备成正比。

(一)求职简历的内容与格式

1.求职简历的内容

标准的求职简历主要由四个基本内容组成:

(1)基本情况:应列出自己的姓名、性别、年龄、籍贯、政治面貌、学校、系别及专业、婚姻状况、健康状况、家庭住址、联系方式等。

(2)学历情况:应写明曾在某某学校、某某专业或学科学习,以及起止时间,并列出所学主要课程及学习成绩,在学校和班级所担任的职务,在校期间所获得的各种奖励和荣誉及所参加的各种专业知识和技能的培训。

(3)工作经历:按时间顺序列出参加工作至今所有的就业记录,包括公司或单位名称、职务、就任及离任时间,应该突出所任每个职位的职责、工作性质等,此为求职简历的精髓部分。

(4)求职意向:求职目标或个人期望的工作职位,表明你通过求职希望得到什么样的工种、职位,以及你的奋斗目标,可以和个人特长等合写在一起。

2.求职简历的格式

求职简历的格式主要有通用式和功能式两种。

(1)通用式。通用式简历适用于初涉职场的求职者,主要是按照时间顺序来排列。"教育背景"和"工作经历"部分的内容按照先后顺序罗列,不要遗漏。毕业生求职的简历多为通用式,如果没有"工作经历",可以将此部分改为"实习经历"。通用式简历的适用范围不受所申请职位的限制,缺点是针对性不强。

(2)功能式。功能式简历适用于行业或职业经验丰富的求职者。在简历开头即表明求职目标。简历强调那些能够满足目标雇主需要的技能、能力和资质。简历内容的定位应当尽可能地贴近职位的要求。简历内容以工作业绩为重点,围绕求职目标展开。一般在"工作经历"中加入"工作业绩"一栏,详细说明申请该职位的经验、背景及其他优势条件,如参与或领导过什么项目,担任过何种职务,与什么公司或单位进行过合作,解决了什么问题,取得了什么业绩,获得过何种奖励等。

功能式简历针对性强,是在某一行业拥有比较丰富经验的求职者在申请自己熟悉的工作职位时使用的简历格式。功能式简历的使用有局限性,不可用于其他行业或职位的求职。如果求职者从事过多种职业,在其"工作经历"部分也可以按照所从事过职业的类别进行分类,而不是单纯按照时间顺序罗列。

(二)求职简历的写作要求

对于国内求职来说,简历一般总是从个人基本情况开始,逐步深入到教育背景和工作经历等部分。有些简历效仿西方的简历"创新"模式,从大段的工作经历和业绩开始,最后微课：
简历的写作
要求

才是个人基本情况，对于外资企业的人力资源部门来说，也许可以接受，但在申请国企、私企或事业单位的职位时还是应尽量使用比较传统的简历格式。

第一，简历写作之前，应确定适用的简历格式，是通用式还是功能式。写作功能式简历之前，要精心研究职位要求。要知道，这种格式的简历肯定是针对某一职位而设计的，细节和内容都应该围绕职位描述和职位条件叙述，有详有略，不可平铺直叙、毫无重点。

第二，一般来说，简历不要过长，一到两页就足够了，让招聘人员在几分钟内看完并留下深刻印象。招聘人员一般不会花很多时间逐字逐句阅读每一份简历。简历内容要真实，既不要夸张，也不要消极评价自己。

第三，简历一般应该打印以确保整洁。要注意简历的排版，一般的要求是整洁大方、重点突出，不要花哨。电脑打印的字体要选用得当，英文字选用 Times New Roman 12 磅字，中文字选用宋体五号字。

每次投寄或者递交简历的时候最好都用电脑打印稿，尽量少用效果不佳的复印稿。应特别注意的是不要使用有其他公司单位名头的纸张打印个人简历。

如果要用手写，则字迹应工整干净。用词要精准，注意文法与标点的正确用法，不要错字连篇，更不要在简历上涂修正液。

第四，不要罗列不相关的信息。许多人会在简历中概括他们的兴趣，如游泳、滑雪等，其实这些只有在它们与目标工作有关联的时候才需要加入。

粘贴照片时，为了完整传达求职者的形象，宜粘贴在第一页，最好邻近个人资料栏，如此图文一体，可让面试者明了谁在与他对话。简历的照片千万不要拿艺术照来贴，旅游照、居家休闲照、快照等也不适宜贴在简历上，标准照使用率最高。必须注意的是，照片不宜作怪，穿着和姿势都以端正为佳。

第五，简历的发送基本有两种情况，即邮寄或 E-mail 发送。邮寄求职书信时按照一般要求，求职书信的叠放顺序依次为中文求职信和简历、英文求职信和简历（如果需要）、资格证书复印件。除非用人公司有特别要求，否则不应该只提供英文求职信和简历。上述材料纸张尺寸应该统一，折叠时以三折为宜，信封要结实，大小与折叠后的尺寸适合，而且信中不宜夹寄过多材料。

通过 E-mail 的方式发送个人求职材料已经被越来越多的求职者所采用。E-mail 发送简历的时候邮件正文应该是一封简单的求职信，然后再附上自己的简历。需要注意的是，由于病毒防范和收信人使用软件的缘故，建议不要用附件的形式来发送简历，可以把简历直接粘贴到求职信文字的下面。当然这样对简历格式有影响，但最重要的还是让你的简历能被别人看到。

例文一

简 历

姓 名	戴小莎	
毕业院校:湘潭大学　　　　　学历:本科—金融学 23岁—女—预备党员　　　　籍贯:湖南岳阳 联系电话:152—××××—×××× 邮箱:××××××@sina.com		(照片)
2次校外实习	2020.7—2021.8　中国建设银行湘潭分行湘纺支行	大堂副理
	● 客户存贷业务咨询;客户信用卡申请资料、网上银行激活等 ● 参与会计主管团队2018支付结算工作调研,撰写《"三票"业务现状与发展趋势调查》	
	2017.9—2018.5　云顶商务有限公司	总经理助理
	● 参加公司成立的筹备工作组,负责日常会议的安排和主持,通知收发,资料整理 ● 积累了一定的团队管理经验,执行能力较强,能协调统一多项任务	
3段校内实践	2016.9—2017.7　湘潭大学商学院金融三班	团支部书记
	● 组建了考研交流小组和找工作信息分享小组,组织出游江西武功山 ● 带领班级获得校级先进班级的荣誉称号(学院仅三个名额)	
	2016.9—2017.1　湘潭大学素质拓展课	队长
	● 带领26名队员12次成功挑战团队活动,举办队员交流活动3次	
	2016.9—2017.7　湘潭大学商学院学生会宣传部	副部长
	● 担任院刊《晨露》的副编辑,成功地组织了《晨露》发刊会 ● 记者团记者,采访和报道校内重大活动,在院网站发表文章2篇	
3次获奖情况	优秀团员/优秀团干部/商业挑战赛	
	● 湘潭大学2017年 优秀团员	获奖比例6.7%
	● 湘潭大学2018年 优秀学生团干部	获奖比例4.5%
	● 第六届湘潭大学商业精英挑战赛 优秀团队奖	获奖比例5.0%
3种职场技能	计算机/财会/英语	
	● 全国计算机二级,熟练使用Office办公软件 ● 具备从事会计工作所需要的专业能力,具备金融知识,获得证券从业资格证 ● 英语六级,能用英语进行日常交流	
3个兴趣爱好	看书/旅游/打羽毛球	

【评析】 这是一份规范的通用式简历,其内容齐全,值得注意的是简历首列的数字使用,醒目突出。

例文二

【原文】	【评改】
个人概况: 姓名:×× 性别:男 生日:1999.1.1 身高:172 cm 籍贯:浙江绍兴 政治面貌:共青团员 学历:法学学士 毕业院校:××大学 联系电话:139××××××××(手机) 010-××××××××(固定电话) E-mail:××××××××@163.com 地址:北京市××大学××学院×级×班 邮编:102249	身高没必要写,"生日"不如直接设置为"年龄","学历"一栏可以填写本科,提供的 E-mail 地址过于复杂,可以简化一下,以便招聘方与你及时联络。没微信号不方便直接沟通。
个人简介: 专业水平:大学期间除学习法律主干专业课程外,还选修了法律实务和案例研习课程,参加了劳动法律诊所,为当事人提供法律咨询服务,提高了自己理论联系实际的水平。 英语水平:通过国家英语四、六级考试,有良好的听说读写能力。 计算机水平:能够熟练操作办公软件。	用人单位关心的是你具备什么能力、能解决什么问题,而不关心你有什么"水平"。将水平介绍转化为自己具备什么技能,可以改为"专业能力""英语能力""计算机能力"。
社会实践:2019 年 8 至 9 月在汉唐文化公司实习,参与图书编辑工作。 2020 年 9 月至 2021 年 1 月参加学校的劳动法律诊所,并担任诊所小组组长。在诊所工作期间踏实、认真,在实习老师的指导下,组织小组成员接待当事人,为当事人提供法律咨询及草拟相关法律文书。	"社会实践"的表述,没有传达出自己的职业素质。实习了,但获得了什么经验、锻炼了哪些能力、提高了哪些素质,却没有表达出来。如此一来,实践活动就成了堆积在一起的杂乱无章的事例,无法让人看到你有什么过人的能力。
自我评价:热心公益活动,多次作为志愿者前往北京市儿童福利院,为福利院儿童提供各种帮助。热爱体育活动,曾担任班级体育委员,组织体育比赛,积极踊跃参加班级与校级田径、篮球、足球等各类体育活动。喜好读书,参加法学会的读书会,与同学交流读书的心得体会。 个人性格:诚信、勤劳、热情,善于思考,有很好的团队精神。	"自我评价",因为没有具体的求职意向而失去了重心,过于宽泛的表述等于什么也没有说。
所获奖励: 2020 年 12 月获得××学院 2020 年度一等奖学金 2020 年 12 月以《×××》一文(合作)获得××学院"探索杯"学生课外学术作品竞赛优秀奖 2019—2020 学年获校级二等奖学金 2018—2019 学年获校级三等奖学金 2018 年 10 月在新生田径运动会中长跑男子组取得优异成绩	奖励的含金量没有体现出来。例如,二等奖学金全班有几个人获得?一等奖学金有几人获得?加上这样的说明,会让人一目了然。另外,既然中长跑是你的优势,说明你有耐力,身体好,意志坚强,进入职场后具备打硬仗的潜质,这些都应该明确地表达出来。

【评析】 这份简历最大的问题是看了之后不知道应聘者想干什么,没有求职意向,这让简历失去了针对性。

二、推荐信

推荐信是中间人向用人单位推介人选的一种介绍信。

推荐信与求职信不同,求职信是毛遂自荐,求职方与用人方不一定相识,而写推荐信的人既要了解求职方,又要了解用人方,在求职方和用人方的中间起一个桥梁的作用。

现在很多用人单位为了避免因用人不当而可能造成的巨大损失,在聘用员工之前,都会进行严格、科学的背景调查。为了尽量全面、准确地了解一个应聘者的过去,同时尽量减少成本,推荐信作为背景调查的一个重要的方式,理所当然地越来越受到更多公司的青睐和重视。

(一)推荐信的内容与格式

推荐信的基本格式与一般书信相同,由称呼、问候语、正文、结语、落款五部分组成。

1. 称呼

写在信纸的第一行,顶格写。称呼要写用人单位的全称或用人单位负责人的姓名和职务,或用人单位的规范化简称。

2. 问候语

在称呼的下一行空两格写,因为有求于人,推荐信的问候语更要注意礼貌、谦恭,让对方感到亲切、自然。

3. 正文

正文的内容主要包括证明学习经历和曾担任过的职位,并做出评价。正文是推荐信的主体,是能否推荐成功的关键,正文要写明的主要问题包括以下几个方面:

(1)被推荐人的自然情况:姓名、性别、年龄、身高、身体状况、政治面貌、目前就读的学校或就职的工作单位、户口所在地等。

(2)被推荐人的人品与才干:专业、能力、特长、学习经历、工作经历、科研成果、论文著作、获奖证书、思想品德、工作态度等。

(3)要着重说明被推荐人的哪些条件与用人单位相符。

(4)要说明被推荐人对用人单位有何要求,如希望得到的工作岗位、工资报酬、住房条件、科研经费等。

4. 结语

一般写因给对方添麻烦而表示歉意和感谢的话。

5. 落款

写在结语下边隔一行的右下方,要写发信人的姓名和年、月、日。

(二)推荐信的写作要求

第一,认真了解用人方与求职方的详细情况,看双方条件是否相符。

第二,介绍情况一定要认真负责、客观如实,不虚夸、不隐瞒。推荐信要客观、公正,切忌流于形式、内容空洞,要与申请人的其他材料(如成绩单等)相符。必须交代与被推荐者的认识期间(何时开始认识或认识多久)、认识程度(偶尔见面或密切接触)及关系(师生关系、上下级关系、同事关系)等。

第三,语气诚恳有度,既不要敷衍了事,也不要强人所难。必须表明推荐人的态度,是极力推荐还是有保留地推荐。

例文三

【原文】

××研究所人事处康处长:

半年不见,身体安康。① 我有一件事相求,② 我朋友的孩子想去你所工作,③ 现推荐如下:

姓名,×××,2019年6月毕业于××大学建筑系,本想考取本校研究生院攻读研究生,因工作难找,先就业再说。该生能歌善舞,体育好,在校期间,政治上要求进步,大三时入党。④ 还在省级以上报刊发表了几篇文章⑤,在校期间多次获奖⑥。我看条件很好,适合在你那工作。⑦ 如果能录用,真是太感谢了。⑧ 我的联系电话:××××××××××。

此致

敬礼

×××

2019年4月8日

【评改】

① 问候语很必要,可以密切与朋友的感情。

② 应事先了解清楚对方单位是否要增人,否则让对方为难。

③ 用"你所"不够尊重,应改为"贵所"。

④ 这段是求职信的主体,本应具体介绍求职人的详细情况,可原文介绍笼统,如求职人的性别、年龄、具体专业、学习成绩、有无专业特长、家庭住址、户口所在地等重要情况都没有做介绍,而像"工作难找,先就业再说"这些与主题关系不大的话却写上了。

⑤ "发表了几篇文章"太笼统,发表了什么内容的文章,在哪发表的,确切篇数,要具体写明。因为这些能证明被推荐人的能力。

⑥ 获什么奖、发奖单位是哪,要写明,这对录用很重要。

⑦ 推荐要持客观态度,这样讲,有些强加于人。

⑧ 结尾的感谢话很必要,写得很简洁。

拓展训练

一、知识题

1.填空题。

(1)应聘文书主要有_____、_____和_____三种。

(2)_____针对性强,是在某一行业拥有比较丰富经验的求职者在申请自己熟悉的工作职位时使用的简历格式。

(3)推荐信是_____向_____推介人选的一种介绍信。

(4)求职简历格式主要有两种:一是_____,二是_____。

(5)标准的求职简历主要由四个基本内容组成:_____、_____、_____、_____。

2.判断题。

(1)推荐信应语气诚恳有度,既不要敷衍了事,也不要强人所难。必须表明推荐人的态度,是极力推荐还是有保留地推荐。( )

(2)一般来说,简历不要过长,一到两页就足够了,让招聘人员在几分钟内看完并留下深刻印象。( )

(3)推荐信介绍情况一定要认真负责、客观如实,不虚夸、不隐瞒。要客观、公正,切忌流于形式、内容空洞。( )

(4)简历要尽可能多地罗列信息,包括兴趣,比如游泳、滑雪等,让用人单位更多地了解你。( )

(5)推荐人推荐语气要诚恳,表明是极力推荐,以帮助应聘人成功。( )

二、技能题

下面这则求职信,在结构上存在问题,请指出并加以修改。

尊敬的总经理:

我叫李××,男,1999年生,现为××职业技术学院会计专业学生,即将毕业。经过三年的专业学习,现已系统地掌握了会计专业的基本知识,并具备了较强的会计工作能力。作为会计专业的学生,我非常热爱我的专业并为其投入了巨大的热情和精力。在校期间曾系统学过以下课程:基础会计、财经应用文、成本会计、税务会计、管理会计、电算会计、财务管理、审计、国际贸易、大学英语、计算机网络、经济法、税收学、军事理论、职业规划等,考试成绩均名列前茅。另外我爱好广泛,能歌善舞,能写会画,各项球类都有一定的水平。在校期间我还积极参加社会实践活动,利用寒暑假去餐厅做服务员、做家教、散发传单等。

感谢你看完这封信,祝您安康!

求职人:李××

2021年5月16日

三、写作题

根据自己所学专业及自身实际状况,写一份求职信,并设计个人简历。

模块三

经济文书

- 学习情境一　招标投标书的写作
- 学习情境二　合同的写作
- 学习情境三　经济纠纷诉讼文书的写作
- 学习情境四　市场调查报告的写作
- 学习情境五　市场营销策划书的写作
- 学习情境六　财务分析报告的写作
- 学习情境七　审计报告的写作
- 学习情境八　广告文案的写作
- 学习情境九　经济论文的写作

学习情境一 招标投标书的写作

学习目标

1. 了解招标投标的概念、特征及类型；
2. 学习招标投标书的结构和内容；
3. 掌握招标投标书的写作要求。

思政目标

通过招标投标书写作的学习，学生坚持公开、公平、公正和诚实守信的原则，树立良好的职业观。

知识导读

规范招标投标范围和标准，激发市场活力和创造力

2018年3月8日，国务院批准了《必须招标的工程项目规定》并授权国家发改委发布，本规定自2018年6月1日起实施。同时，国务院也明确废止了已经施行18年之久的《工程建设项目招标范围和规模标准规定》（旧规定）。

与旧规定相比，主要修改了三方面内容：

一、缩小必须招标项目的范围

从使用资金性质看，将《招标投标法》第3条中规定的"全部或者部分使用国有资金或者国家融资的项目"，明确为使用预算资金200万元人民币以上，并且该资金占投资额10%以上的项目，以及使用国有企事业单位资金，并且该资金占控股或者主导地位的项目。

二、提高必须招标项目的规模标准

根据经济社会发展水平，将施工的招标限额提高到400万元人民币，将重要设备、材

料等货物采购的招标限额提高到 200 万元人民币,将勘察、设计、监理等服务采购的招标限额提高到 100 万元人民币,与旧规定相比翻了一番。

三、明确全国执行统一的规模标准

删除了旧规定中"省、自治区、直辖市人民政府根据实际情况,可以规定本地区必须进行招标的具体范围和规模标准,但不得缩小本规定确定的必须进行招标的范围"的规定,明确全国适用统一规则,各地不得另行调整。

《必须招标的工程项目规定》的贯彻实施,使简政放权的效果落到了实处,更好地发挥了招标投标竞争择优的作用,促进了经济社会持续健康发展。

(资料来源:中国招标投标公共服务平台,有删节)

作为市场经济的商品经营方式,招标投标在国内外项目实施中已被广泛采用。无论是招标单位还是投标单位,都希望通过这种方式获得好的效果。《必须招标的工程项目规定》的制定实施,规范了招标投标的范围和标准,激发了市场活力和创造力,更好地发挥了招标投标竞争自由的作用,促进了经济社会持续健康的发展。在招标投标的过程中,招标投标文书的写作尤为重要。本情境重点介绍这一文书的写法。

理论知识

招标投标是一种市场经济的商品经营方式,在国内外项目实施中已被广泛采用。这种方式是在货物、工程和服务的采购行为中,招标人通过事先公布的采购要求,吸引众多的投标人按照同等条件进行平等竞争,并按照规定程序组织技术、经济和法律等方面的专家对众多的投标人进行综合评审,从中择优选定项目的中标人的行为过程。其实质是以较低的价格获得最优的货物、工程和服务。

招标投标是以订立招标采购合同为目的的民事活动,属于订立合同的预备阶段。招标投标是指交易活动的两个主要步骤。

所谓招标,是指招标人对货物、工程和服务事先公布采购的条件和要求,邀请投标人参加竞标,招标人按照规定的程序确定中标人的行为。

所谓投标,是指投标人按照招标人提出的要求和条件,参加投标竞争的行为。

一、招标投标的特征

(一)公开性

招标人必须将招标竞标的程序和结果向所有人公开,使招标投标活动接受公开的监督。

(二)一次性

招标投标活动中,投标人只能应邀一次性递价,以合理的价格定价。

(三)公正性

任何符合投标条件的投标人均可以参加竞标,在投标规则面前各投标人具有平等的竞争机会。

从合同法律制度上讲,招标是指招标人采取招标公告或者招标邀请书的形式,向法人或者其他组织发出要约邀请,以吸引其投标的意思表示。

投标是一种法律上的要约行为,是指投标人按照招标人提出的要求和条件,在规定的的期限内向招标人发出的包括合同主要条款的意思表示。

二、招标投标的类型

招标投标分为货物招标投标、工程招标投标和服务招标投标三种类型。

(一)货物招标投标

货物招标投标是指对各种各样的物品,包括原材料,产品,设备、电能,和固态、液态、气态物体等,以及相关附带服务的招标投标过程。

(二)工程招标投标

工程招标投标是指对工业、水利、交通、民航、铁路、信息产业、房屋建筑和市政基础设施等各类工程建设项目,包括各类土木工程建造、设备建造安装、管道线路制造敷设、装饰装修等,以及相关附带服务的招标投标过程。

(三)服务招标投标

服务招标投标是指对除货物和工程以外的任何采购对象(如咨询评估、物业管理、金融保险、医疗、劳务、广告等)的招标投标过程。

三、招标投标活动应遵循的原则及其行政监督管理

(一)招标投标活动应当遵循的原则

《中华人民共和国招标投标法》第五条规定,招标投标活动应当遵循公开、公平、公正和诚实信用的原则。各原则都包含着丰富的内涵,反映了招标投标活动的本质特征。

(二)招标投标活动的行政监督管理

我国目前招标投标活动是按行业分为基本建设项目、进口机电设备、机械成套设备、科研项目、建筑项目等进行的,没有统一的监督部门,而且有关部门的职权划分随着政府机构改革的深化,还可能有所调整,《中华人民共和国招标投标法》第七条对这一问题做了原则规定:"对招标投标活动的行政监督及有关部门的具体职权划分,由国务院规定。"

四、招标

(一)招标的方式

《中华人民共和国招标投标法》明确规定招标分为公开招标和邀请招标两种方式。

1. 公开招标

公开招标又称无限竞争性招标,是指招标人以招标公告的方式邀请不特定的法人或者其他组织投标。

2. 邀请招标

邀请招标又称有限竞争性招标,是指招标人以投标邀请书的方式邀请特定的法人或其他组织投标。

(二)招标人和招标代理机构

招标人是指提出招标项目、进行招标的法人或其他组织。

招标代理机构是指依法设立、从事招标代理业务并提供相关服务的社会中介组织。

(三)招标程序

招标程序是指招标单位或委托招标单位开展招标活动全过程的主要步骤、内容及其操作顺序。已经具备招标资格和一定招标条件的招标单位,即可按下列的工作程序进行招标:

1. 编制招标文件和标底;
2. 制定评标、定标办法;
3. 发出招标公告或招标邀请书,或请有关上级主管部门推荐、指定投标单位;
4. 审查投标单位资格;
5. 向合格的投标单位分发招标文件及其必要的附件;
6. 组织投标单位赴现场踏勘并主持招标文件答疑会;
7. 按约定的时间、地点、方式接受标书;
8. 主持开标并审查标书及其保函;
9. 组织评标、决标活动;
10. 发出中标与落标通知书,并与中标单位谈判,最终签订承包合同。

招标程序是以招标单位为主体开展的活动程序。它与投标程序相辅相成,可合称为招标投标程序。

五、投标

(一)投标人的资格

投标人是指响应招标、参加投标竞争的法人或者其他组织。投标人应当具备承担招标项目的能力。国家有关规定投标人资格条件或者招标文件对投标人资格条件有规定的,投标人应当具备规定的资格条件。

(二)投标文件的编制

投标文件是投标人向招标人发出的邀约,反映投标人希望和招标人订立招标合同的愿望和具体条件。投标人应当按照招标文件提出的要求编制投标文件。

投标文件应当对招标文件提出的实质性要求和条件做出响应。实质性要求和条件是指招标文件中最重要的、具有决定意义的要求和条件,如主要技术参数、投标报价和形式等,投标人对此必须做出相应的回答和说明,不得回避或保留。

建设施工项目的投标文件,还应当载明拟派出的施工项目负责人与主要技术人员的简历、业绩和拟用于完成招标项目的机械设备等,以便招标人选择符合条件的投标人。

涉及中标项目分包的投标文件,投标人应在投标文件中载明分包情况,以便招标人在评审投标文件时,了解分包情况,决定是否选中该投标人。

(三)投标人不得从事的行为

1. 投标人不得串通投标。
2. 投标人不得以行贿手段谋取中标。
3. 投标人不得以低于成本的报价竞标。
4. 投标人不得以他人名义投标或者以其他方式弄虚作假,骗取中标。

六、开标、评标和中标

(一)开标

开标是指招标人将所有的投标文件启封揭晓。开标使招标人和全体投标人能够了解实际参加投标的人有哪些、各投标人的投标价格及其投标文件的其他主要内容,以便在此基础上评价并确定中标人。

(二)评标

评标是指对投标文件,按照规定的标准和方法进行评审,选出最佳投标。评标是招标投标活动的重要环节。

(三)中标

中标是指通过评标活动确定中标人后向中标人发出中标通知书,并同时将中标结果通知所有未中标的投标人。

中标通知书实质上就是招标人对其选中的投标人的承诺,但与《中华人民共和国民法典》(以下简称《民法典》)上的承诺有两点不同:一是《民法典》规定承诺的通知到达邀约人时发生法律效力,而中标通知书只要发出后即发生法律效力;二是《民法典》规定,承诺生效时合同成立,而中标通知书发出后,承诺虽然发生法律效力,但在书面合同订立之前,合同尚未成立。

七、招标投标书的种类和写法

(一)招标公告的写法

招标公告一般包括标题、正文和结尾三个部分。

1. 标题

一般有两种写法,一种是只写文种,如"招标公告";另一种是在文种前加单位名称或事项。

2. 正文

正文由序言和主体两个部分组成。

(1)序言,简要写明招标单位的招标依据、目的以及招标项目的名称等。

(2)主体,详细介绍招标的内容、要求以及有关事项,主要包括:招标方式、范围、程序、内容、双方签订合同的原则、招标过程的权利与义务、组织领导等。

3. 结尾

结尾主要包括单位名称、地址、传真、电话、邮编等。

例文一

训练器材购置资金政府采购项目招标公告

项目单位:北京市××中学体育分校
招标代理机构:北京××管理咨询有限公司
项目名称:训练器材购置资金政府采购项目
招标编号:G13G××-×××
采购人名称:北京市××中学体育分校
采购人地址:北京市××区××路32号
采购人联系方式:010-××××××××
代理机构名称:北京××管理咨询有限公司
代理机构地址:北京市××区××大街××院1号楼6层东区
代理机构联系方式:010-××××××××
资金来源:财政拨款
财政批复金额/单项控制金额:人民币××××××××元
招标方式:公开招标
选择本招标方式的原因:适用
采购用途:训练、比赛用
采购内容:足球、篮球、排球、网球、乒乓球、羽毛球、棒球、垒球、曲棍球、田径类、射箭、击剑、跆拳道、举重、摔跤、柔道、体操、游泳、专项力量等体育训练及比赛用器材——具体技术要求及数量请详见招标文件。

投标人的资格条件:

(1)在中华人民共和国境内注册,能够独立承担民事责任,有生产或供应能力的本国供应商,包括法人、其他组织、自然人;

(2)具有良好的商业信誉和健全的财务会计制度;

(3)具有履行合同所必需的设备和专业技术能力;

(4)有依法缴纳税收和社会保障资金的良好记录;

(5)参加政府采购活动近三年内,在经营活动中没有重大违法记录;

(6)所供货物具有制造厂商或区域代理商针对本项目的授权;

(7)本项目不接受联合体投标;

(8)投标人应具备ISO9001质量管理体系认证证明;

(9)投标人应具备ISO14001环保认证证明;

(10)法律、行政法规规定的其他条件。

投标单位报名及招标文件发售时间:××××年11月1日至××××年11月20日,每天9:30—11:00,14:00—16:00,节假日休息。

投标单位报名及招标文件发售地点:北京市××区××大街××院1号楼6层东区接待室

招标文件售价:人民币200元(售后不退)

投标截止时间:××××年11月22日9:30

开标时间:××××年11月22日9:30时

开标地点:北京市××区××大街××院1号楼6层东区会议室

评标方法和标准:采用综合评分法,满分为100分,由五个部分组成:投标单位的基本情况(20分)、投标单位的服务水平(20分)、产品的性能质量和先进性(20分)、投标价格优势(30分)和投标样品得分(10分)。

本项目联系人:×××、×××

联系电话:010-×××××××

传真:010-×××××××

其他内容:

1. 投标报名方式:现场报名。本项目不接受电话、传真、电子邮件等形式的投标报名,请按规定在报名时携带如下材料:

(1)企业营业执照副本原件(现场核验)及复印件加盖公章;

(2)企业组织机构代码证原件(现场核验)及复印件加盖公章;

(3)企业近三个月社保缴纳记录证明材料复印件加盖公章;

(4)法定代表人委托授权书或介绍信和被委托人的身份证原件(现场核验)及复印件加盖公章;

(5)ISO9001质量管理体系认证证书复印件加盖公章;

(6)ISO14001环保认证证书复印件加盖公章;

(7)投标人认为能够证明有能力完成本项目的其他证明材料。

2. 招标文件获取方式:现场提交。本项目不提供传真、电子邮件等形式的招标文件。

3. 投标人需按所投包数缴纳购买招标文件的费用,只有报名登记并购买了招标文件的投标人才有资格进行投标。

采 购 人:北京市××中学体育分校

代理机构:北京××管理咨询有限公司

××××年11月1日

【评析】 这是一篇完整、清晰的招标公告,招标项目明确,投标资格清楚,其他要求也清晰明了。

(二)招标邀请通知书的写法

招标邀请通知书一般包括标题、称谓、正文和署名四个部分。

1. 标题

标题通常由发文单位和文种名称构成。

2. 称谓

开头顶格写邀请单位的名称。

3. 正文

正文写招标目的、依据以及招标的事项。若同时有招标公告的,招标事项不进行详细说明。

4.署名

要写明招标单位全称、地址、联系人、电话等。

例文二

国内招标邀请通知书

×××(单位名称)：

×××大桥工程是我省××××年养路费计划安排的项目,经请示省交通厅同意采取招标的方法进行发包。你单位多年来从事公路建设,施工任务完成得很好,我处深表赞赏,故特邀请贵单位参加施工投标。随函邮寄"桥梁工程施工招标启事"1份。接函后,如同意,望于××××年×月×日上午×时到省交通厅××室(××街××号)领取投标文件(包括施工图设计),并请按规定日期参加工程投标。

招标单位：××省交通厅生产综合处

地址：省交通厅2楼209号

联系人：×××

电话：×××××××

××××年×月×日

【评析】 本通知写明了招标事项及索取投标文件方法等事项,简单明了。

(三)招标书的写法

招标书一般包括标题、正文、结尾三个部分。

1.标题

标题由招标单位名称、招标的事由和文种名称三个部分组成。

2.正文

正文一般应具体写明招标的目的、要求,招标的领导机构,具体办理的机构,监督机构,招标开标的具体程序以及中标后有关事项等。

3.结尾

结尾是招标书重要的组成部分,要详细而具体地写清楚招标单位名称、通信地址、邮政编码、电话号码、传真号码、联系人等,以便投标者参与投标。

4.落款

由招标的具体单位签名、盖章,并写明成文日期。

例文三

建筑安装工程招标书(文件范本)

为了提高建筑安装工程的建设速度,保证工程质量,我公司对××建筑安装工程的全部工程进行公开招标。

1.建设工程的准备条件。

本工程的以下招标条件已具备：

(1)已列入国家年度计划；

(2)已具有经国家批准的设计单位制出的施工图与概算；

(3)建筑用地已经征用，障碍物已全部拆迁，施工现场的水、电路和通信条件已经落实。

2. 工程内容、范围、工程量、工期、地质勘察单位和工程设计单位。（略）

3. 工程质量等级、技术要求、对工程材料和投标单位的特殊要求、工程验收标准。（略）

4. 工程供料方式和材料价格，工程价款结算办法。（略）

5. 组织投标单位进行工程现场勘察、说明和招标文件交底的时间、地点。（略）

6. 报名日期、投标期限、招标文件发放方式。

报名日期：××××年××月××日。

投标期限：××××年××月××日起，至××××年××月××日。

招标文件发送方式：邮寄等。

7. 开标、评标的时间与方式，中标依据及通知。

开标时间：××××年××月××日。

评标结束时间：××××年××月××日。

开标、评标方式：建设单位邀请建设主管部门、建设银行和公证处参加公开开标、审查证书，采取集体评标方式进行评标、定标。

中标依据及通知：依据是工程质量优良、工期适当、价格合理、社会信誉好。最低标价的投标单位不一定中标。评标结束后5日内邮寄中标通知书给中标单位，并与中标单位在1个月内签订工程承包合同。

8. 其他

本招标方承诺，本招标书一经发出，不改变招标文件内容，否则，将赔偿由此给投标单位造成的损失。投标单位应自费参加投标准备工作，标书应按规定格式填写，字迹必须清晰，须加盖单位和法定代表人印鉴。标书必须密封，不得逾期寄送。标书一经寄出，不得以任何理由要求收回或更改。

在招标过程中发生争议，如双方协商不成，由负责招标管理工作的部门进行调解仲裁，对仲裁不服，可诉诸法院。

招标建设单位：×××××××

地址：××××××××

联系人：×××

电话：×××××××

××××年××月××日

【评析】 本招标书写明了招标事项、招标条件、投标要求、评标、中标及签订合同等具体要求。

（四）投标书的写法

投标书包括文字性标书和表格式标书两种。文字性标书一般包括标题、引言、正文和署名四个部分。表格式标书采用填充式写法，这里不做介绍。

1. 标题

标题由投标项目和文种名称构成,如果是单向招标,也可只写"标书"二字。

2. 引言

引言主要介绍投标人的基本情况以及表明投标的意愿。

3. 正文

正文是投标书的核心部分,包括以下三个方面:第一,具体写明投标项目的指标;第二,实现各项指标和完成任务的具体措施,要写得切实可行;第三,对招标单位提出希望配合与支持的要求。

4. 署名

投标单位及法定代表人签名盖章,并写明日期。

例文四

投 标 书

工程名称:×××
投标单位:×××××××
法定代表人:×××

一、标书综合说明

公司简介(说明具备招标书所要求的条件)。

二、工程标价

预算总造价为五千万元,标价在总造价的基础上降低五十万元(详见工程具体报价表)。

三、建设工期

接到中标通知书后10日内入场,××××年××月××日正式破土动工,××××年××月××日竣工,总工期为×××天(详见工程详细进度计划)。

四、工程质量

根据图纸要求,保证工程质量达到优良级,保证质量安全的主要措施详见施工组织计划。

五、合理的工程措施

(一)计划控制。采取总进度计划控制与土石方工程平衡调配和主车间平行的主体交叉流水网络计划控制相结合的方式。

(二)质量控制。制定质量目标,建立各单位工程中分部分项工程质量预控网络体系。

(三)健全技术档案,做到技术资料"十二有",提高管理的科学性。

(四)安全生产,加强安全监督,搞好安全教育,防范事故于未然。

(五)加强职工队伍的思想政治教育,增强劳动纪律,讲究职业道德。

(六)各工种工程,分部分项实行挂牌施工,落实岗位职责,推行栋号承包。

六、其他事项

建设过程中如有设计变更、材料更换、代用等现象出现,相互间应本着平等协商、实事求是的原则处理。

附件:1.工程具体报价表
   2.工程详细进度计划
   3.施工组织计划

××××年×月×日

【评析】 本标书具体写明了自己符合招标项目的优势,用明确的数字说明问题。

(五)中标通知书的写法

中标通知书一般包括标题、正文和结尾三个部分。

1.标题

标题写明事由与文种即可。

2.正文

正文包括称谓和主体两个部分。

称谓写清中标单位的全称。主体是核心部分,要写明中标单位名称、中标项目、工程造价、工程标价数目、工期或购物数量等。

3.结尾

结尾由署名和附注两个部分构成。署名要签发中标通知书单位的全称,写明签发日期,并加盖公章。附注要写出上面各款难以说清的事项,或者需要解说的情由。

例文五

中标通知书

××建筑工程公司:

我部门第×号招标文件中的××建筑招标工程,通过评标,确定贵公司中标。

中标总价为人民币×××万元。工程期限为××××年×月×日至××××年×月×日。工程质量必须达到国家施工验收规范的优良标准。请于××××年×月×日到市招标办公室签订工程承包合同。

××市招投标办公室(章)
××××年×月×日

【评析】 本通知书简要说明了中标价、工期、质量要求、签订合同时间等。

拓展训练

一、知识题

1.填空题。

(1)招标投标具有_____、_____、_____的特征。

(2)_____要写明中标单位名称、中标项目、工程造价、工程标价数目、工期或购物数量等。

(3)投标书要介绍投标人的基本情况以及表明_____。

(4)_____不得串通投标或者与招标人串通投标。

(5)_____是指对投标文件,按照规定的标准和方法进行评审,选出最佳投标。

2.判断题。

(1)招标投标是以订立招标采购合同为目的的法律活动,属于订立合同的预备阶段。（　　）

(2)公开招标又称无限竞争性招标,是指招标人以招标公告的方式邀请非特定的法人或者其他组织投标。（　　）

(3)中标是指通过评标活动确定中标人后向中标人发出中标通知书,其他未中标的投标人则不再予以联系。（　　）

(4)任何符合投标条件的投标人均可以参加竞标,在投标规则面前各投标人具有平等的竞争机会。（　　）

(5)投标是一种法律上的民事行为,是指投标人按照招标人提出的要求和条件,在规定的期限内向招标人发出的包括合同主要条款的意思表示。（　　）

二、技能题

1.阅读下面这份招标书,并加以评析。

(1)其格式和项目是否规范?

(2)其内容是否能满足告示公众、吸引投标者的需要?

××市市政工程开发公司××银行
"××宅多层住宅基地"建筑安装工程施工联合招标

为加快住宅建设速度,提高质量,降低造价,经上级批准,决定将"××宅多层住宅基地"建筑安装工程进行公开招标。凡持有营业执照的本市及外省市国有或集体所有制施工企业,均可投标承包本建设任务。

一、工程地点:×××。占地面积40亩。

二、工程内容:建筑总面积×××。其中:

(1)6层混合结构住宅17幢,共计建筑面积×××。

(2)2层框架结构商铺面积×××。3层混合结构托儿所面积×××。水泵房面积×××。

(3)室外道路下水道配套工程。

三、承包形式:全部包工包料。建设单位提供本工程的钢材、水泥和木材计划指标(或实物)。凡由承包单位自行落实全部或部分三大材料的,中标从优。

四、工期:一次中标,分二期施工。

(1)第一期工程:共计建筑面积×××。计划××××年×月×日开工,要求××××年×月×日竣工,交验合格。

(2)第二期工程:共计建筑面积×××。计划××××年×月×日开工,要求××××年×月×日竣工,交验合格。

五、日期:凡愿投标承包本工程的施工企业,请携带有关证件于××××年×月×日至×日来本公司(××路××号××室)办理投标申请手续。

六、本公司法律顾问:××市第一律师事务所×××、×××、×××律师。

××××年×月×日

2.下面两篇是投标者递送的文书,阅后回答以下问题。
(1)这些文书是属于什么性质的?用于招标活动的哪个程序?
(2)若投标书是应答性的,应如何编制才可能被预审通过,从而取得投标资格?

建筑安装工程投标申请书

××市招标投标管理办公室:

我单位根据现有施工能力,决定参加××工程投标,我们将遵守其各项规定,保证达到招标文件的有关要求。特此申请。

附:投标企业简介

投标单位:××市××建筑工程公司(章)
法定代表人:×××(章)
××××年×月×日

××工程投标书

××工程招标委员会:

仔细研究了××工程招标文件及各项要求,我们愿意按招标有关事项要求承担该项工程施工任务。现按工程项目和质量要求提出正式报价如下:

一、总报标价:××××万元

二、综合单价:××××元/平方米

三、总报价构成:(略)

四、工程质量标准:(略)

五、开竣工日期:××××年×月×日至××××年×月×日

六、施工技术组织措施:(略)

七、主要材料数量、规格要求:(略)

八、要求建设单位提供的配合条件:(略)

××市××建筑工程公司(章)
××××年×月×日

三、写作题

依据下面这份招标公告的具体内容,拟写一份投标书。

××大学学生活动中心多媒体教室建设项目采购项目招标公告

项目概况

××大学学生活动中心多媒体教室建设项目采购项目的潜在投标人应在中央政府采购网(http://www.zycg.gov.cn)获取招标文件,并于提交(上传)投标文件截止时间前提交(上传)投标文件。

一、项目基本情况

1. 项目编号:GC-HG××××××。

2. 项目名称:××大学学生活动中心多媒体教室建设项目采购项目。

3. 预算金额:1 324.07万元。

4. 最高限价:1 324.07万元。

5. 采购需求:多功能厅(2间)数字自动混音台,多功能厅(2间)会议主机+摄像跟踪授权+会讨线缆,多功能厅(2间)前级效果处理器,控制中心—监听系统—桥架,控制中心—录播编码器,大型多媒体教室(10间)数字音频媒体矩阵,中型多媒体教室(23间)激光短焦工程投影机,中型多媒体教室(23间)无线手持话筒1,大型多媒体教室(10间)hdmi(成品线)4,多功能厅(2间)灯光场景控制器,控制中心—室内高清LED显示屏系统(包含所有辅材)等。

6. 合同履行期限:合同签订后30天内完成项目中硬件及相关材料的交货,合同签订后90天内完成项目所有软硬件安装调试、系统集成、布线、拆改、恢复并具备交钥匙工程验收条件(具体服务起止日期可随合同签订时间相应顺延)。

7. 本项目是否接受联合体投标:否。

二、投标人的资格要求

1. 满足《中华人民共和国政府采购法》第二十二条规定。

2. 落实政府采购政策需满足的资格要求:无。

3. 本项目的特定资格要求:无。

三、获取招标文件

1. 时间:5个工作日。

2. 地点:中央政府采购网(http://www.zycg.gov.cn)。

3. 方式:在线下载。

4. 售价:免费。

四、提交投标文件

1. 提交(上传)投标文件截止时间:20××年2月11日09时00分(北京时间)。

2. 提交(上传)投标文件地点:本项目采用电子采购系统(国e采)进行网上投标,请符合投标条件的投标人安装投标工具(新),编制完成后加密上传投标文件。

五、开标

1. 时间:20××年2月11日09时00分(北京时间)。

2. 地点:项目通过网上开标大厅进行开标,请在开标当日登录"国e采"系统点击"网上开标"进入网上开标大厅,在规定时间内等待解密和唱标

六、公告期限

自本公告发布之日起5个工作日,公告期限届满后获取采购文件的,获取时间以公告期限届满之日为准。

七、其他补充事宜

(一)本项目采用电子采购系统(国e采)进行招投标,请在投标前详细阅读中央政府采购网首页"通知公告"栏目的《关于新版单独委托项目电子采购系统上线试运行的通知》及相关附件。

(二)供应商进行投标须提前办理数字证书和电子签章,办理方式和注意事项详见中央政府采购网首页"注册指南"专栏。已办理数字证书的请确保证书还在有效期内,如已过期或即将过期,须联系CA服务机构进行证书更新。

(三)供应商可在中央政府采购网(www.zycg.gov.cn)采购公告栏查看并登录下载招标文件,或通过投标工具免费下载招标文件,本项目无须报名。

(四)供应商在投标过程中涉及系统平台操作的技术问题,可致电国采中心技术支持热线咨询,电话:010-××××××××。

(五)本项目相关信息同时在"中国政府采购网""中央政府采购网"等媒体上发布。

八、凡对本次招标提出询问,请按以下方式联系

1.采购人信息

名　称:××大学

地　址:××省××市××区××路××号

联系方式:024-××××××××

2.采购执行机构信息

名　称:中央国家机关政府采购中心

地　址:北京市西城区西直门内大街西章胡同9号院

邮政编码:100035

联系方式:详见http://www.zycg.gov.cn/home/contactus

3.项目联系方式

联系人及电话:刘×× 010-××××××××

九、附件

××大学学生活动中心多媒体教室建设项目采购项目招标文件

中央国家机关政府采购中心

20××年1月18日

学习情境二　合同的写作

学习目标

1. 了解合同的含义、特点及种类；
2. 掌握合同的基本写作格式；
3. 学会撰写合同。

思政目标

通过合同写作的学习，学生培养遵守契约、诚实守信的价值观念，做遵纪守法的合格公民。

知识导读

关于合同编，《民法典》这样说

合同制度是市场经济的基本法律制度。随着我国全面开放新格局和社会主义市场经济不断形成和发展，合同领域出现了一些新情况、新问题。此次《民法典》合同编在总结《合同法》实施情况的基础上，借鉴国际立法经验，结合《民法典》编纂体系化要求，进一步补充完善了合同制度。位列总则和物权编之后的合同编下设3个分编29章共526条，几乎占据了《民法典》的"半壁江山"。这些法条既有对原《合同法》的继承，也有与时俱进的创新。

对高利贷说"不"

随着社会的发展，民间借贷领域出现诸如现金贷变高利贷、网贷变套路贷等乱象，这既影响了正常的金融秩序，也给社会经济稳定带来严重隐患。合同编明确禁止高利放贷，规定借款的利率不得违反国家有关规定，从不同角度给陷入校园贷、套路贷、高利贷陷阱的欠款人提供了极大的保护。

对"霸座""霸铺"行为说"不"

铁路客运"霸座""霸铺"行为屡次发生,一度成为热点话题,但由于没有法律规定,很多时候只能进行道德上的谴责。针对近年来客运合同领域出现的旅客"霸座"、不配合承运人采取安全运输措施等严重干扰运输秩序和危害运输安全的问题,合同编细化了客运合同当事人的权利、义务,将这种行为通过法律明确化、规范化,让执法者有法可依,维护了社会秩序。

对物业利用断水电催缴物业费说"不"

实践中,部分物业公司通过断水断电的方式催缴物业费,引起了业主的极大反感,但业主面对物业公司的强势地位往往忍气吞声。此次合同编紧跟时代,将物业服务合同作为典型合同加入,对服务提供方的义务、业主的权利,物业费缴纳做出明确规定,并对这一关系民生的问题予以明文规定,有利于杜绝这类违法行为,并为业主依法维护自己的合法权益提供有力的法律保障,让业主真正地安居乐业。

此外,《民法典》合同编还对电子合同订立、履行的特殊规则做了规定;完善了国家订货合同制度;确立了情势变更的适用;增加了保证合同、保理合同、物业服务合同、合伙合同四种新的典型合同,有利于民事纠纷的有效预防和精准解决,更好地保护了民事主体的合法权益,进一步保障了交易公平有序,维护了社会经济秩序,为增强市场经济发展注入了新的动力,为实现"两个一百年"奋斗目标、实现中华民族伟大复兴中国梦,提供了有力的法治保障。

(资料来源:学习强国,有删节)

> 从以上内容我们可以看出,《民法典》合同编充分考虑到社会经济生产生活的新变化,充分尊重和发扬契约精神,在新的社会实践中保护广大人民群众的合法权益。那么,我们该如何通过一份规范的合同来保障自身的权益?签订合同时需要注意些什么?这就是本学习情境要讲述的主要内容。

理论知识

一、合同的含义和作用

(一)合同的含义

广义的合同是指平等主体的自然人、法人或者其他组织之间设立、变更、终止民事权利义务关系的协议,包括债权合同、物权合同、身份合同、行政合同等。

狭义的合同是指 2021 年 1 月 1 日施行的《民法典》合同编第四百六十四条中的规定:合同是民事主体之间设立、变更、终止民事法律关系的协议。婚姻、收养、监护等有关身份关系的协议,适用有关该身份关系的法律规定;没有规定的可以根据其性质参照适用本编规定。本书讲的合同就是这种狭义的合同。

(二)合同的作用

签订合同是一种法律行为,其主要作用有以下两个方面。

1. 约束作用

依法订立的合同一经签署,就具有法律的约束力,当事人既可以享受合同规定的权利,又应当全面履行合同所规定的义务。任何一方不得擅自变更或解除合同中的内容。如果订立合同的某一方不经对方同意,擅自变更或解除合同,要罚以违约金;因一方没有遵守合同的规定造成对方损失的,要罚以赔偿金等。

2. 保障作用

合同明确了当事人的权利、义务,任何一方不履行合同都要受到经济制裁,这样有利于维护合同当事人的合法权益。

二、合同的特点和种类

(一)合同的特点

1. 合法性

合同是当事人在遵守相关法律法规的前提下,经过充分协商,明确相互权利和义务后达成的协议。合同一经签订,就具有法律约束力,受法律保护。任何违反法律、法规签订的合同都是无效的合同。

2. 规范性

规范性主要是指合同的写法和格式需要规范,对于合同的主要条款及不同种类的合同所应具备的主要内容,《民法典》合同编都有明确的规定,不能随意撰写。

3. 平等性

签订合同的双方或多方的法律地位是平等的,合同是自愿协商的产物。合同条款中,权利、义务也是相互的、对等的,不能将其建立在损害对方或他方的利益之上。

4. 协商性

合同的签订是一个协商一致的过程。合同的内容只有表达了当事人彼此一致的意愿,其条款才能成立。只有当事人经过充分的协商,将应承担的义务和应享有的权利充分表达出来并形成文字,合同关系才算真正建立。因此,没有充分表达意愿就草率成文的合同,难以保证实施并最终实现合同的目的。同时,在履行合同的过程中,如需要变更合同条款,也要重新协商补签,任何不经双方或多方协商一致而改变合同者,均要承担违约责任。

5. 完备性

在合同中,当事人双方的权利、义务和责任都必须分别写清,对任何一种可能出现的情况都要有所顾及。条款要全面、周详,不能遗漏,否则,将引发日后的纠纷。

6. 严密性

为避免在合同的履行中产生不必要的争执,也为了避免留下漏洞,让别有用心者有机可乘,合同的用语应十分准确、周密,不能有模棱两可或含糊不清的情况出现。

(二)合同的种类

合同的种类有多种分法。以下只列几种常见的分类。

1. 按时间分类

按时间分类,有长期(年度)合同、中期(季节)合同、短期(临时)合同。

2. 按形式分类
按形式分类,有书面合同、口头合同和其他形式合同。

3. 按写法分类
按写法分类,有条款式合同、表格式合同及条款与表格结合式合同。

4. 按双方的权利、义务关系分类
按双方的权利、义务关系分类,有双务合同和单务合同。双务合同是指当事人双方相互享有权利、负有义务的合同。单务合同是指一方只负有义务而不享有权利,另一方只享有权利而不负有义务的合同。

5. 按内容分类
按内容分类,《民法典》合同编中列有19种典型合同,也就是通常人们所说的有名合同。

(1)买卖合同:是出卖人转移标的物的所有权于买受人,买受人支付价款的合同。

(2)供用电、水、气、热力合同:供用电合同是供电人向用电人供电,用电人支付电费的合同。供用水、气、热力合同参照供用电合同之规定。

(3)赠与合同:是赠与人将自己的财产无偿给予受赠人,受赠人表示接受赠与的合同。

(4)借款合同:是借款人向贷款人借款,到期返还借款并支付利息的合同。

(5)保证合同:是为保障债权的实现,保证人和债权人约定,当债务人不履行到期债务或者发生当事人约定的情形时,保证人履行债务或者承担责任的合同。

(6)租赁合同:是出租人将租赁物交付承租人使用、收益,承租人支付租金的合同。

(7)融资租赁合同:是出租人根据承租人对出卖人、租赁物的选择,向出卖人购买租赁物,提供给承租人使用,承租人支付租金的合同。

(8)保理合同:是应收账款债权人将现有的或者将有的应收账款转让给保理人,保理人提供资金融通、应收账款管理或者催收、应收账款债务人付款担保等服务的合同。

(9)承揽合同:是承揽人按照定作人的要求完成工作,交付工作成果,定做人给付报酬的合同。

(10)建设工程合同:是承包人进行工程建设,发包人支付价款的合同。

(11)运输合同:是承运人将旅客或者货物从起运地点运输到约定地点,旅客、托运人或者收货人支付票款或运输费用的合同。

(12)技术合同:是当事人就技术开发、转让、许可、咨询或者服务订立的确立相互之间权利和义务的合同。

(13)保管合同:是保管人保管寄存人交付的保管物,并返还该物的合同。

(14)仓储合同:是保管人储存存货人交付的仓储物,存货人支付仓储费的合同。

(15)委托合同:是委托人和受托人约定,由受托人处理委托人事务的合同。

(16)物业服务合同:是物业服务人在物业服务区域内,为业主提供建筑物及其附属设施的维修养护、环境卫生和相关秩序的管理维护等物业服务,业主支付物业费的合同。

(17)行纪合同:是行纪人以自己的名义从事贸易活动,委托人支付报酬的合同。

(18)中介合同：是中介人向委托人报告订立合同的机会或者提供订立合同的媒介服务，委托人支付报酬的合同。

(19)合伙合同：是两个以上合伙人为了共同的事业目的，订立的共享利益、共担风险的协议。

三、合同的结构和内容

微课：合同的结构和内容

尽管合同的种类各异，合同的基本写作格式都应该包括标题、合同当事人名称或姓名、正文和尾部四个部分。

（一）标题

标题即合同的名称，写在合同首页上方正中位置。要明确写出合同的性质、种类，如"购销合同""工程安装合同"。有的标题中还可点明标的物，如"施工机械设备租赁合同"。为了进行合同的登记，标题下还应写明合同签订日期、合同编号，有时还有签订地点，常用小号字置于标题右下方。

（二）合同当事人名称或姓名

合同当事人可以是自然人，也可以是单位。合同当事人名称或姓名写在标题的下方，先顶格书写"订立合同单位"或"订立合同人"，后面并列写上双方当事人的名称，要准确写出签约单位或个人的全称、全名，为了行文方便，多在单位名称后面加括号，注明该单位"以下简称甲方"（或"供方""卖方"等）和"以下简称乙方"（或"需方""买方"等）。如有第三方，可将其称为"丙方"。不论在什么情况下，合同中都不能用不定指代"你方""我方"来指当事人。

（三）正文

正文是合同的主要内容，它分引言和主体两部分。

1.引言

引言就是合同的开头部分，主要写签订合同的目的或签订合同的依据。通常写法比较固定，例如，"为了××××，经双方协商同意，特签订本合同，以资共同恪守"。常用的表述句式为"为了……"或"根据……"。

2.主体

主体部分另起一段，逐条写明双方协议的具体条款。按照《民法典》第四百七十条的规定，合同主要应具备以下条款。

(1)标的。标的是指合同当事人双方权利和义务共同指向的对象。它因合同的具体内容不同而异。标的可以是物、货币、劳务、智力成果等。如买卖合同中的标的是产品或商品，借款合同中的标的是货币。同一商品有不同的规格、不同的商标，这些要写得具体、明确、清楚，没有标的或标的不明确的合同是无法履行的。

(2)数量和质量。数量和质量是标的的具体化，它决定合同当事人权利义务的大小、范围。

数量是指合同标的计量,通常用数字和计量单位来表示,如借款金额、建设工程项目、工作量等。要明确标的的计量单位,如吨、米、件等。有时有的商品还应写明数量的正负尾差、合理磅差、自然减量和增量的计量方法。

质量是检验标的内在素质和外观形态优劣的标志,它不仅指标的物的优劣,还包括产品的品种、规格、型号等的标准,标的的质量标准力求规定详细、具体、明确,有规定标准的,如国际标准、国家标准等,按当事人双方认可的标准执行;没有规定标准的,由双方当事人协商确定。

(3)价款和酬金。价款和酬金是标的的价值。价款指商品交易中买方付给卖方的代价,包括单价和总金额,如购销合同中买卖商品的价款;酬金指接受服务一方付给提供服务一方的报酬,如雇用合同中的劳动报酬。价款和酬金要合理公平,有政府规定价或指导价的,执行政府的规定价和指导价;没有政府规定价或指导价的,由双方当事人参照合同履行地的市场价格协商定价。

价款和酬金一般都以货币数量来表示,要明确标的总价、单价、货币计算标准,付款方式、程序,结算方式等。若与外国方面合作,要写明支付币种。

(4)履行合同的期限、地点和方式。履行合同的期限是合同当事人实现权利、履行义务的时间界限,包括合同的有效期限和履行期限。超过期限未能履行合同,就应当承担由此产生的后果。

履行合同的地点指合同履行时的具体地点,包括交货、验货或承建工程的具体地点,必须具体、明确,不能产生歧义。

履行合同的方式指当事人以什么方式来履行合同,包括时间方式和行为方式两方面。时间方式指的是一次性履行完毕还是分期履行;行为方式指当事人交付标的物的方式,如标的物的交付、运输、验收、价款结算的方式。

(5)违约责任。违约责任指当事人一方或双方因为自己的过错,造成合同不能履行或不能全部履行而应承担的责任。《民法典》第五百七十七条规定:"当事人不履行合同义务或者履行合同义务不符合约定的,应当承担继续履行、采取补救措施或赔偿损失等违约责任。"违约责任的条款应先定义在合同履行中可能出现的违约情况,后写明发生了这种情况后,责任方承担什么责任的约定。

违约责任是履行合同的重要保证,也是出现矛盾分歧时解决合同纠纷的可靠依据。违约责任的追究是为了维护合同双方当事人的合法权益,标志着合同的严肃性。

(6)解决争议的方法。此条款要约定在履行合同发生争议时解决问题的方式和程序,要明确注明是通过仲裁解决、协商解决还是诉讼解决。

除上述条款外,经双方当事人协商确定还可以拟订其他的一些条款,如不可抗力条款,该项条款的作用是,如果发生了当事人不能预见、不能避免且不能克服的客观事故(如洪水、地震、台风等),而导致履行合同困难时,当事人可根据这一条款,依据《民法典》第五百九十条规定,部分或全部免予承担责任。此条款的内容应包括不可抗力事故的范围、后果等。

(四)尾部

尾部是指合同的结尾和落款部分。

1. 结尾

结尾指合同的有效期限和文本保存。有效期限是指合同执行生效、终止的时间。文本保存是注明合同文本的保管方式，即合同一式几份、当事人保管的份数。

2. 落款

这部分是合同特定的内容和格式，即在合同的有效期限和保管条款下方，依次写上当事人的名称、法人代表、签章。如有必要，还应注明双方的地址、邮政编码、电话号码、电报挂号及开户银行、账号等几项内容。签约日期在标题下未写的，此处要写明。这部分内容要视需要决定详略。这些既是当事人身份资格的证明，又利于双方相互联系。

要注意用印要端正、清晰。如果需主管部门或公证机关审批、鉴证，则还需写上主管部门或公证机关的名称、意见、日期，经办人签名，并加盖公章。

有些合同有特殊要求，或有附件，也要在尾部注出。通常是在合同正文"其他条款"之后注明："合同附件、附表均为本合同的组成部分，且有同等的法律效力。"如工程承包合同要在"附件"中列出工程项目表、工程进度表、工程图纸等。这些附件、附表均标写在合同落款的最下方，即"年、月、日"以后的部位。

由于社会活动多种多样，合同也就有各自的特点和侧重点，拟定一份合同，在遵守国家法律、法规的前提下，还要视实际情况而定。

四、合同的写作要求

经济合同是一种法律文书，应依照《民法典》的规定和要求，以认真严肃的态度来起草。写作中任何微小的疏忽和差错，都可能给以后带来麻烦。因此写作合同除要遵循法规、符合政策、合乎原则外，还需要注意以下三个方面。

（一）条款完备、具体

合同的每项条款都直接关系到签约各方的责任和利益，因此当事人要根据合同的内容协商确定合同各项条款，尽量不要遗漏。不仅格式和主要条款要完善，每一条款的内容也要尽量周密严谨，避免发生漏洞。如标的物不仅要写明数量和质量，而且要写明计量单位、质量的技术要求和标准等。有的合同就是因为质量标准和检验手段不明确而发生纠纷的。又如，供货方负责维修商品，那么维修人员的旅费、工资等应由谁负责等，都要明确、具体地加以规定，切忌含糊笼统。

（二）表述准确、严密

合同文字表述应力求准确、严密，遣词造句要小心斟酌，切忌使用含糊不清或模棱两可的句子或语言，以防产生歧义。如避免使用"希望""尽可能""争取"等模糊性用语，不说空话、套话。数字应核对无误，金额应大写。同时还要注意正确使用标点符号，防止句号、逗号用错或点错而造成不必要的纷争或损失。

（三）字迹清楚、文面整洁

合同订立后，一经签字盖章，即具有法律效力。所以合同的撰写要严肃认真，不能出半点差错,这就必须做到字迹清楚工整,文面整齐干净,不得随意涂改。合同如有错误或遇到特殊情况确需修改时,应将双方同意的意见作为附件附上。如在原件上修改,应加盖双方印章。

例文一

苹果购销合同

立合同单位:××××公司(以下简称甲方)
　　　　　××××连锁超市(以下简称乙方)

合同编号:×××
签订地点:×××
签订时间:×××

一、订货规格

乙方需向甲方订购精品果:
(1)76~80 mm××件;
(2)81~85 mm××件;
(3)86~90 mm××件;
(4)91以上的××件,按照乙方要求供货,每箱精品果均为每件××元,合计××箱,总合计××元。

二、双方的权利与义务

1.若乙方提前订货,需向甲方按照预定货量总金额的50%预交定金,为乙方存放苹果期限到××××年××月××日。
2.甲方按照乙方的订货数量妥善保证货源,不得有假冒伪劣产品,否则假一赔十。
3.甲方为乙方提供可靠的物流服务,物流费用由乙方负责。

三、违约责任

1.按照订货合同,乙方在预定期限内不能履行合同,应提前30天通知甲方,乙方有权索取交给甲方的预付款。

若存放期限结束,乙方未能履行此合同,甲方有权不退还乙方的预付款,并追究乙方因此造成的全部损失。

2.按照订货合同,甲方在预定期限内应保质保量,按时交货。若甲方在预定期限内不能履行合同,应提前30天通知乙方,并退还乙方的预付款。

若期限结束,甲方未能履行此合同,乙方有权索取交给甲方的预付款,并追究甲方因此造成的全部损失。

四、法律效力

1.本协议条款的任何变更、修改或增减,需经双方协商同意后签署书面文件,作为本协议不可分割的组成部分,并和本协议具有一样的法律效力。

2.本协议经双方签字盖章即生效。

3.本协议一式两份,双方各执一份。

4.因执行本协议发生的或与本协议有关的一切争议,甲乙双方应通过友好协商解决,如双方协商仍不能达成一致意见时,则提交仲裁机构。

甲方签字:

乙方签字:

××××年××月××日

【评析】 这是一份条款式合同文本。本合同包括标题、当事人名称、正文和尾部四个部分。标题居中,由标的物和合同的种类组成。标题的左下方写明订立合同的当事人名称,在标题的右下方写明合同的编号、订立合同的地点和时间,以方便存档管理。正文采用条款的写法,分别列出了订货规格、双方的权利与义务、违约责任及法律效力,其条款完备、具体、准确。

例文二

个人房屋租赁合同

出租方(甲方)_____,男/女,身份证号码_____

承租方(乙方)_____,男/女,身份证号码_____

根据《民法典》及其他相关法律、法规规定,甲乙双方在平等、自愿、协商一致的基础上,就下列房屋的租赁达成如下协议:

第一条:房屋基本情况

甲方将自有的坐落在_____市_____街道_____小区_____栋_____号的房屋出租给乙方使用。

第二条:租赁期限

租赁期共_____个月,甲方从_____年_____月_____日起将出租房屋交付乙方使用,至_____年_____月_____日收回。

第三条:租金

本房屋月租金为人民币_____元,按月/季度/年结算。每月月初/每季季初/每年年初_____日内,乙方向甲方支付全月/季/年租金。

第四条:交付房租期限

甲方应于本合同生效之日起_____日内,将该房屋交付给乙方。

第五条:房屋租赁期间相关费用说明

乙方租赁期间,水、电、取暖、燃气、电话、物业以及其他由乙方居住而产生的费用由乙方负担。租赁结束时,乙方须交清欠费。

第六条:房屋维护养护责任

租赁期间,乙方不得随意损坏房屋设施,如需装修或改造,需先征得甲方同意,并承担装修改造费用。租赁结束时,乙方须将房屋设施恢复原状。

第七条：租赁期满

租赁期满后，如乙方要求继续租赁，则须提前_____个月向甲方提出，甲方收到乙方要求后_____天内答复。如同意继续租赁，则续签租赁合同。同等条件下，乙方享有优先租赁的权利。

第八条：提前终止合同

在房屋租赁期间，任何一方提出终止合同，需提前_____个月书面通知对方，经双方协商后签订终止合同书，在终止合同书签订前，本合同仍有效。

受不可抗力因素影响，甲方必须终止合同时，一般应提前_____个月书面通知乙方。乙方的经济损失甲方不予补偿。

第九条：违约责任

在房屋租赁期间，任何一方违反本合同的规定，依据事实轻重，按年度须向对方交纳年度租金的10％作为违约金。乙方逾期未交付租金的，每逾期1日，甲方有权按月租金的2％向乙方加收滞纳金。

第十条：本合同一式2份，甲、乙双方各执1份，具有同等效力。

甲方：　　　　　　　　　　　　　　　　乙方：

　　　　　　　　　　　　　　　　　　　年　　月　　日

（资料来源：法律教育网）

【评析】 这是一份条款式的个人房屋租赁合同。在引言中，简单明了地说明租赁的依据。正文的主体是合同的重要组成部分，包括明确双方权利义务的具体条款。这份合同的标的物是房屋，对房屋的基本情况、租赁期限、租金及各种可能产生的费用和房屋维护养护责任做了明确的规定，在履约的过程中，对房屋租赁中可能出现的问题也做了有效的防范。这是一篇条款比较完备的房屋租赁合同。

拓展训练

一、知识题

1.填空题。

(1)合同是平等主体的_____、_____、其他组织之间设立、变更、终止_____关系的协议。

(2)合同按内容分类，大约有_____大类。

(3)合同的基本写作格式包括_____、_____、_____和_____四个部分。

2.简答题。

(1)合同的主体主要包括哪些条款？

(2)一份合同，没有关于违约责任和解决争议方法的条款，这份合同有效吗？为什么？

(3)合同写作需要注意哪些事项？

(4)录音、录像、短信、微信、QQ聊天记录、购物小票等属于合同吗？如果属于，是哪一种？（口头合同？书面合同？其他形式的合同？）

二、技能题

1. 下文是一份加工合同中的质量条款的两点内容,这个质量条款的写作有何特点?

第五条:技术要求

乙方必须按照图纸或实样,保质、保量进行加工,具体技术要求:(1)并肩平榫内外密缝,榫头交接处平整;(2)门、抽斗、风门两边对称,误差不超过 2 mm;(3)腐烂、变质木料一律不准用;(4)影响美观、牢度的结疤木料不准用;(5)垂直度按木制品规定;(6)白坯四周平直光滑,无刨印等痕迹;(7)截面无毛头,倒角清楚;(8)油漆颜色均匀鲜明,线条轮廓清晰,补腻子后平整,无批刀痕迹,用沙皮沙平。白坯用沙皮磨光,上色按甲方要求,手摸无沙粒,保持平整,光洁度要求明亮。如不符合上述要求一律做质量问题处理,并视严重程度从总加工费中扣除加工费。

第六条:批量生产前,甲方有权指定乙方试制样品,达到质量要求再批量生产。样品达不到质量要求,甲方有权终止合同,损失由乙方负担。

2. 仔细阅读以下内容,然后回答问题。

(1)下文是一份购买计算机系统的订货合同中有关验收的条文。它规定了该计算机各部件的验收方法和指标,具体如下:

必须连续运行 24 小时,且扣除中断时间;在此时间内,主机、控制装置、磁系统的故障为 0 次;其他外围设备故障不得超过 2 次。

这种文字表述有何特点?是否符合验收条款的写作要求?哪些词语用得准确严密?

(2)某一合同中对标的的说明仅有一句话:"甲方委托乙方修建一个网球场,由乙方全面负责建造。"此合同的标的写得是否明确?应该怎样写?

(3)某中外合资项目合同中,外方用一条船作为投资,作价20万美元,在合同中仅写了"一条船"而无其他文字说明,当中方单位派人去接船时,一看是一条破旧不堪的船,根本无法开动,结果合同难以履行。

在合同中怎样对这条船做些具体说明,才不至于产生纠纷?

(4)以下的合同用语都不妥,那么应该采用什么样的措辞来表述这些意思,既能表述准确又能规定出货物的品质标准?

上等材料　一流工艺　优质产品

(5)某合同条款写"甲方向乙方订购淀粉 500 千克,单价×元,总价××元",结果购货方收到的货既不是豌豆淀粉,也不是土豆淀粉,而是红薯淀粉,供货方以劣充优,购货方有苦难言,购货方提出淀粉质量不好,双方发生纠纷。

从概念的表述角度看,问题出在何处?

(6)某单位从国外某出口商处进口原木,合同签订"木材直径为 50 厘米以上",结果对方发来的均为直径 2 米多的大原木,我方港口三番五次卸不下来,卸下来又运不走,最后在港口将原木砍开装运,成本增加三四倍。

此例中造成进口商经济损失的原因何在?

3. 修改以下表述不当的违约责任条款。

(1)本工程应在 3 个月内完成,每提前一天验收合格,由甲方奖励乙方 1% 的工程费;

每延迟一天验收合格,由乙方赔偿甲方1‰的工程费。

(2)采用使用方提供的技术生产的产品如第三次验收仍不合格,将由双方友好协商解决。

(3)如果任何一方拖延完工或交货,该方将受到罚款处理。

(4)某公司与外商签订了一份合同,对解决争议做了如下规定:"本合同双方如有争议,仲裁解决。"

(5)甲方要求乙方于××××年×月××日前完成全部加工构件。如不能按期完工,由乙方负完全责任。

(6)违约方须承担违约赔偿责任,即支付违约金××万元。

4.指出下面这份运输合同的不足,并提出修改意见。

运 输 合 同

签订地点:×××市×××街×号

签订时间:××××年×月×日

甲方:××运输公司

乙方:××罐头厂

双方就活鸡运输事宜达成本协议,双方共同遵守,互相制约。

1.运输物:食用活鸡。

2.数量:1万只。

3.包装:铁笼装,每笼100只,共计100笼。

4.运输质量:保活。

5.运输方式:汽车。

6.交货地点:××市××街×号。

7.收货人:××罐头厂张××。

8.验收:当场逐笼验收。如有异议当场提出,过期无效。

9.结算:运费10 000元。在货物交付后7日内通过银行转账结算。

10.违约责任:任何一方违约,按总价5‰罚款。

11.其他未尽事宜,由双方协商另订。

承运方:××运输公司(签章)

托运方:××罐头厂(签章)

三、写作题

1.根据下面内容用条文和表格的形式,写一份购销合同

××省××市百货公司(简称甲方)的代表李××于2020年10月9日与××省××毛巾厂(简称乙方)的代表王××签订了一份合同。双方议定:甲方购买乙方生产的"彩云牌"彩条毛巾10 000条,单价3元;"明月牌"印花毛巾10 000条,单价3.5元;"幸福牌"印花枕巾5 000条,单价4元;"鸳鸯牌"提花枕巾5 000条,单价5元。产品规格、质量和技术标准,按部颁标准执行。产品包装,按统一规定的针织品包装标准进行包装。包装物由

乙方负责,要求于2021年1月15日、2月10日、3月10日,分3批用汽车运到甲方单位,运费按规定运价由甲方负担。甲方在收到货后3天内验收完毕,将货款通过银行转账汇给乙方。如果延期交货或付款,每延期1天,违约方应承担该批货款总值1‰的罚金。如质量不符合规定标准,经检验后重新计算,乙方除赔偿甲方损失外,还应给付甲方货款总值1‰的罚金。合同由××市×××公证处鉴证后双方签字即生效。合同正本2份,甲乙双方各执1份,副本4份,分送银行、公证部门存查。甲方地址在××省××市××路××号,电报挂号:××××,开户银行:××支行,账号×××××××××××××××。乙方地址在××省××市××路××号,电报挂号:××××,开户银行:××分行,账号×××××××××××××××。

提示:按合同的写法要求写作,格式要正确,内容条款要齐全。凡能列入表格的尽量列入,不能列入的用文字说明。

2.请写一份房屋租赁合同。

学习情境三 经济纠纷诉讼文书的写作

学习目标

1. 了解几种经济纠纷诉讼文书的含义；
2. 弄清不同种类的经济纠纷诉讼文书的用途；
3. 掌握经济纠纷起诉状、申诉状、答辩状的基本写法。

思政目标

通过经济纠纷诉讼文书写作的学习，学生具有法律意识，树立正确的人生观和价值观。

知识导读

一字之差引发的经济纠纷

2019年8月24日，吴女士在某售楼中心当场交付了定金50万元，打算购买福建厦门一套总价为1 270万元的房产。

吴女士说，当时自己提出可以先草签协议，但需要回家与丈夫商定后再确认是否购买。吴女士的丈夫知道这一消息后，极力反对。因未得到支持，吴女士也无法支付后续购房款，遂要求售楼中心退还50万元定金。但售楼中心所属开发商却不同意。2020年底，因双方协商未果，吴女士将开发商诉至法院。

吴女士说，以为签了预定书后不喜欢仍可以退款，预定书签订后，自己仅支付50万元，双方约定的以支付定金100万元作为预定书生效的条件未达成，开发商应返还预付款。

开发商则认为，对方自愿签署《商品房买卖合同预定书》，其中详细列明了违约情形下所应承担的法律风险，双方已经达成合意，合同已经成立，已支付的50万元为购房定金，预定书合法有效，因对方明确表示不再继续履约，开发商有权不偿还50万元定金。

法院审理认为，吴女士在《商品房买卖合同预定书》上签字，是其真实意思表示，已支付的50万元系定金，属于对将来签订正式房屋买卖合同的履行担保，已发生法律效力。吴女士因个人原因不愿意再支付剩余的50万元定金，单方面明确提出不再买房，故本案是因吴女士原因未能订立商品房买卖合同，按照法律关于定金的规定处理，其无权要求退还已支付的定金。法院一审判决驳回吴女士的诉讼请求，目前该案已审结。

法官说法，"定金"与"订金"虽然只有一字之差，但是相应的法律后果完全不同。"定金"具有担保合同履行的性质，而"订金"只是一个习惯用语，并非严格意义上的法律概念。

（资料来源：中青网，题目自拟）

从上面的报道中可以看到，在五花八门的经济活动中，争执和纠纷的发生是难免的。因此，我们为了更好地解决纠纷案件，除了要具备法律知识外，还要掌握各类诉讼文书的写作。

理论知识

一、诉讼文书的概念

诉讼文书又称诉状，是指案件当事人或公民为维护和实现自身的合法权益，依照法定程序进行诉讼活动时所制作或形成的文字材料。

诉讼文书按案件的性质划分，可分为刑事诉讼文书、民事诉讼文书和行政诉讼文书三种；按司法制度规定的审判程序和法律赋予当事人的权利划分，则可分为起诉状、答辩状、上诉状和申诉状四种。本情境主要学习民事诉讼文书。

经济诉讼文书是民事诉讼文书的一个重要组成部分，它是用来处理经济事务、解决经济纠纷的诉状。

二、诉讼文书的特点

（一）法律性

这是诉讼文书制作的基础和前提，所有诉讼文书必须依法制作。首先，制作的程序要合法，不能有任何随意性；其次，诉讼的内容要合法，事实、证据、理由和处理意见等不能违反法律的要求。

（二）论辩性

诉讼文书的目的是维护国家利益、维护公民的合法权益、化解矛盾、解决争议，必须具有鲜明的立场、观点和主张，必须以法律为准绳，充分说明提出诉讼主张的因由、事实、根据与法律依据，并有针对性地批驳对方当事人的错误说法，从而表明其诉讼请求的合理性与合法性，因而具有鲜明的论辩性。

（三）规范性

这是诉讼文书的显著特点。首先，表现为提交时间和程序的特定性。诉讼文书必须在法定的时间内提交,否则将丧失诉讼权利;必须按一定的法律程序提交,否则将无法依法执行。其次,表现为结构的固定性。诉讼文书一般都有固定的结构,要按照固定的结构写作。有的法律文书制成统一格式,写作时只需加入所需的文字即可。

(四)准确性

除了用词、表述、援引法律条款等必须准确之外,仲裁文书和诉讼文书还有一些其他特殊的规定,在写作时一定要注意,以确保文书的质量。如诉讼文书,在起诉状、上诉状、答辩状和申诉状的写作重点和要求上不尽相同,写作时既要掌握它们的共同点,更要掌握它们的不同点,使文种的使用准确、合适。

三、诉讼文书的写法

(一)经济纠纷起诉状

1. 经济纠纷起诉状的含义

经济纠纷起诉状,是指在经济纠纷中,原告人或法定代理人为维护自身的经济权益,向法院提出诉讼请求,要求法院审理案件的一种诉讼文书。这里的"原告人",既可以是与案件有直接利害关系的自然人,也可以是企事业单位、机关、团体等法人。没有诉讼行为能力的,可以由其法定代理人或由法院指定的代理人为之提起诉讼。

经济纠纷起诉状一般是书面形式,如果当事人写起诉状有困难,也可以口头起诉,由法院做笔录,并告知被告人。

经济纠纷起诉状的目的有两种。一是引起诉讼。经济纠纷起诉状是法院立案和审判的主要凭据,也是被告应诉答辩的根据。在程序上,原告人或法定代理人向法院递交起诉状,经法院审查合法合格,就直接引起诉讼。二是维护当事人的合法权益。原告人必须把案件的事实叙述清楚,把起诉的理由和法律根据讲明白,把诉讼的目的和请求告诉法院。这样,法院就能据此了解原告对案件的看法、意见和要求,以便对案件进行审理。

2. 经济纠纷起诉状的格式和内容

经济纠纷起诉状由首部、正文和尾部三部分组成。

(1)首部。首部包括标题和当事人的基本情况。

①标题。经济纠纷起诉状的标题一般由案件类别和文种组成,如"经济纠纷起诉状"。

②当事人的基本情况。按原告、被告、第三人的顺序分别列写。在原告栏,如果原告是公民,在"原告"这个称谓后面,依次写明姓名、性别、出生年月日、民族、籍贯、职业或工作单位和职务、住址等基本情况。如果原告是法人或其他组织,依次写明原告名称、所在地址、法定代表人姓名、职务、电话。如果原告有代理人,另起一行写明代理人的姓名和基本情况。如是律师担任代理人,只写姓名、所在律师事务所名称和职务。

如果被告是公民,写法与原告相同。其中,出生年月日不清楚的,可写其年龄。被告是法人或其他组织的,只列写单位名称、所在地址和电话。

如果在原告和被告以外,还有独立的诉讼参加人即民事案件的"第三人"(案件处理结果与之有法律上的利害关系,可以申请参加诉讼的人),则在被告之后,另起一段,列写第三人的姓名(或单位名称)和基本情况,并说明第三人与原告、被告的关系。

(2)正文。正文内容包括诉讼请求、事实与理由。

①诉讼请求。诉讼请求是原告请求人民法院解决有关民事权益争议的具体问题,也是原告希望通过诉讼所要达到的目的要求,即诉讼标的,如要求履行合同、归还产权、赔偿损失、清偿债务等。有多项具体要求的,可分项表述。请求事项的写作一是要明确具体,二是要合法合理,三是要周全精练。

②事实与理由。事实与理由是原告提出诉讼请求事项的根据,也是证明自己诉讼成立的重要依据。这是经济纠纷起诉状的核心部分,应当依次写出经济纠纷案件的事实、证据和理由三方面内容。

经济纠纷案件事实的具体内容主要包括以下几个方面:当事人之间的法律关系;经济纠纷的发生、发展过程,即纠纷的起因、时间、地点、经过、结果等;当事人之间争执的焦点和具体内容。如原告自己在纠纷中有一定过错,也应实事求是地承认和叙述,以使法院全面了解案件真相,分清是非曲直,依法裁决。

证据是证明所述事实真实性、可靠性的依据。《中华人民共和国民事诉讼法》规定,当事人对自己提出的主张,有责任提供证据。诉讼的证据种类有当事人的陈述、书证、物证、视听资料、电子数据、证人证言、鉴定意见、勘验笔录八种。列举证据时,要写明证据名称和内容,证明何事,说明证据材料的来源和可靠程度,写明证人姓名和详细住址,以便人民法院调查核实。证据是认定事实的基础,直接关系到案件的成立与诉讼的过程,是诉讼成败的关键。因此,证据必须确凿可靠,不能提供伪证,提供伪证会受到法律处罚。

理由包括认定案件事实的理由和提出法律根据的理由。前者是事实理由,要在叙事基础上,概括分析纠纷的性质和危害后果,分清是非曲直,明确责任,然后论证权利义务关系,说明所提出的诉讼请求是合理合法的。后者是法律理由,要用法律规定衡量纠纷事实,说明孰是孰非,并援引有关法律条文作为起诉的法律依据。

(3)尾部。尾部包括如下内容:

①写明送达人民法院名称。先写"此致",再另起一行顶格写"××人民法院"。

②附项。写明起诉状副本的份数,提交证据的,要写明证据的名称和数量。

③起诉人署名。如果是法人或其他组织,写明其全称,加盖单位公章。如果是律师代写,应注明"××律师事务所(法律顾问处)律师×××代书",以示负责。

④注明起诉日期。

3.经济纠纷起诉状的写作要求

(1)以事实为根据,以法律为准绳。

(2)陈述事实客观,列举证据确凿。

(3)阐述理由合理,援引法律准确。

(4)内容表达周密,文面书写规范。

(二)经济纠纷上诉状

1.经济纠纷上诉状的含义

经济纠纷上诉状,指经济纠纷诉讼当事人或其法定代理人,不服人民法院的一审判决或裁定,依照法定期限和程序,向上一级人民法院提起上诉,请求撤销、变更一审裁决或重新审理而提出的诉讼文书。

上诉状不同于起诉状。第一,起诉状是原告人的合法权益受到侵害,或者当事人在某一问题上产生纠纷而向法院提起诉讼,目的在于请求法院的审判和裁决,从而保护其合法权益;上诉状是上诉人不服人民法院的一审判决或裁定,要求改变一审判决或裁定,从而维护自己的合法权益。第二,起诉状是针对对方当事人写的;上诉状是针对法院一审判决写的,虽然二者的诉讼都是维护自身的合法权益,但它们的诉讼对象不同。

经济纠纷上诉状的使用,不仅有利于法院提高办案质量,而且有利于保护一审败诉一方当事人的合法权益。二审法院可以从上诉状中了解上诉人不服一审判决的理由及其相应的请求,通过对上诉的审理,保护当事人的合法权益。

2. 经济纠纷上诉状的格式和内容

上诉状由首部、正文、尾部组成。

(1)首部。首部包括标题和当事人的基本情况。

①标题。经济纠纷上诉状的标题由案件性质和文种组成,如"经济纠纷上诉状"。

②当事人的基本情况。按上诉人、被上诉人、第三人的顺序写明他们的基本情况。应注意在"上诉人"或"被上诉人"的后面用括号注明其在原审中的诉讼称谓(如是原审原告还是原审被告等)。如果有法定代理人,要将法定代理人的情况写出来,写法与起诉状相同。

(2)正文。正文要写明上诉案由、上诉请求和上诉理由。

①上诉案由。上诉案由是提起上诉的原因,是指不服一审判决或裁定的事由。一般写法是"上诉人因×××一案,不服×××人民法院××××年××月××日××字第××号判决(裁定),现提出上诉,上诉的请求和理由如下"或"上诉人因与×××关于××纠纷一案,不服×××人民法院××××年××月××日××字第××号民事判决(裁定),现提起上诉"。

②上诉请求。上诉请求是指上诉人上诉的目的和要求,即写明上诉人请求二审人民法院依法撤销或变更原审裁判,以及如何解决民事权益争议的具体要求。写上诉请求要明确、肯定、具体,要有针对性,文字要简洁。一般写法是,上诉理由写完后,总括一句"为此,特向你院上诉,请依法撤销(变更)原判"。

③上诉理由。上诉理由是针对上诉请求进行的论证。这是上诉状的关键部分,上诉请求能否获准,取决于有无理由和理由是否充分。叙写上诉理由,主要从以下四方面来考虑:

● 事实认定方面。事实是定案裁判的依据,事实认定错了,处理就不可能正确。因此,应首先审查一审裁判认定的事实是否属实,如有不实之处,应提出纠正或否定的事实和证据。

● 适用法律方面。法律是处理案件的准绳,适用法律错了,裁判也必然会错。因此,要仔细审查一审裁判所适用的法律是否正确,如果原判所适用的法律有不当之处,应提出适用的法律根据。

● 审判程序方面。审判程序是正确处理案件的保证。违反审判程序的审判是无效的。如果原审的诉讼程序不合法,亦可作为提出上诉的理由。

● 审判结论方面。审判结论是处理案件的结果。撰写上诉理由时,必须逐条审查一审裁判的结论是否合情、合理、合法。

此外,还可以从法理、证据、道德、政策等方面来考虑提出上诉理由。以上几个方面,全错则全部否定,部分错则部分否定。

上诉理由要有的放矢、层次分明、逻辑性强。理由如有几个方面,可分条列项来写,使上诉请求得到充分的支持。

(3)尾部。尾部包括以下四项内容:

①接受上诉的法院名称,先写"此致",再另起一行顶格写"××人民法院"。

②上诉状副本份数,上诉要按照对方当事人的人数提供副本。

③证据的种类、数量,证人的姓名、工作单位、住址。

④上诉人签名、盖章,并写明上诉日期。

3. 经济纠纷上诉状的写作要求

(1)有的放矢。上诉状主要是针对原审裁判而提出的,实际上是对原审裁判的驳斥,因此要有针对性。

(2)突出重点。撰写上诉状一定要抓住关键、突出重点,应当将注意力集中在原审裁判中存在的足以影响处理结果的问题上,而不能漫无边际。同时态度要鲜明,观点要明确。

(3)避免重复。上诉状中一般会引述原审裁判中的一些内容,但应避免照抄、照搬,而要以高度概括的语言综合说明情况,必要时可将原审判决的观点一一加以引述,但内容要以为展开论证自己的观点做铺垫为限。

(三)经济纠纷答辩状

1. 经济纠纷答辩状的含义

经济纠纷答辩状,是经济纠纷被告人或被上诉人针对起诉或上诉的事实和理由进行答复和辩解的一种诉讼文书。从法律行为上看,提交答辩状就是应诉,即被告人对原告人起诉状提出抗辩。答辩状具有很强的论辩性,它要用正确的事理驳斥错误的事理,以正确适用的法律条文校正引用不当的法律条文,展开充分的论证去驳倒对方的观点和论据。

答辩状是与起诉状或上诉状相对应的一种诉讼文书。在经济纠纷中,被告人或被上诉人,在收到法院送达的起诉状或上诉状副本之后,可以使用答辩状对被诉的事实和理由进行反驳。

一方面,答辩状能够维护被告人或被上诉人的合法权益。被告人或被上诉人通过答辩状,可以对原告或上诉人提出的起诉或上诉事实、理由、根据以及请求事项等进行答复、辩解和反驳。在答辩中,被告人或被上诉人可以陈述自己的理由和要求,提出事实和证据证实自己的观点,以维护自己的合法权益。另一方面,答辩状有利于法院全面了解案情和公平断案。"偏听则暗,兼听则明",通过答辩状,法院可以全面了解诉讼双方的要求、意见和主张,全面分析案情,正确判断是非,公平合理地审理案件。

2. 经济纠纷答辩状的格式和内容

经济纠纷答辩状一般由首部、正文、尾部组成。

(1)首部。首部包括标题和答辩人的基本情况。

①标题。经济纠纷答辩状的标题一般由案件性质和文种组成,如"经济纠纷答辩状",或者二审写为"民事被上诉答辩状"或"经济纠纷被上诉答辩状"。

②答辩人的基本情况。答辩人是公民,应写明姓名、性别、年龄、民族、职业或工作单位、住址等;答辩人是法人或其他组织,应写明名称、法定代表人、地址等。如果有诉讼代理人,还应写明诉讼代理人的姓名、性别、年龄、职务等。

(2)正文。正文主要包括案由和答辩理由。

①案由(答辩事由)。写明对何人起诉或上诉的什么案件提出答辩。

一审答辩状一般表述为"因××所诉关于××纠纷一案,现提出答辩如下",或写为"××××年×月×日,收到××(原告姓名)的起诉状副本,现就起诉状所述各点答辩如下"。

二审答辩状一般表述为"因××不服原审判决而上诉一案,现提出答辩如下",或表述为"××××年×月×日,接到上诉人××的上诉状副本,现就上诉的请求和理由答辩如下"。

②答辩理由。如同其他诉状一样,答辩理由是答辩状的核心部分,是答辩成败的关键所在。

这部分要针对起诉状或上诉状提出的事实、证据、理由、依据逐一进行辩解和反驳,并提出相反的事实、证据、理由,论证自己的观点,阐述自己的意见和主张,提出自己的反诉请求。书写这部分内容的时候,要做到依据有关法律文件,说明答辩理由的正确性;根据确凿事实,说明自己行为的合理性;揭示对方当事人诉讼请求的谬误性;请求法院合理裁决或提出反诉请求。

(3)尾部。尾部包括以下四项:

①呈送的机关,先写"此致",再另起一行顶格写"××人民法院"。

②右下方写明答辩人名称,签名或盖章,注明年月日,如系律师代书,还要注明代书人。

③附项注明物证、书证的名称和件数。

④注明答辩状副本份数。

3.经济纠纷答辩状的写作要求

(1)尊重事实。对诉状内容的反驳、否定,必须建立在真实的客观事实和充分的证据之上,决不能无中生有、无理诡辩。

(2)要据理力争,针锋相对。要针对诉状中所涉及的问题,明确指出自己承认哪些、否认哪些,否认的理由和根据是什么,针锋相对地阐明自己的理由、证据和要求,以维护自己的合法权益。

(3)抓住关键。要善于发现双方争执的焦点,抓住影响案件胜负的关键性问题,找出对方的破绽,一语中的,集中进行反驳。

(4)要有辩论性。答辩状是运用事实、论据和法律条款,通过论证和反驳,去驳倒对方,以证明自己的正确。因此,一定要运用好驳论技巧以及设问、反问句式,从而在论辩中战胜对方。

微课：经济纠纷申诉状

（四）经济纠纷申诉状

1. 经济纠纷申诉状的含义

经济纠纷申诉状，是经济纠纷诉讼当事人，认为已经发生法律效力的判决或裁定有错误，向法院提出的要求重新复查、纠正的诉讼文书。

经济纠纷申诉状，一是能够纠正冤假错案，申诉状有利于各级人民法院或者人民检察院发现已经发生法律效力的判决或裁定的错误，并通过审判监督程序来纠正其错误；二是维护申诉人的合法权益。申诉人向人民法院或者人民检察院提出申诉状，指出已生效裁判的不当，陈明申诉的理由，使人民法院或者人民检察院发现原裁判的错误，并通过审判监督程序予以纠正，从而起到维护申诉人合法权益的作用。

2. 经济纠纷申诉状与经济纠纷上诉状的异同

上诉状和申诉状都是因不服人民法院的裁判而提出的诉状，其目的、意义、格式和制作要求都大体相同，但二者又有许多不同之处。

（1）客体不同。上诉状针对的客体是地方各级人民法院所做出的第一审未发生法律效力的裁判；申诉状针对的客体是各级人民法院所做出的已经发生法律效力的裁判。

（2）期限不同。上诉状的提出有法定的期限（刑事上诉状必须在收到判决书后10日内、收到裁定书后5日内提出，经济上诉状、民事上诉状和行政上诉状必须在收到判决书后15日内、收到裁定书后10日内提出）。申诉状的提出则没有法定的期限，只要是我国人民法院所做出的裁判，任何时候都可以提出申诉。

（3）法律效力不同。上诉状在法定期限内提出后，不管有理无理，都能引起二审程序的发生。申诉状提出后，即使有理也不一定能引起二审程序的发生。

（4）引起的审判程序不同。合乎条件的上诉状只能引起二审程序的发生，而有理的申诉状不仅可能引起二审程序的发生，还可能引起一审程序的发生。

（5）受理的法院不同。受理上诉案件的法院只能是原审法院的上一级法院，受理申诉案件的法院既可能是原审法院，也可能是原审法院的上一级法院，甚至是最高人民法院。

（6）提出的次数不同。上诉案件对二审后法院所做出的裁判永远不能再上诉；申诉案件对再审后法院所做出的裁判，有的还可以再申诉。

申诉状的格式和写法与上诉状基本相同，这里不再赘述。

例文一

经济纠纷起诉状

原告：××玻璃厂，地址：××××××，邮政编码：××××××
法定代表人：×××，男，××岁，职务：厂长
委托代理人：×××，××律师事务所，律师
被告：×××厂，地址：××××××，邮政编码：××××××
法定代表人：×××，男，××岁，职务：厂长

请求事项：

1.判令被告人全面履行承包玻璃熔炉及半煤气发生炉建设的协议；

2.赔偿由于被告人的责任而造成的原告人的经济损失629 115.05元。

事实和理由：

原告人与被告人××××年5月17日签订承包玻璃熔炉及半煤气发生炉建设的协议，由市经委监督执行。××××年6月8日动工，9月10日完工，9月11日调试，第二年1月7日因调试失败停止。原告人认为，失败的原因在于：协议规定是半煤气发生炉，而被告人交工的却是全煤气发生炉。该炉不适合玻璃炉的连续生产，具体原因如下：(1)加煤不均；(2)打开炉门煤气立即燃烧，而炉体是采用轻体保温砖封砌的，不耐高温；(3)风机吹风不匀，造成燃烧不匀；(4)炉内结焦无法排除，清理炉灰困难，炉条经常被烧坏；(5)预热器的二次风预热温度低，炉温达不到协议规定的1 400 ℃。由于调试失败，造成原告人原材料、燃料、厂房设备、人工费及贷款利息等直接损失626 115.05元，间接损失3 000元。原告人曾多次找被告人协商，被告人一拖再拖，至今未能全面履行协议，致使原告人遭受重大经济损失。为此，原告人特诉请人民法院依法处理，以维护原告人的合法权益。

此致

×××人民法院

具状人：×××　　法定代表人：×××

××××年×月×日

附项：1.本状副本2份

2.承包协议1份

【评析】　本诉状格式规范，叙述事实紧紧围绕诉讼请求，以时间为主线，表述清晰、明白。分析理由抓住了实质和关键，并注意避免与事实重复。本诉状最后说明被告人给原告人造成的经济损失，提出的诉求合情合理。

例文二

经济纠纷答辩状

答辩人：×××厂，地址：××××××

法定代表人：×××，男，××岁，厂长

被答辩人：××玻璃厂，地址：××××××

法定代表人：×××，男，××岁，厂长

答辩人就履行协议及赔偿一案做如下答辩：

一、关于协议规定建半煤气发生炉而实际建的是全煤气发生炉，这是双方共同协商议定的，并非答辩人单方面的行为。其理由是：

1.被答辩人已在全煤气发生炉的图纸上签了字，证明其已同意建全煤气发生炉。

2.被答辩人完全是按全煤气发生炉的设计挖的地基，并增盖了厂房。

3.施工过程中被答辩人的代表始终实行监督，并未提出任何异议。

4.工程完工验收时，被答辩人非常满意，并未提出半煤气发生炉之事。

二、关于全煤气发生炉在调试中产生了一系列问题,完全是被答辩人一方操作技术不佳和燃料质量差造成的,并非全煤气炉本身的原因。

1. 加煤设备是盅式加料装置,这种装置是在许多厂的长期使用的经验基础上选用的,加煤不均是被答辩人所提供的煤没有达到规定的粒度,加之操作不当造成的。

2. 炉体使用的材料,最高耐火温度为1 280 ℃,允许使用温度为900 ℃,而煤气发生炉出口温度为500~700 ℃,所用材料完全符合要求。所说的"不耐高温",是被答辩人一方缺乏操作经验,把煤气炉烧成明火炉,致使炉膛温度超过规定温度造成的。

3. 此种煤气炉的吹风口要求煤层的颗粒均匀,才能保证风的均匀。试炉之初,使用颗粒均匀的衡山精粉洗块煤时,风吹得是均匀的。而后来使用的煤未经筛选,而且是块面混烧,加之结焦过大,结果使风力不匀,燃烧也不匀。可见,不是设计的问题而是煤质的问题。

4. 炉内结焦的原因在于煤的质量。按协议规定应使用弱粒结性煤,燃烧后结焦小,可从炉条间隙漏下,但是被答辩人提供的煤根本没达到要求,结焦过大,无法清炉,以致把炉条烧坏。如果采用弱粒结性煤即可解决这一问题。

5. 预热器的二次风预热温度低,是指预热器的面积不够,实际上预热器的面积是足够的,因为按地炉受热面积计算,预热器的表面积是能够满足要求的,而且在试炉时,地炉温度已达到1 450 ℃,可以说预热器是没有问题的。

综上所述,被答辩人所述理由是难以成立的,所提要求也是无理的。

此致
×××人民法院

答辩人:×××
××××年×月×日

附项:1. 本状副本2份
　　　2. 全煤气发生炉设计图纸1份
　　　3. 工程验收单1份

【评析】 该答辩状格式规范,所做答辩针对原告在诉讼中提出的事实和理由围绕两方面进行了反驳:一是协议规定,二是煤气炉的问题。每一方面的问题都分条展开,层次清晰,事实分明。该答辩状采用先破后立的反驳方式,先指出对方的不当之处,然后针对不当提出客观事实及相关证据,证明对方错误而己方正确,就文章本身而言,说服力很强。

例文三

经济纠纷上诉状

上诉人(一审被告):×××百货商场,地址:×××路××号
法定代表人:张××,经理
委托代理人:周××,××律师事务所,律师
被上诉人(一审原告):××贸易公司,地址:×××路×栋××室
法定代表人:邓×,经理。

上诉人因与被上诉人购销合同纠纷一案,不服××区人民法院××××年×月×日〔××〕法经字第××号判决,现提出上诉。上诉的请求和理由如下。

上诉请求:

1.请求撤销原判,认定合同无效。

2.上诉人的经济损失应由杜×与被上诉人共同负责。

上诉理由:

1.原判决认定业务员杜×持有业务介绍信,有合理的代理权,其代表上诉人所签合同有效,这是错误的。业务员杜×所持的介绍信是专用介绍信,上诉人只授权他签订有关文具的购销合同,并未授权他签订家用电器的购销合同。被上诉人明知其无代理权,仍与其签订购买300台洗衣机的购销合同。而杜×越权代理,且并没有得到上诉人的事后追认。因此,杜×以上诉人名义订立的合同是事先未经授权、事后又未被追认的无权代理行为,根据我国法律的规定,该合同应认定为无效合同,由此产生的责任也不应由上诉人承担。

2.被上诉人在订立合同时不审查杜×有无代理权,杜×明知自己没有代理权而为之,双方都有过错,而上诉人在此事上却是没有任何过错的,由此而产生的损失应由杜×与被上诉人共同承担,而不应由上诉人承担。

基于上述理由,上诉人认为,原审法院认定事实不当,处理有失公正,特向贵院提出上诉,请根据事实和法律,做出公正的终审裁判。

此致
××中级人民法院

上诉人:×××百货商场
法定代表人:张××
××××年×月×日

附:1.一审判决书复印件1份
　　2.上诉状副本1份

【评析】 该上诉状针对原审法院认定事实不当,以充分事实做论据进行辩驳,理由充分,针对性强。

例文四

经济纠纷申诉状

申诉人(一审被告、二审上诉人):李××,男,××年××月××日出生,汉族,住××市××区××街××号。

被申诉人(一审原告、二审被上诉人):王××,女,××年××月××日出生,汉族,住××市××区××街××号。

申诉人李××因民间借贷纠纷一案,不服××市××区人民法院(2018)南××民初××号民事判决及××市中级人民法院(2019)南××民终××号民事判决,向××省高级人民法院提出申诉。

申诉请求:

1.撤销××市××区人民法院(2018)南××民初××号民事判决及××市中级人民法院

(2019)南××民终××号民事判决；

2.本案一、二审诉讼费及再审诉讼费用全部由被申诉人承担。

申诉理由：

1.一、二审判决认定事实不清

(1)申诉人与被申诉人之间的民间借贷约定违反法律强制性规定，应认定无效。

原审法院认为："原、被告之间的借款关系是在平等、自愿的基础上达成的，合法有效。"此认定是在没有全面审查被申请人的资金来源及身份的基础上得出的片面结论，是对本案法律关系的错误认定。因为根据法律规定，当事人之间达成的民事法律关系除应在平等、自愿基础上外，还应不违反法律强制性规定，否则将会导致约定无效。

本案被申诉人在各级法院均存在多起原告身份的"民间借贷"金融案件。被申诉人对外出借的资金并非其自有资金，其出借资金的目的是为了赚取高额利息，且其出借行为具有反复性、经常性、营业性。被申诉人的资金出借行为属于未经批准、擅自从事经常性的贷款业务的非法金融业务活动。被申诉人是以高息放贷为业的"职业放贷人"。根据《中华人民共和国银行业监督管理法》《中华人民共和国商业银行法》及《非法金融机构和非法金融业务活动取缔办法》《关于办理非法放贷刑事案件适用法律若干问题的意见》等法律规范，被申诉人与申诉人所达成的借款约定因违反法律强制性规定，应认定无效，申诉人不应向被申诉人支付约定的高额利息。

(2)申诉人的借款中存在"砍头息"，即将利息直接在本金中预先扣除，且原审法院对借款本金数额及还款数额的认定均存在错误，属于认定案件事实错误。

原审法院认定：申诉人向被申诉人借款本金1 378万元，已经偿还的利息为1 351.831 3万元。事实上法院认定的1 378万元本金中包含"砍头息"43.9万元。根据《最高人民法院关于审理民间借贷案件适用法律若干问题的规定》第二十七条关于预先在本金中扣除利息的，人民法院应当将实际出借的金额认定为本金的规定，申诉人实际借款金额为1 334.1万元。

根据申诉人银行转账记录证明，申请人总计向被申请人还款1 357.03万元(其中4份为新证据)。

2.一、二审适用法律错误

××市××区人民法院(2018)南××民初××号民事判决及××市中级人民法院(2019)南××民终××号民事判决认定事实及适用法律严重错误，根据《中华人民共和国民事诉讼法》第二百条第(一)、(二)、(六)款的规定，请求再审。

综上，原一、二审判决存在认定事实及适用法律的严重错误。在被申诉人存在明显扰乱金融秩序、违法高息放贷的情况下，仍然保护其非法放贷行为；同时错误认定还款顺序，给申诉人造成了巨大经济损失。申诉人认为XX市中级人民法院无法公平公正地审理此案，强烈要求××省高级人民法院对此案件重新审理，并支持申诉人的请求。

此致

××省高级人民法院

申诉人：李××

2021年12月10日

附项：1.证明材料4份

2.一、二审判决书副本

【评析】 该申诉状针对终审判决不公正之处,以法律和事实为论据提出申诉请求,理由充分,论证严密,有一定的说服力。

拓展训练

一、知识题

1.填空题。

(1)经济诉讼文书具有_____、_____、_____三大特点。

(2)经济纠纷起诉状中的"原告人",既可以是与案件有_____关系的自然人,也可以是企事业单位、机关、团体等法人。没有诉讼行为能力的,可以由其法定代理人或由法院指定的_____为之提起诉讼。

(3)上诉状是对各级地方人民法院_____审裁定或判决不服而提起的诉讼文书。

(4)答辩状是与_____或_____相对应的一种诉讼文书。

(5)经济纠纷申诉状是经济纠纷诉讼当事人,认为_____的判决或裁定有错误,向法院提出的要求重新复查纠正的诉讼文书。

2.简答题。

(1)起诉状的核心是什么?起诉状的事实与理由如何写?

(2)试分析上诉状与起诉状的异同。

(3)答辩状的正文包括哪些内容?各部分应如何写?

(4)试比较经济纠纷申诉状与经济纠纷上诉状的异同。

二、技能题

1.辨别下面几段文字各属于什么文种,属于哪部分结构的内容,并说明原因。

(1)因不偿还所欠货款一案,不服××市中级人民法院经字〔××××〕36号裁决。

(2)请求依法裁决原合同有效;立即支付所欠货款××万元。

(3)变更产品品种、质量和包装规格,给乙方造成经济损失时,甲方应偿付乙方损失。中途退货,应向乙方偿付退货部分货款总额50%的违约金。

(4)综上所述,违反合同者是诉方,我方无任何过错。所以因违反合同造成的一切经济损失,应由诉方负责。请法院参照《民法典》第五百八十四条规定责令诉方赔偿本厂经济损失××万元,并承担诉讼活动的一切费用367.57元。

2.请分析下面这份起诉状存在的问题。

民 事 诉 状

原告人:徐××,女,50岁,××县百货公司营业员,住××县城关镇58号。

被告人:张××,男,55岁,××市机械厂工人,住××市××街26号。

案由:房屋纠纷。

我原住××市××街58号,于××××年八月调入××县百货公司工作。我原在

××市××街有房屋一栋(三间),系捆绑房子,有少数木料,其余为楠竹。我调离时将该房托交曹××照管使用,随后她未经我同意又将房屋转给张××居住,多年来一直未给房租。后因国家建设需要,将我房屋拆除。张××领了拆迁费,并分得住房一套(二间)。现我退休后回××市无房居住,向张××交涉,他一口否认,破口大骂。我当即找居委会主任讲过此事,后又向××房管所查询,承办人朱××同志证实张××领取了房屋拆迁费。为此,特向贵院起诉,要求判给我历年的全部房租及所领取的拆迁费和房屋的全部材料折款。

此致
××区人民法院

具状人:徐××
××××年四月五日

3. 下面是一份起诉状中"事实和理由"中的一段文字,请据此写出这份起诉状的诉讼请求。

××××年××月××日,被告(××市××汽车4S店)与原告(××投资有限公司)签订一份借款合同,该合同约定:原告借款58万元给被告4S店,期限为3个月,利息按月息12%计收。被告(××市××担保公司)为被告4S店的借款保证人,向原告提供了货款担保合同。合同签订后,原告按约将58万元借给被告4S店。借款期满后,被告4S店迟迟不还。原告曾多次找被告4S店及被告担保公司,要求还款,均无结果。

4. 分析下面这则经济纠纷上诉状的写法。

经济纠纷上诉状

上诉单位:××市××区西塔五金交电建材商店
法定代表人:杨××,男,经理
委托代理人:戚××,男,40岁,本店业务员,住××市××区××街××里××号
被上诉单位:××市××区蒲河机械配件厂
法定代表人:赵×,男,厂长

上诉人因合同纠纷一案不服××市××区人民法院经济庭第×××号判决书的判决,请求上级法院依法改判。现提出上诉,上诉人的请求和理由如下:

一、判决书中说:"质量按样品验收。原告全部交货后分三期付款……"与所签合同内容不符。上诉人与被上诉人于××××年1月签订了8种规格××内接头零件××××个的合同,其质量规定是:1.货物要符合样品要求;2.按合同数量送齐,经抽样检查合格后分3次付款。而判决书中删掉了"经抽样检查合格后"字样,这种断章取义的认定是不公正的。

二、判决书中说:"被告验收×××××个,××××××元货款一直没付。"被上诉人于××××年1月24日送货,当时送货人未做任何交代,直接将货物卸在仓库门前就走了。事后上诉人检查发现产品锈蚀严重、尺寸不合要求,便先后3次通知被上诉人来店处理货物,而被上诉人一直拖到××××年2月26日才派姜××来商店。经双方商议定为:凡

质量合格产品收货付款,不合格的由该厂收回(有姜××签字说明)。之后被上诉人再没派人来处理。又再次拖到20××年7月3日,才由该厂副厂长孙××拉走接头××××个。对没拉走的产品,双方既没有清点、验收,也未做任何处理。上诉人根本不知道有多少内接头,而被上诉人在未经双方清点的情况下,擅自定为××××个,货款为××××××元,向上诉人索要货款,这是不合理的。上诉人要求双方共同清点实物和账目,不应由一方决定产品数量和货款数。

综上所述,被上诉人不遵守合同规定的第二款,送货既不向上诉人交代,也不进行抽样检查。为此,上诉人对不合格产品拒付货款,是符合合同规定的,也不应承担违约金和赔偿金。为保护上诉人的合法权益,特此上诉,请上级人民法院依照审判程序,予以审理改判。

此致
××省××市中级人民法院

上诉单位:××市××区西塔五金交电建材商店(公章)
法定代表人:杨××(签章)
委托代理人:戚××(签章)
××××年××月××日

附项:1.本状副本2份
   2.合同1份

三、写作题

1.下面摘录的是一份经济纠纷起诉状正文中的材料,请据此写出起诉状的"请求事项"。

"××××年3月10日我公司与被告签订了一份500条羽绒被的买卖合同,总款为20万元,交货日期为4月5日。合同签订后,我公司预付货款2万元。4月5日后,被告未能如约交货。我公司四次派人去被告处商量解决,被告既不供货,也不退还预付货款……"

2.根据下列材料,请代孙某拟写一份经济纠纷起诉状。

刘某(卖方)与孙某(买方)签订回迁房屋买卖合同,合同载明:房屋面积为60平方米(最终面积为办证实测面积,此面积双方无异议),房屋成交价格为人民币51万元,待房产证办下后,刘某协助办理过户。现涉案房屋产权证书载明房屋面积为65.87平方米,刘某要求孙某补全差额面积价款,并以此为由拒绝办理过户。孙某诉请要求办理过户。

学习情境四 市场调查报告的写作

学习目标

1. 了解市场调查报告的含义、特点及作用；
2. 了解市场调查的内容和方法；
3. 学习市场调查报告的结构和写法；
4. 学会设计市场调查问卷和撰写市场调查报告。

思政目标

通过市场调查报告写作的学习，学生养成"实事求是"的思维方式，在实践中学习，在学习中提高。

知识导读

《上海全民阅读调查报告》发布：上海综合阅览率居全国榜首

2021年4月15日，《2020年度上海全民阅读调查报告》发布。这次调查历时一年，多方面呈现了上海市2020年度市民的阅读状况，为上海市全民阅读的工作开展提供了有力的数据支持。

市民阅读资源获取方式较为多元

调查发现，市民阅读资源获取方式较为多元，除网上购书及书店购买图书外，从阅读网站获得资源已成为上海市民图书资源选择的主要途径。同时，微信、今日头条、喜马拉雅、蜻蜓FM等社交媒体渠道以及移动APP平台也成为市民获取阅读资源的重要渠道。市民阅读目的也十分丰富，除满足兴趣需求、获取信息知识以外，工作学习需要、掌握实用技能、提高自身素质修养也成为市民选择阅读的重要原因。

学习情境四　市场调查报告的写作

超半数市民日阅读时长大于半小时

数据显示,上海市市民的日均阅读时长为102.17分钟,50.40%的上海市民纸质每日阅读时长超过半小时,而有68.50%的市民数字每日阅读时长超过半小时。

住所是市民阅读较为重要的场所。传统纸质阅读的群体中,书房或客厅(65.71%)的选择排在第一位。将数字阅读作为首要阅读形式的人群中,排在第一位的阅读场所是交通工具(地铁、公交、火车、飞机等),可见交通工具已成为市民数字阅读的重要空间。

人文社科最受青睐　数字阅读占优势

在纸质书种类的偏好上,上海市民选择阅读最多的是人文社科类书籍,占比为26.44%,其次是文娱类(19.70%)、科技类(10.97%)、生活类(10.76%)、经管类(9.01%)。在电子书种类的偏好上,文娱类电子书选择最多,占比为27.50%,其次是人文社科类(19.10%)、生活类(12.40%)、资讯类(10.80%)、科技类(10.40%)。

值得一提的是,如今手机听书APP已经占有声阅读的半壁江山,微信公众号则成了市民有声阅读新风尚。

阅读对疫情焦虑的缓解

2020年的疫情爆发打乱了所有人的生活,阅读成为安抚人心的一剂良药。报告显示,阅读对市民在疫情期间的焦虑缓解起到了一定的正向作用,认为阅读能够"比较有用"和"非常有用"地缓解自身对疫情焦虑的市民占比为51.80%和13.60%,只有10.10%的市民表示阅读对缓解自我对疫情的焦虑完全没有用。这可能与新冠疫情发生期间,市民阅读时间更加连续、阅读书刊时长有所增加、阅读书刊的目的也更加明确有关。

为了更深入了解市民的阅读行为和"自我"间的关系,充分认识阅读究竟在市民生活和成长过程中扮演着何种角色,发挥出了什么样的价值,调查组将阅读意义划分为"认识自我""认识世界"和"社会责任感"三个维度,探究了市民的阅读行为与阅读意义间的关联。结果发现,市民的阅读时间越长、在阅读上的花费越多、阅读评价越高以及公共文化设施使用频率越高,越能够帮助他们更好地认识自我、认识世界,同时具有更高的社会责任感。这一发现,进一步说明了阅读对个人发展的具体作用和独特价值,为政府阅读政策的制定提供了有效依据。

(资料来源:澎湃新闻,有删节)

市场调查报告是为各部门管理者、为社会、为企业服务的一种重要形式。一份好的市场调查报告,能为企业的市场活动提供有效的导向作用,同时对各部门管理者了解情况、分析问题、制定决策和编制计划以及控制、协调、监督等各方面都起到积极的作用。本学习情境就针对这一被广泛使用的文体的写作进行详细讲述。

理论知识

市场调查报告就是运用科学的方法,有目的、有计划、系统地收集、整理、研究市场营销方面的情况、供求规律及影响其发展变化的各种因素,得出结论而形成的书面报告。市场调查报告是调查报告的一种特殊形式,是市场调查成果的集中体现,是市场信息的重要载体。

一、市场调查报告的特点和作用

市场调查报告是对市场的全面情况或某一侧面、某一问题进行调查研究之后撰写出来的报告,是针对市场经济情况进行的调查与分析,因而它不但具有调查报告的基本特点,还有着自身的特点。

(一)市场调查报告的特点

1. 针对性

针对性是市场调查报告的灵魂,主要包括两个方面:第一,市场调查报告是为了说明某一问题,或者为了解决某一问题,所以必须做到目的明确、有的放矢;第二,市场调查报告必须明确阅读对象,阅读对象不同,他们的要求和所关心的问题的侧重点也就不同。针对性越强,指导意义越大,作用也越大。

2. 新颖性

市场调查报告应紧紧抓住市场活动的新动向、新问题,引用一些人们未知的通过调查研究得到的新发现,提出新观点,形成新结论。只有这样的调查报告,才有价值,才能达到指导企业经营活动的目的。

3. 时效性

当今世界已进入信息时代,因此,要顺应瞬息万变的市场形势,市场调查报告就必须讲究时效,做到及时反馈。市场调查报告只有及时到达使用者手中,使经营决策跟上市场形势的发展变化,才能发挥其作用。

(二)市场调查报告的作用

归纳起来市场调查报告的作用主要有以下三点。

1. 获取经济预测信息

市场调查报告所掌握的市场的历史、现状及其发展变化的轨迹,是企业进行经济预测的可靠信息。

2. 为企业决策提供依据

市场调查报告所提供的准确的市场动态信息,可直接为企业决策提供依据,从而使产销需求对路,避免竞争风险。

3. 推动企业改善经营管理

市场调查报告有助于企业正确地认识市场,推动企业改善经营管理理念,遵循经济规律,提高经济计划的制订水平。

二、市场调查的内容和方法

(一)市场调查的内容

市场的广阔和复杂,决定了市场调查内容的广泛和丰富。但不同企业和不同行业、相同企业在不同时期对市场调查的内容会因需要的不同而有所侧重和选择。市场调查的内容主要涉及以下四个方面。

1. 社会环境调查

企业的生存和发展是以社会环境为基础的。社会环境包括政治、法律、经济、科技、社会文化、地理及气候环境等。这些社会环境决定了市场存在着某些不可控制的因素,企业的生产和经营活动必须与之相协调和适应。在市场经济条件下,企业的自主权将得到充分的保证,但其必须符合国家政策、法规和宏观调控的要求,以及国际惯例和准则的规定;企业必须了解科技、社会文化发展对企业生产经营的制约;企业还要了解地理及气候因素对人们生活起居、消费习惯、资源开发的影响。只有这样才有可能制定出切实可行的经营决策,才能在竞争中取得主动权。

2. 市场需求调查

在市场经济条件下,市场需求是指以货币为媒介,表现为有支付能力的需求,即通常所说的购买力。购买力是决定市场容量的主要因素,是市场需求调查的核心。此外,由于市场是由消费者构成的,因此,只有对消费者人口状况进行研究,对消费者多种不同的消费动机和行为进行把握,才能更好地为消费者服务,开拓市场的新领域。

3. 市场供给调查

市场供给是指全社会在一定时期内对市场提供的可交换商品和服务的总量。它与购买力相对应,是市场需求得以实现的物质保证。企业在生产经营过程中除了要掌握市场需求情况外,还必须了解整个市场货源状况,包括货源总量、构成、质量、价格和供应时间等一系列情况,必须对本企业的供应能力和供应范围了如指掌。只有这样,才能及时生产和组织适销对路的商品,避免积压和脱销。

4. 市场营销活动调查

现代市场营销不再是简单的、彼此分割的营销活动,而是包括商品、定价、分销渠道和促销在内的营销组合活动。因此,市场营销活动也要围绕这些营销组合活动展开,其主要内容包括:竞争对手状况、商品实体、包装、价格、销售渠道、产品寿命周期和广告调查等。

(二)市场调查的方法

市场调查的方法很多。按其选择的对象划分,可分为市场普查、抽样调查、典型调查和重点调查;按其目的划分,可分为探测法、描述法和因果关系法;按其调查所采取的具体形式划分,又可分为问卷法、询问法、观察法、实验法、资料法,以及现在流行的头脑风暴法和德尔菲调查法。这些调查方法可以单独使用,也可以结合使用。使用何种调查方法,主要取决于调查的内容。这里就市场调查中经常使用的调查方法做一点说明。

1. 实验法

实验法,就是从影响调查问题的诸多因素中选出一个或两个因素,将它置于一定条件下,进行小规模实验的方法。试销会、看样订货会、展销会、国际博览会、顾客意见征询都属于实验法。如在改变设计、包装、品质、价格、广告、陈列方式等因素时,都可以先做小规模的实验。根据调查用户的反映预测产品的销售量,然后决定是否投放市场或大规模投产。这种方法比较科学、准确,但可变动调查因素难以掌握,实验成本高,也有一定风险。实验法调查的具体方法有:(1)实验前后对比实验;(2)实验单位与非实验单位对比实验;(3)实验单位与非实验单位前后对比实验。

采用实验法,关键是必须做好实验调查的设计,选好实验单位、实验时间,并严格把握实验条件,才能保证实验效果的可靠性。

2. 问卷法

问卷也叫调查表。问卷法是以书面问答的形式了解调查对象的反映和看法,以此获得资料和信息的一种调查方式。在市场调查中问卷法的作用尤其重要。问卷是一种通俗易懂、实施方便的表现形式,适用于各种范围的社会经济调查。采用问卷法有助于对资料进行统计处理和定量分析,可以节省调查时间、提高效率。

(1)问卷的内容。一份完整的调查问卷,通常包括标题、问卷说明、被调查者基本情况、调查内容、编号码、调查者情况等内容。

(2)问卷的设计。问卷由若干个问题构成,问题是问卷的核心。在进行问卷设计时,必须对问题、类别和提问方法仔细考虑,否则会使整个问卷产生很大的偏差,导致市场调查的失败。因此,在设计时,应对问题有很清楚的了解,并善于根据调查目的和具体情况选择适当的询问方式。

①二项选择法,也称真伪法或二分法,是指提出的问题仅有两种答案可以选择,如"是"或"否"、"有"或"无"等。这两种答案是对立的、排斥的、非此即彼的。

例如:"您家里有电脑吗?"答案只能是"有"或"无"。

②多项选择法,是指对提出的问题事先预备好两个以上的答案,回答者可以选择其中的一项或几项的方法。

例如:您喜欢哪类工作餐?(在您认为适合的□内画√)

面食饺子类□　米饭类□　汉堡薯条类□　其他□

③顺位法,是列出若干项目,由回答者按重要性决定先后顺序的方法。

例如:您选购电冰箱的主要条件是(请将所选答案按重要顺序将1、2、3……填在□中)

价格便宜□　牌子有名□　外形美观□　制冷效果□　经久耐用□　维修方便□

④比较法,是采用对比提问方式,要求被调查者做出肯定回答的方法。

例如:请比较下面的冰激凌,你喜欢哪种口味?(喜欢的在□内画√)

奶油冰激凌□　　　巧克力冰激凌□

蓝莓冰激凌□　　　柠果冰激凌□

三、市场调查报告的结构和写法

市场调查报告的结构与一般调查报告的结构相同,篇幅可长可短,写法比较灵活。

微课:
市场调查报告的结构和写法

(一)标题

标题,是画龙点睛之笔,要根据调查的内容、结论和主题的表达精心拟订,使之与问题相符,清晰醒目、新颖生动,突出报告的中心内容。标题一般有两种形式:

1. 公文式

公文式标题,一般由调查区域、对象(相当于公文标题中的"事由")和文种组成,如"××市居民住宅消费需求调查"。在实际运用中一般以"调查"二字作为文种的代称。

2. 文章式

文章式标题往往直接点明报告的主要内容，或阐明作者的观点、看法，或对事物做出鲜明的判断、评价。如"当前巨额结余购买力不可忽视"。

值得注意的是，尽管标题形式不一，标题中的调查区域、文种可以省略，但调查对象不能省去。

（二）正文

正文一般包括前言、主体和结尾三部分。

1. 前言

前言主要包括调查的时间、地点、对象、范围、方法和效果等。常用的写法有：

（1）开门见山，揭示主题。调查报告开始先交代调查的目的或动机，揭示主题。

（2）交代情况，逐层分析。可先介绍背景、调查数据，然后逐层分析，得出结论。也可先交代调查时间、地点、范围等情况，然后分析。

（3）提出问题，引入正题。即提出人们所关注的问题，引导读者进入正题。

2. 主体

这是市场调查报告的核心部分，通常包括：

（1）情况介绍。以陈述的方式写明调查所获得的基本情况，如市场占有情况、生产与消费的关系，产品、产量与价格等具体情况，可以用图表、图像或数字加以说明。

（2）分析结论。根据情况介绍部分所述的基本事实及有关资料，运用解剖分析或归纳推导的方式，进行科学的研究、推断，从分析中得出符合市场发展变化规律的结论性意见。为了层次清楚，可采用小标题的形式。

（3）建议或对策。根据调查资料和研究结论，提出具体的建议和对策。建议和对策应有针对性。

3. 结尾

这部分是全文的结束语，往往与前言相呼应，达到收束、总结全文的作用。有的提出看法和建议，通过分析形成对事物的看法，在此基础上，提出建议和可行性方案；有的展望未来，指明意义。也有许多无此部分，建议对策即为结尾。

四、市场调查报告的写作要求

（一）认真分析材料，提炼主题

市场调查报告的写作，首先要将所调查的资料、信息进行整理、筛选，做一番"去芜存菁"的工作。然后对材料进行"由此及彼"的分析研究，给予科学的归纳、总结，获得对市场形势的本质认识，概括出调查的结论，提炼出报告的主题。主题的提炼要做到准确、集中、深刻、新颖。

市场调查报告作为市场调研的成果，最基本的特点就是尊重客观实际，用事实说话。在撰写过程中不得带有作者的主观愿望，更不得掺入虚假成分，要始终遵循市场规律，坚持实事求是的原则。

（二）分析既不要简单化，也不要面面俱到

主体部分分析情况时，不能只是将资料数据罗列堆砌，停留在表面文章上，根据资料

就事论事,简单介绍式的分析多,深入细致的分析少,观点、结论、建议不鲜明,整个调查报告系统性差,使报告失去价值。同时,也不能把收集来的各种资料无论是否反映主题,全部面面俱到、事无巨细地进行分析,这样会使读者感到杂乱无章,读罢不知所云。一篇市场调查报告自有它的重点和中心,在对情况有了全面了解之后,经过全面系统的构思,应有详有略,抓住主题,深入分析。

(三)表达意思要准确,语言要凝练、朴实

准确是市场调查报告的生命。准确性包括数字要准确、情况要真实、观点要恰当三个方面。只有掌握了准确的资料,才能做出正确的判断,得出正确的结论。

市场调查报告的语言要逻辑严谨、数据准确、文风质朴、平易凝练。一般不需要对市场背景做过多的铺陈,对市场环境做过多的渲染。当然,为了说明问题,可以适当引用一些形象化的口语,或对调查对象进行适当的描写,以增强文章的感染力。另外可使用表格、图示表达意图,避免文字上的累赘。

例文一

体育消费调查问卷

1.你的月平均消费的水平大概是(　　　)

A.800元以下　　　　　　B.800~1 199元

C.1 200~1 499元　　　　D.1 500~2 000元

2.你平均每月用于体育消费上的支出大概是(　　　)

说明:体育消费主要包括用于购买体育服装以及运动器材,购买体育报刊、书籍等实物型支出,用于观看各种体育比赛、表演、展览等观赏型的消费,以及用于参加各种体育活动、健身训练、体育健康医疗等的参与型消费等。

A.50元以下　　　　　　B.50~99元

C.100~149元　　　　　D.150~199元

E.200元以上

3.如果在资金允许的情况下,在体育消费上你愿意每月花(　　　)

A.50元以下　　　　　　B.50~99元

C.100~149元　　　　　D.150~199元

E.200元以上

4.你进行体育消费的主要原因是(　　　)

A.对体育运动感兴趣　　B.受同学影响

C.交际和学习需要　　　D.强身健体

E.空闲时间多　　　　　F.其他

5.你曾有过的体育消费形式有(　　　)

A.体育用品(运动器材、运动服装)的购买

B.去俱乐部健身

C. 赛场门票

D. 其他收费性运动

6. 你觉得自己在体育消费上投入和收获的情况是(　　)

A. 投入不多,收获很小　　B. 投入多,收获也很大

C. 投入不多但收获很大　　D. 投入多但收获很小

7. 你对自己目前体育消费的满意程度是(　　)

A. 很满意　　B. 比较满意

C. 一般　　D. 不是很满意

E. 很不满意

8. 你是否考虑以后投入更多在体育消费上(　　)

A. 可以考虑　　B. 肯定会

C. 不可能　　D. 依据形势而定

E. 现在不定

9. 影响你体育消费的原因有(　　)

A. 经济原因　　B. 商品价格原因

C. 场地器械简陋　　D. 时间因素

10. 你进行体育消费的主要场所是(　　)

A. 免费场所

B. 社会上的功能和设施一般的中等消费场所

C. 校园内收费场所

D. 社会上设施完善的高级消费场所

11. 你平常购买体育消费品的渠道是(　　)

A. 正规专卖店　　B. 商场或超市

C. 网上　　D. 学校统一购买

12. 除了正常上课外,你的体育锻炼频率是(　　)(每次持续半小时以上)

A. 每周3次以上　　B. 每周2次

C. 每周1次　　D. 每周不到1次

E. 很少,基本不

13. 在花钱、体育消费和健康方面,你认为下列观点正确的是(　　)

A. 花钱买健康不值

B. 为了健康,花再多的钱进行体育消费也值得

C. 体育锻炼还是选择免费的方式最好

D. 适度花钱进行体育消费是值得的

【评析】　本问卷设计合理。问题能按照合理的顺序排列,问题的设计涵盖体育消费的每个方面,清晰明了,基本围绕调查主题。同时问题的设计具有可操作性,便于统计。

例文二

上海大学生消费与就业调查报告

近期,上海开放大学信息安全与社会管理创新实验室、上海市青少年研究中心、复旦大学社会治理中心联合发布了上海市大学生系列调查报告,调查跨度长达5年,涉及消费、就业、文化生活、社会心态等各方面。调查采用"大学—学生"随机抽样方式,分别从不同层次的高校中抽取大学生样本,覆盖上海市范围内16所高校4 720名在校大学生。

当代大学生是"月光族"吗?"00后"大学生就业最看重哪方面因素?这些问题大数据中都有答案。图3-1为2020年大学生消费观总览。

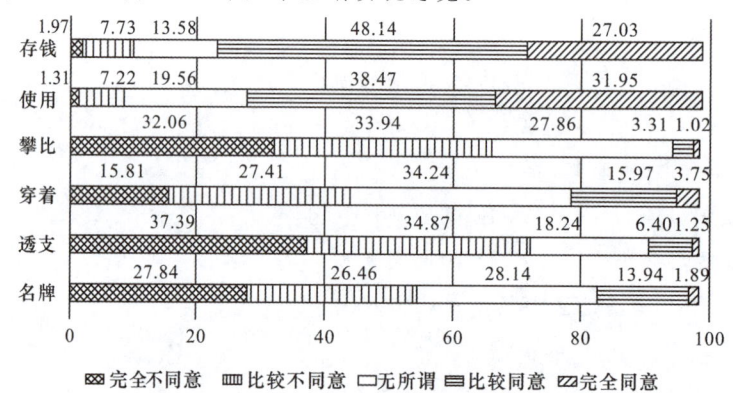

图3-1 2020年大学生消费观总览

消费观:相比"花光",超七成受访学生选择"存钱"

根据发布的《2020年大学生消费观调查报告》发现,相比2015年,当下大学生群体对于消费态度更为鲜明,消费观更个性化、时尚化,同时对消费行为的态度更保守。

大学生都是"月光族"吗?相较于2015年,2020年受访大学生更倾向于存钱而不是花掉,如图3-2所示。

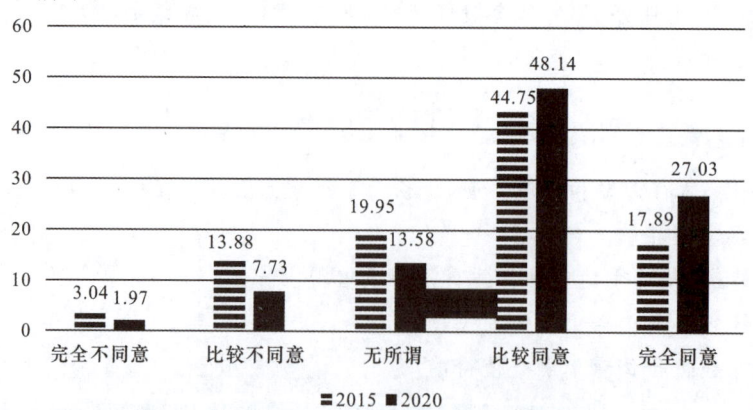

图3-2 2015、2020年大学生对"存钱"的态度

一定要买名牌吗?与2015年同样问题相比,2020年受访大学生面对"购物首选实

用,是不是名牌不重要"的命题时,"完全同意"达到 31.95%,比 5 年前有较多增长,"比较不同意""无所谓"和"比较同意"的比例都出现下降态势。这说明 5 年来消费时注重商品实用性而非品牌的大学生越来越多。

"花明天的钱,圆今天的梦",这样的透支消费很正常吗?面对这一命题,受访大学生的回答相比 5 年前有很大变化。仅有 6.40% 的大学生比较认同"花明天的钱,圆今天的梦","完全不同意"透支消费的比例大幅上升,达到了 37.39%。这说明当今大学生出现了较为分明的消费意识,反对透支消费、提前消费。

就业观:注重现实责任与理想价值的实现

表 3-1 为 2015 年与 2020 年大学生评价工作最重要的标准比较。

表 3-1　2015 年与 2020 年大学生评价工作最重要的标准比较　　（%）

评价工作最重要的标准	2015 年(N=966)	2020 年(N=4628)
发展空间	34.2	30.7
收入	11.8	17.5
能力提升	18.2	16.2
个人兴趣	16.9	13.1
舒适	5.4	8.8
稳定	5.9	8.0
阅历	3.8	2.9
人脉	2.5	1.3
资历	1.0	1.0
其他	0.3	0.6

那么从 2015 年至 2020 年,以"95 后"为主体的大学生和以"00 后"为主体的大学生的就业态度和观念有何差异?

通过数据发现,大学生在择业标准方面趋于理性务实,30.7% 的大学生最看重"发展空间",17.5% 的大学生最看重"收入",这两项排名前二。与 2015 年相比,"收入"的排位从第四上升至第二,所占比重从 2015 年的 11.8% 上升到 17.5%。此外,选择"稳定"的大学生比例从 5.9% 上升到 8.0%。

如何选择就业方向?调查结果显示就业方向呈现多元化趋势。2020 年数据显示,选择"公务员、事业单位、国有企业"的大学生比例为 42.9%,14.4% 的大学生选择"外资企业",倾向于"自行创业"的比例为 10.4%。值得一提的是,有 9.0% 倾向于主播、新媒体运营等"'互联网+'新兴职业"。

细分数据发现,专科学校的大学生创业热情最高涨,对新兴职业的接受度也更高,有 19.8% 的大学生倾向于"自行创业",选择"'互联网+'新兴职业"的大学生占比 13.9%。

在大城市发展依旧受到大学生的青睐,2020年的调查数据显示,在就业地点偏好方面,选择大城市的比例高达84.6%,其中,选择"北上广深等特大城市"的比例为63.3%。

为了什么而工作？这是大学生工作价值观的核心。在对工作意义的理解方面,认为工作是"权宜之计"的大学生仅占2.3%,认为工作是"人生必经阶段"的大学生比例为19.5%。23.6%的大学生认为工作是"履行家庭与社会责任"的需要,22.4%的大学生将工作的意义理解为"实现个人理想"的需要,23.8%的大学生认为工作是"实现个人自由的工具"。

通过调查不难发现,一方面,当代大学生非常看重工作的精神价值,希望通过工作来实现个人理想和个人自由;另一方面,当代大学生并非一味追求个体价值,也会看重工作的物质意义以及对于履行家庭责任与社会责任的意义。

(资料来源:青年报,题目自拟)

【评析】 这是一篇关于大学生消费观和就业观的调查报告。调查时间跨度大——连续五年；调查范围广,涉及16所高校近5 000千名学生；调查结果全面,充分体现了五年里学生的消费观和就业观的客观变化。采用图表数据进行表达,比较醒目直观。全篇短小精悍,言简意赅。

拓展训练

一、知识题

1. 填空题。
(1)市场调查的内容主要涉及_____、_____、_____、_____四个方面。
(2)市场调查的方法有_____和_____两种基本方法。
(3)市场调查报告的特点包括_____、_____、_____。
(4)市场调查报告的主体部分一般分为_____、_____和_____三部分内容。

2. 判断题。
(1)准确是市场调查报告的生命。准确性包括数字要准确,情况要真实,观点要恰当三个方面。只有掌握了准确的资料,才能做出正确的判断和得出正确的结论。（　　）
(2)一篇市场调查报告自有它的重点和中心,在对情况有了全面了解之后,经过全面系统的构思,应能抓住主题,面面俱到。（　　）
(3)市场调查报告作为市场调研的成果,最基本的特点就是尊重客观实际,用事实说话。（　　）
(4)市场调查报告不必讲究时间效益,只要形成,对市场形势的发展变化永远发挥作用。（　　）
(5)开头部分的写作方法灵活多样,可根据调查报告的种类、目的、资料及调查报告的篇幅要求等情况适当选择。（　　）

二、技能题

1. 认真阅读下面的例文,指出正文中标题的修辞手法,并谈谈开头一段的写作特点。

仿古家具求真 经营观念要新

——安徽××农村仿古家具市场调查

××××年春季广交会,吸引了来自安徽××市的 5 家农民漆雕工艺厂的代表来此洽谈生意。这个数字较 3 年前增加了 3 个,外贸生产厂家增加,是否就意味着总的出口创汇能力得到增强呢?答案是否定的,那么,其中的缘由是什么呢?

2.请对一份题为《少儿消费品产销状况亟待改进——对儿童吃、穿、用、玩商品的调查与建议》的市场调查报告的标题进行分析,指出其采用的标题形式,并分析该市场调查报告的调查对象、调查范围、调查目的。

三、写作题

选择你所熟悉的某种日用商品,对其在本地的市场销售状况做市场调查,写一篇小型市场调查报告。

学习情境五 市场营销策划书的写作

学习目标

1. 了解市场营销策划书的含义和特点；
2. 掌握市场营销策划书的结构和写法；
3. 掌握市场营销策划书的写作要求。

思政目标

通过市场营销策划书写作的学习，学生明确计划的重要性，培养自身良好的社会公德和职业道德。

知识导读

强化网络直播带货营销策划的监管

近年来,"直播带货"发展迅猛,成为商家进行电子商务推广的重要销售渠道之一。"直播带货"作为网络直播营销活动,是互联网电子商务的新业态,兼具"电子商务＋宣传促销＋导购卖货"等特点,又采取互联网直播的形式,模式新、主体多。但由于网络直播营销活动是一个新生事物,发展中也存在着假冒伪劣、虚假宣传、交易数据弄虚作假等一系列问题,因此,有针对性地加强对网络直播营销活动的监管十分必要。

为加强网络直播营销活动监管,保护消费者合法权益,促进直播营销新业态健康发展,依据《电子商务法》《消费者权益保护法》《反不正当竞争法》等有关法律法规,国家市场监督管理总局制定出台《市场监管总局关于加强网络直播营销活动监管的指导意见》。该指导意见明确了网络直播营销活动中相关主体的法律责任,特别是明确了直播营销活动中网络平台和网络直播者的法律责任和义务,对指导基层执法和促进行业规范具有十分重要的意义。

(资料来源：《中国食品安全报》,题目自拟)

企业在市场营销活动中,为达到预定的市场营销目标,最大限度地实现企业的社会价值和其产品或服务的市场价值是无可厚非,但前提是不得违犯相关法律、妨碍社会公共秩序和违背社会良好风尚。市场营销活动的策划应当遵守法律、遵守社会公德、保护消费者合法权益,促进营销业态的健康发展。本学习情境的主要内容就是介绍市场营销策划书的正确写法。

理论知识

一、市场营销策划书的含义和特点

(一)市场营销策划书的含义

市场营销随着市场经济的发展不断扩展、延伸,在营销发展的新思路、新趋势中出现了营销策划。它是在一般市场营销基础上形成的一门更高层次的艺术,其实际操作性更强。随着市场竞争的日益激烈,好的营销策划更成为企业创建名牌、迎战市场的决胜利器。

市场营销策划,就是企划人员根据企业现有的资源状况,在充分分析市场营销环境的基础上,激发创意,制定出的、能够实现企业营销目标的具体实施方案的活动。

市场营销策划书是表现和传送营销策划内容的载体,一方面是营销策划活动的主要成果,另一方面也是企业进行营销活动的行动计划。

(二)市场营销策划书的特点

1. 前瞻性

通常情况下,市场营销策划书涉及的工作是企业近期或在不太久远的将来要实施的事项。但是,市场是瞬息万变的,营销运作所依存的环境也在不断变化。因此,策划的内容要有一定的前瞻性,做出的策划方案要能够适应不断变化的实际情况,要把策划时和实施时的可变因素及应对、解决方案都考虑进去。如果策划没有前瞻性,方案缺乏弹性和包容性,遇到一点新情况就要另做策划,那么,工作的连续性、稳定性就会被破坏,企业正常的发展就会受到干扰。

2. 创新性

市场营销策划是针对企业未来一段时间内的营销活动做出具体的谋划,具有指导未来的价值,这就要求市场营销策划要有创新性,即从新的角度,用辨证的、动态的、系统的、发散的思维来整合市场营销策划对象所占有和可利用的各类显性资源和隐性资源,在新的排列组合方法指导下,使各种生产要素在生产经营的投入产出过程中形成最大的经济效益。

体现市场营销策划的创新性时要考虑这样几个问题:一是创新思维路线的选择;二是企业经营理念的设计;三是资源的整合;四是营销操作过程的监督和管理。总之,创新要有独特的定位、最佳的营销组合、最有力的整合传播、最科学的媒体投放和最科学的营销管理。

3. 系统性

市场营销策划是关于企业营销的系统工程。其系统性首先表现在时间上，营销策划需要一系列的营销活动来支持和完成，营销策划的每一个环节都是环环相扣的。一个活动的结束，必然是下一个活动的开始，各个活动又由一个主线策划目标连在一起，构成营销活动链。而整个营销策划由于有了营销活动链的存在，构成了一个有机的、系统的整体。缺乏这样的营销活动链的营销策划是"短命"的，也不会有效果。其次，系统性还表现在空间上的立体组合，一个大的营销活动是需要多种因素配合的，尤其需要营销要素的立体组合。通过对各个要素的整体策划，营销组合才能在实践活动中形成综合推动力，来推动产品的销售。

4. 操作性

市场营销策划具有较强的操作性。它不仅要分析企业在市场营销活动中出现的各种疑难问题的原因，还要制定出解决这些问题的具体方法和建议，而且更重要的是，让企业能够开拓市场、营造市场以及在激烈的竞争中获取丰厚的利润。这就要求市场营销策划不仅要提供创意、思路，而且要制订具有现实操作性的市场策划方案，提出开拓市场和营造市场的时间、地点、步骤及系统性的策略和措施，此外还必须具有特定资源约束条件下的高度可行性，在方案中落实人、财、物的合理搭配。在营销策划中不仅需要谋划战略、策略，更要谋划战术与技巧，还要有具体实施的细则，尽可能通过谋划，用最少的资源投入获取较大的产出收益。

二、市场营销策划书的结构和写法

市场营销策划书没有一成不变的格式，它依据产品或营销活动的不同要求，在策划的内容与编制格式上有所侧重。但是，从营销策划活动的一般规律来看，其中有些要素是相同的。一份完整的市场营销策划书主要包括以下内容。

（一）封面

营销策划是企业发展决策的重要一环，企业领导层一般都比较重视策划书。因此，策划书的撰制，从封面到内容都应该精心制作。一份高质量的策划书应当有整洁、美观、规范的封面。封面内容一般包括四个部分：策划书的名称、被策划的客户、策划机构或策划人的名称、策划完成日期及本策划适用的时间段（因为营销策划具有一定的时间性，不同时间段上市场的状况不同，营销执行效果也不一样）。

策划书的名称通常包括实施策划单位的名称、策划行动的范围和内容、策划书的具体文种，文种部分通常标明策划书的具体类别，如"广告策划书"。

（二）序文

序文主要包括两个方面的内容：一是简要的策划说明，如本次策划的缘起、意义等；二是策划书的内容概要。

（三）目录

目录是对正文主要内容的纲领式、条文式的概括。

(四)宗旨

宗旨简要解说本策划书的策划目标和策划工作的必要性、可行性。

(五)正文

正文是策划书的主体,一般包括以下内容。

1. 策划目标

策划书必须明确提出本次策划要达到的具体目标。预设目标能否实现是将来评估策划工作成功与否的重要指标,因此,策划目标必须具体明确,不能含糊其辞。

企业营销上存在的问题纷繁多样,但概而言之,也就是以下六个方面:

(1)企业开张伊始,尚无一套系统的营销方略,因而需要根据市场特点策划出一套营销计划。

(2)企业发展壮大,原有的营销方案已不适应新的形势,因而需要重新设计营销方案。

(3)企业改变经营方向,需要相应地调整营销方案。

(4)企业原营销方案严重失误,不能再作为企业的营销计划。

(5)市场行情发生变化,原营销方案已不适应变化后的市场。

(6)企业在总的营销方案下,需在不同的时段,根据市场的特征和行情变化,设计新的阶段性方案。

2. 分析当前的营销环境状况

对同类产品的市场状况、竞争状况及宏观环境要有一个清醒的认识,它是为制定相应的营销策略、采取正确的营销手段提供依据的。知己知彼方能百战不殆,因此,这一部分需要策划者对市场比较了解。这部分主要分析以下内容。

(1)当前市场状况及市场前景分析,主要包括:

①产品的市场性、现实市场及潜在市场状况。

②市场成长状况,产品目前处于市场生命周期的哪一阶段。对于不同市场阶段的产品,公司营销侧重点如何,相应的营销策略效果怎样,需求变化对产品市场的影响。

③消费者的接受性,这一内容需要策划者凭借已掌握的资料来分析产品的市场发展前景。

如台湾一品牌的漱口水"德恩耐"的营销与广告策划案中,策划者对"德恩耐"进入市场风险的分析及产品市场的判断颇为精彩。其中对产品市场成长性分析中指出:a. 以同类产品"李施德林"的良好业绩说明"德恩耐"进入市场风险小;b. 另一同类产品"速可净"上市反映良好,说明"李施德林"有缺陷;c. 漱口水属家庭日用品,市场广阔;d. 随着人民生活水平的提高,中、上阶层人士增多,显示其将来市场成长空间巨大。

(2)对产品市场影响因素进行分析。这部分主要是对影响产品的不可控因素进行分析,如宏观环境、政治环境、居民经济条件、消费者收入水平、消费结构的变化、消费心理等。对一些受科技发展影响较大的产品的营销策划,还需要考虑技术发展趋势的影响。

3. 市场机会与问题分析

营销方案,是对市场机会的把握和策略的运用,因此,分析市场机会,就成了营销策划的关键。找准了市场机会,策划就成功了一半。

(1)针对产品目前营销现状进行问题分析。一般营销中存在的具体问题,多表现为以下几个方面:

①企业知名度不高、形象不佳,影响产品销售。

②产品质量不过关、功能不全,被消费者冷落。

③产品包装太差,提不起消费者的购买兴趣。

④产品价格定位不当。

⑤销售渠道不畅,或渠道选择有误,使销售受阻。

⑥促销方式不多,消费者不了解企业产品。

⑦服务质量太差,令消费者不满。

⑧售后保证缺乏,消费者对购后服务顾虑多等。

(2)针对产品特点分析优劣势。优劣势分析也就是营销理论中的 SWOT 分析。SWOT 是一种分析方法,用来确定企业本身的竞争优势(Strength)、竞争劣势(Weakness)、机会(Opportunity)和威胁(Threat),从而将公司的战略与公司内部资源、外部环境有机结合。因此,企业应清楚地认识自身的资源优势和缺陷,了解公司所面临的机会和挑战,从问题中找劣势,予以克服,从优势中找机会,发掘市场潜力。

4. 营销目标

营销目标是在前述目的、任务基础上公司所要实现的具体目标,即在营销策划方案执行期间要达到的经济效益目标。如总销售量为×××万件,预计毛利×××万元,实现市场占有率××。

5. 营销战术

通过产品市场机会与问题的分析,营销策划人员提出合理的产品策略建议,形成有效的 4P 组合,也就是产品(Product)、价格(Price)、地点(Place,分销或渠道)和促销(Promotion)的组合,从而达到最佳效果。

(1)营销宗旨。一般企业应注重以下两个方面:一要以强有力的广告宣传攻势拓展市场,为产品准确定位,突出产品特色,采取差异化营销策略;二要以产品主要消费群体为产品的营销重点,建立起"点广面宽"的销售渠道,不断拓宽销售区域等。

(2)产品策略。产品策略是企业为了在激烈的市场竞争中获得优势而采取的具体营销策略,主要包括:

①产品定位。产品市场定位的关键是要在消费者心目中寻找一个空位,使产品迅速启动市场。

②产品质量功能方案。产品质量就是产品的生命。企业对产品应有完善的质量保证体系。

③产品品牌。要形成一定的知名度、美誉度,树立消费者心目中的知名品牌,必须有强烈的创牌意识。

④产品包装。包装是产品给消费者的第一印象,很多消费者认识产品都是从其包装开始的。因此,需要制定能迎合消费者心理、使其满意的包装策略。

⑤产品服务。策划中要注意产品服务方式、服务质量的改善和提高。

(3)价格策略。这里强调三个普遍性原则:一要拉大批零差价,调动批发商、中间商的积极性;二要给予适当折扣,鼓励多购;三要以成本为基础,以同类产品价格为参考,使产品价格更具竞争力。

(4) 销售渠道。分析产品目前销售渠道状况如何并对销售渠道的拓展制订新的计划,采取一些实惠政策或制定适当的奖励政策调动中间商、代理商的销售积极性。

(5) 广告宣传。广告宣传一般遵循以下四个原则：一要服从公司整体营销宣传策略,树立产品形象,同时注重树立公司形象；二要长期化,即广告宣传内容不宜变动过于频繁,以免消费者无法留下对产品的深刻印象,所以,在一定时段上应推出一致的广告宣传；三要广泛化,选择广告宣传媒体多样化的同时,着重抓宣传效果好的方式；四要不定期地举办阶段性的促销活动,掌握适当时机,及时、灵活地进行,如重大节假日、公司有纪念意义的活动等。

实施步骤可按以下方式进行：
① 策划前期推出产品形象广告。
② 销后适时推出诚征代理商广告。
③ 节假日、重大活动前推出促销广告。
④ 把握时机进行公关活动,接触消费者。
⑤ 积极利用新闻媒介,善于创造、利用新闻事件提高企业产品知名度。

具体行动方案是：根据策划期内各时间段特点,推出各项具体行动方案。行动方案要细致、周密,操作性强又不乏灵活性。还要考虑费用支出,一切量力而行,尽量以较低费用取得良好效果为原则。尤其应该注意季节性产品淡、旺季营销的侧重点,抓住旺季营销优势。

6. 策划方案各项费用预算

策划书和建议书、创意书的一个明显区别就是,前者是为实施而做的,实施项目必然会涉及经费支出,因此,策划书不能没有预算。它通常以图表的形式列明整个营销方案推进过程中的费用投入,包括营销过程中的总费用、阶段费用、项目费用等,其原则是以较少投入获得最优效果。费用预算方法在此不详谈,企业可凭借经验,具体分析制定。

7. 方案调整

这一部分是策划方案的补充部分。在方案执行中随时可能出现与现实情况不相适应的地方,因此,方案贯彻必须根据市场的反馈及时进行调整。

营销策划书的编制一般由以上几项内容构成。企业产品不同、营销目标不同则所侧重的各项内容在编制上也可有详略取舍。

三、市场营销策划书的写作要求

(一) 重点突出,目的明确

营销策划是目的性很强的一项思维活动,任何一个营销方案的产生,都是针对企业的某个问题或者某个特定的目标,因此,在开始策划前,一定要明确策划主题以及企业要达到的主要目标。同时,还得有正确的价值观,不得有违社会公德。

(二) 内容完整,结构合理

对涉及和影响营销目标的外部环境、内部环境以及 SWOT 等方面进行调查和分析,内容要全面具体。既要有一定的理论依据,同时还要有一定的数据和图表,合理安排策划书的结构,要重点突出、层次分明。

(三)措施具体,操作性强

市场营销策划要解决企业如何开拓市场、营造市场以及在激烈的竞争中获取丰厚的利润的问题,因此,市场营销策划书具有很强的实践性。在进行写作时,要针对目标市场制定出具体的行动方案来,做到切实可行。

例 文

××大厦交楼庆典活动策划方案

一、活动时间:2021年7月20日
二、活动主题语:财富汇聚、智能化、国际化
三、活动主线
1.树立广州新一代顶级写字楼高端形象(财富汇聚、智能化、国际化、交通便利)。
2.营造一种综合高端的"场气"(人气旺、商业气氛浓厚)。
3.借顺利交楼之机为××大厦造势,为下一步销售积蓄客户资源与社会资源。
四、推广策略
1.依托发展商良好信誉,打造××大厦优势品牌形象。
2.抓住市场主流需求,迎合未来发展,出奇制胜。
3.写字楼与商铺营销互动,互为促进,双赢共存。
4.通过公关、媒体、活动进行整合营销,令"××大厦——广州甲级写字楼高端品牌"这个概念牢牢树立在目标客户心目中。
五、××大厦市场分析
一份好的策划方案离不开前期严密的市场调查与市场分析。在具体撰写策划方案之前,必须先对整个广州的写字楼市场与××大厦本身的优劣之处进行综述。
1.广州写字楼市场三大区域
广州写字楼市场历经多年发展,目前业已形成环市东、东风路、天河北三大写字楼商贸中心。环市东写字楼以其成熟的都会商务与生活配套而受追捧,并因此形成独特的"环市东都会商务区";东风路沿线政府行政机关众多,办事方便,东风路也因此形成独特的"东风路府前经济带";而天河北则得益于新经济的推动,从而形成独特的"天河北新经济区"。然而从2020年下半年开始,环市东写字楼物业的租售成交量明显地大大减少,相反,一些地铁沿线写字楼项目尤其是天河体育中心周边地铁沿线写字楼项目却日渐走俏。环市东写字楼受冷落可归咎于近期此区域缺乏有号召力的新亮点以及该区域本身可供选择的写字楼货源不足,但事实上,其最主要的原因在于环市东写字楼项目缺乏"地铁"概念优势的支撑。
与此相反,地铁沿线写字楼日渐走俏。目前广州市地铁沿线高档写字楼项目有50多个,占据了目前广州市高档写字楼物业近50%的份额,像中旅商业城、广百大厦、中信大

厦、××大厦、羊城国贸等都是广州市颇具影响力的地铁沿线写字楼项目。中旅商业城由于正处于地铁一、二号线交汇处，独享双重地铁商机优势，正式推出不久出租率就达50%，大型保险公司、化工企业、金融业、广告公司甚至地铁公司纷纷进驻，租售前景可观。

2.××大厦SWOT分析

S(优势)：地段优越、设备一流、开发商良好品牌、有良好的升值潜力。

W(劣势)：前期烂尾造成的负面影响、售价比同地段楼宇高。

O(机会)：甲级写字楼需求旺盛、CEPA之后更多外资企业进驻广州。

T(威胁)：周围同等级写字楼(中信广场、大都会广场、金利来商务港等)竞争激烈。

3.××大厦目标客户群细分

根据行业属性、经营方式和客户特征几个细分变量，××大厦的目标客户群大致可分为以下四大类：

(1)政府机构转制出来的大集团(公司)以及将要转制的大集团(公司)。这些已经转制的公司经过数年的发展，具备了相当的实力，进而产生了对改善办公环境的需求。

(2)金融机构，包括各级银行、保险、证券、期货及其他非银行金融机构。

(3)大型股份制公司及外省市集团(公司)，包括上市公司。

(4)大商铺业主。

4.××大厦目标客户群需求细分(我们的优势)

(1)地段取向型：××大厦地处天河北——广州未来的CBD。

(2)价格取向型：不能只看价格，而要看性价比——××大厦未来的升值前景。

(3)质量取向型：5A级的写字楼。

(4)使用时间取向型：××大厦现楼出售。

(5)服务取向型：著名物业公司管理。

(6)盈利取向型：地处广州商业气氛最浓、消费能力最强地段。

对目标客户群的需求进行细分的目的是为分类营销做好准备，在吸引目标客户群参加我们的交楼庆典之时，我们必须预先制订好方案，有针对性地对不同需求心理的目标客户进行逐个分类营销，在宣传点上有所侧重。

六、庆典活动策划方案详述

交楼庆典活动是一次非常难得的推广营销的大好机会。如何把打响知名度、树立××大厦优质品牌两项重要任务与交楼庆典活动有机地结合起来，通过此次活动树立起××大厦作为广州新一代顶级(5A级)写字楼的形象，是以下所要探讨的重点。锣鼓喧天、戏狮狂舞、俊男美女热热闹闹走一圈——这些寻常的庆典活动，对于××大厦这种档次与定位的写字楼来说，根本起不到任何塑造品牌的作用。所以，要让交楼庆典活动既热闹又不流于俗气，既树立形象又能击中目标客户群的需要心理，我们就必须独辟蹊径、出奇制胜。

1.媒体造势

媒体选择：《广州日报》、《羊城晚报》、21CN、新浪网、《21世纪经济报道》、广东卫视等。

宣传重点：

(1)××大厦：国际化、智能化，打造广州5A级写字楼。

(2)"地铁"概念如日中天，××大厦傲立广州写字楼市场。

(3)CEPA造势，5A级写字楼需求量增大。

(4)CBD、地铁、5A级——××大厦升值前景一片光明。

(5)甲级写字楼新标准——物业管理决定商业物业档次……

××大厦目标客户群是相当狭小的，是属于金字塔塔尖的一小部分公司。他们决不会盲目跟随大众的喜好，而有自己缜密的分析研究，我们的媒体造势不是炒作虚无概念，而是通过实实在在的事实说明、数据分析，烘托出××大厦的独特优势，为交楼庆典活动做好铺垫。

2. 概念造势

要树立××大厦为广州新一代写字楼的形象，除了写字楼本身所拥有的优势之外，很重要的一点就是拥有一种满足业主尊贵心理的标志物——如中信大厦的"高"、上海金茂大厦外形的"奇"。从此角度看，目前××大厦缺乏这方面的卖点，更致命的是外观与相隔不远的另一幢商贸大厦过于相似。基于这种考虑，我们可仿照美国纳斯达克的股票指数显示屏，在××大厦显著位置建造"中国(或广州)财富指数"显示屏，显示屏显示内容既可以是工商业活跃指数、楼市交投情况、写字楼成交月度/季度/年度走势，也可以与美国道琼斯公司联系，直接购买其商业指数信息。

建造财富指数显示屏的目的有三点：

(1)与××大厦本身定位契合——汇聚财富信息、塑造财富场气、成就财富事业。

(2)在××大厦本身造型不突出的情况，为其制造出差异化形象，成为广州另一标志性建筑，满足所有业主一种"与众不同、尊贵超凡"的心理。

(3)为××大厦塑造一种国际化、智能化的形象。可将指数显示屏的落成揭幕仪式与交楼庆典同时进行，制造新闻点，引发轰动效应。

3. 活动造势(以下所有活动将预先在相关媒体进行预告)

(1)《南方财富论坛》是广东省第一个大型经济类论坛栏目，在广东省经济界、企业界拥有很高的知名度，在全国也有一定的影响力。基于《南方财富论坛》的栏目定位和受众与××大厦目标客户群有很多相似之处，交楼庆典之日，可考虑将《南方财富论坛》移师至××大厦进行录制(如条件允许，可参照香港《城市话题论坛》那种户外的、直接面对公众的对话形式)，为××大厦打响知名度。

(2)进行现场"广州写字楼(或商业地产)发展前景及投资"报告。借分析广州写字楼(商业地产)发展前景之机，着重叙述××大厦的投资比值及升值潜力，并现场派发详细的××大厦投资分析报告书(站在客户角度为他们分析购买××大厦的利益何在)。

(3)记者招待会。

(4)"携手共进，打造无限商机"专题洽谈会。此专题洽谈会我们既是向客户推介××大厦，也是我们作为中间人促成客户与客户之间的交流。大客户都非常看重一种"与富为邻"的商气，借交楼庆典之机，我们可向业界著名企业、外资公司、行业巨头、政府相关部门发出邀请，并将参加名单在媒体上公布，预先造势。在交楼庆典活动之际，我们作为中间人促使客户与客户进行交流,让他们感受到××大厦浓郁的"商气"。

4. 氛围造势(现场的布置包括旗帜、海报、宣传资料)

场面设计一定要突出国际化、智能化这两大主题。国际化方面:交楼庆典当日,可让物业管理公司的服务人员参与整个活动,请来宾了解什么是"物业管理质量决定写字楼档次",如能聘请一些懂中文的国外物业管理人员到现场效果更佳。所有招牌与文字都为中英对照。智能化方面:现场所有的活动进行都以电子化为指引,如智能化的显示屏、电子化的来宾接待,充分运用光、电、微电子,创建一个国际化、智能化的活动氛围,让所有来宾都印象深刻,也倍感荣耀。(这是体验式营销的一种。)

5. 埠外招商甲级写字楼营销推广

应本着立足于本地、辐射区域(如整个华南地区)、面向全国的思路。我们应借此交楼庆典活动,向广东省外相关大客户发出诚挚的邀请信或××大厦介绍信函,让他们了解到××大厦的优势所在,为××大厦拓展外埠市场埋下伏笔。向外埠拓展市场的目的有两个:一是扩大××大厦目标客户群;二是人为打造一种××大厦备受追捧的现象,造成本地客户的紧迫感。

【评析】 本活动策划方案设计内容比较完整,策划考虑周全,可实施性强。在表述上,语句通顺,设计思路阐述得比较清楚。

拓展训练

一、知识题

1. 填空题。

(1)市场营销策划书具有_____、_____、_____、_____特点。

(2)SWOT是营销理论中一种分析方法,这四个字母代表的意思分别是:_____、_____、_____、_____。

(3)4P组合是指 _____、_____、_____和_____的组合。

2. 简答题。

(1)什么是市场营销策划书?

(2)为一种商品做一份营销策划书,在当前的营销环境状况分析中,是否一定要介绍企业的情况?为什么?

(3)市场营销策划书的写作需要注意哪些问题?

二、技能题

请对下面这篇学生的习作进行分析,指出其中的不足,并提出修改意见。

×××农庄营销设计

1. 宏观环境浅析

1.1 政策优势(略)

1.2　地区优势

1.2.1　收入水平(略)

1.2.2　市场规模(略)

1.2.3　消费需求(略)

2.项目分析

2.1　项目介绍(略)

2.2　SWOT 矩阵分析

2.2.1　应用意义(略)

2.2.2　SWOT 矩阵(略)

3.项目定位

3.1　形象定位及案名

3.1.1　项目形象定位目的

项目的形象定位在广告推广中有多种用法和表现形式,它与广告语和广告主题不同,其重要性在于贯穿整个项目推广过程的始终,所有的推广主题、方式都围绕形象定位这一主线。

3.1.2　项目形象定位

通过对项目的分析,提炼了本案的形象:项目根据天然的地势依山而建,是城市、近郊的稀缺产品;同时,休闲度假生活配套的设施与项目娱乐整体打造的高品质的标准及适当超前的经营服务意识等软硬件配置,使其能够在郊区休闲旅游场所中脱颖而出,是度假业中的中高档次产品。因此,本案带给客户的就是一种完全享受的、在自然天地间的周末度假、身心放松的高品质生活。

形象定位:北京地区首席原生态北美经典休闲农庄。

首席——体现项目的独特性及高档定位,以及产品的稀缺性。

原生态——体现项目周边生态旅游资源的丰富充足,本项目依山而建,"绿脉"及"蓝脉"与自然景观的融合相得益彰。

北美经典休闲农庄——体现项目国际化的产品设计理念及园林景观规划、高品质标准的生活配套设施、卓越的经营管理及客户管理服务,客户可享受真正的北美农庄的生活方式,体现项目纯粹休闲和雍容典雅的高贵气质。

3.1.3　案名

案名是项目推广、包装的重要组成部分,它是对一个项目的产品概念、形象概念赋予一个名字和标志,是对项目的一种提升和升华,其作用举足轻重。

案名一般应具备以下几个特点:

(1)表现产品的风格与最大特性;

(2)对销售推广起到促进作用;

(3)易于识别、理解、朗朗上口,容易书写。

根据项目的特征,建议采用农庄统一案名:绿色×××

"绿色×××"依山筑楼、依形施农,不仅诠释着城市区域的审美印记和文化特质,而且承载着城市居民回归自然的梦想和情感追求,体现着农庄统一品牌的优势,将本案打造成面向北京地区消费群体的集会议、商务、休闲、娱乐、运动、保健于一体的高品质原生态高尚休闲度假场所。

3.1.4 Slogan(略)
3.2 客户定位(略)
3.3 价格定位

本项目整体价格定位战略:对于这个层次的旅游者来说,价格不是最看重的事,人们对旅游的态度更偏向于一种品质的经历,一种个性的选择,而非廉价的消遣。因此,应该注重产品的质量在定价上的依据。价格定高了,不会被消费者所接受;如果定低了,会在感官上影响我们的高品质休闲旅游的形象。在制定具体产品价格的过程中,要考虑诸多因素,如何充分利用天时、地利、人和,从而更全面地体现整体的营销战略极为重要,故要在定价方法之上考虑整体因素,确定最恰当的价格,获取最大的利润。旅游项目常用的定价方法有成本加成定价法、市场比较定价法、竞争导向定价法、顾客感受定价法和专家论证定价法等。

3.3.1 定价原则

(1)市场定位决定服务价格

一般而言,服务定价的高低,取决于其综合市场定位的高低,服务综合素质高,其市场定位高,价格自然高,反之亦然。一个恰当的、符合市场定位的价格,辅之以行之有效的销售策略,便容易取得良好的销售成绩。反之,违背其真实市场定位所确定的销售价格,便会违反市场规律,极易导致销售工作的失败。

(2)定价要符合企业经营目标

企业持不同的经营目标,会采用不同的定价策略。企业通过定价来追求的目标主要有如下几种:

创建品牌,打造同类产品中的领军人物;生存目标;最大当期利润目标;最高销售率。

3.3.2 定价方法

(1)成本加成定价法(略)

(2)市场比较定价法(略)

(3)顾客感受定价法(略)

(4)竞争导向定价法(略)

(5)专家论证定价法(略)

3.3.3 价格定位

(1)价格预测

由于本项目目前产品定位的特殊性,且周边地区缺乏可比性竞争对手,只能粗略预测每人次平均消费在200～1 000元,具体价格定位,仍需进行充分的市场调研后决定。

(2)价格策略

低价入市,"小幅快跑"提价,后期冲高。

为达到迅速进入市场、提高市场认知度与客户关注度的目的,建议部分产品以较低价格先期入市,在市场中迅速积累人气;在中期及项目推广的良好支持下,不断提升农庄的形象,树立农庄鲜明的特色,以"小幅快跑"的策略不断提升产品的质量从而提升价格;在项目后期,随着农庄逐渐成形以及生活配套、园林景观的完善,加之项目已树立的良好口碑,进一步通过推广拉升农庄高端的形象,在农庄今后的经营中进行价格冲高,实现农庄整体服务均价的提高,打造高品质消费观。

4. 经营管理

4.1 融资方式

融资方式,即企业融资的渠道。它可以分为两类:债务性融资和权益性融资。前者包括银行贷款、发行债券和应付票据、应付账款等,后者主要指股票融资。债务性融资构成负债,企业要按期偿还约定的本息,债权人一般不参与企业的经营决策,对资金的运用也没有决策权。权益性融资构成企业的自有资金,投资者有权参与企业的经营决策,有权获得企业的红利,但无权撤退资金。

4.1.1 融资的重要性(略)

4.1.2 独特融资方式

将农民、投资方和顾客作为融资的对象,构建三位一体的融资方式是最适合本项目的,这种方式可有效降低和规避融资风险。对农民可采用融资租赁的方式,农民可以用土地入股,这样可以节约资金使用、提高资金利用率。对投资方可以出售部分股权,吸收外部资金。对顾客可以借鉴英国××俱乐部股东制经营方式,吸引顾客的资金。此举不仅能吸收到可观的资金,同时还可以通过顾客的关系网宣传农庄,可谓一举两得。

4.2 员工培训(略)

4.3 宣传推广

4.3.1 广告表现核心

由表及里,由外向内,由抽象到具象,由神秘到亲和,由认知到决策。

4.3.2 广告文案风格

形象导入期——大气、华丽,有傲视天下的气势,并具有煽动性和穿透力。

产品诉求期——情感式心理定位,符合目标客户层的欣赏习惯。

4.3.3 媒体组合策略

(1)策略核心

吸引大众的眼球,满足小众的需求。

(2)媒介投放原则

高覆盖度、高强度、手段多元化、着重网络媒体。

(3)媒介组合

户外高端截杀+全面的网络攻势+新闻造势。

说明:本阶段推广的目标重点在于公众形象的树立、品牌口碑的确立,推广任务相当繁重,整体强度远高于一般水准,因此,应做出"高覆盖度、高强度"的媒介策略。

5. 预算与收益(略)

三、写作题

请选一个你感兴趣的本地产品进行营销策划。

学习情境六 财务分析报告的写作

学习目标

1. 了解财务分析报告的概念及分类；
2. 学习财务分析报告的结构和内容；
3. 掌握财务分析报告的写作要求。

思政目标

通过市场财务分析报告写作的学习，学生培养风险意识、责任意识，树立诚实守信的职业观。

知识导读

厦门大学将批量推出财务机器人，3分钟内完成一份财务分析报告

2020年12月19日举行的"百年厦大·全国商学院院长书记论坛"上，厦大透露，他们正在研制能做财务分析、信用评级、债券违约预测、量化投资等工作的财务机器人。

研究团队接受厦门日报采访时透露，他们研制的财务分析机器人能在3秒到3分钟，根据财务报表数据完成一份财务分析报告。相同的工作如果用有五年工作经验的人工完成，需要二十到三十小时。

研究人员说，财务机器人的好处不仅是速度快，也相对客观，机器提供的分析报告不会避重就轻。当然，厦大财务机器人的背后是"专家赋能"，最终还是"人"厉害。

中山大学管理学院院长王帆说，在数字经济时代，财务、会计人员不会消失，但是数量会减少。他认为，人才的培养方式、知识结构要改变。他介绍说，中山大学管理学院减少了一些机器人能完成的课程，对学生的数学能力要求提高了，增加了计算机等非传统商学院拥有的"硬"课程。

（资料来源：学习强国）

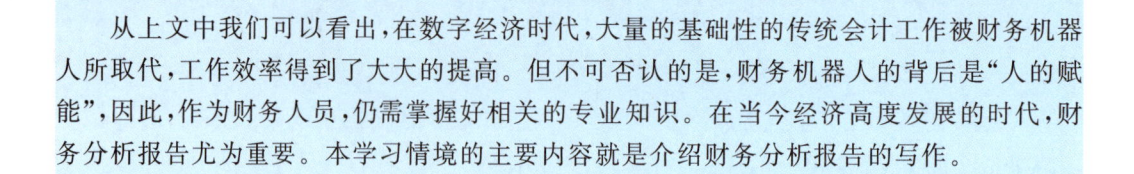

从上文中我们可以看出,在数字经济时代,大量的基础性的传统会计工作被财务机器人所取代,工作效率得到了大大的提高。但不可否认的是,财务机器人的背后是"人的赋能",因此,作为财务人员,仍需掌握好相关的专业知识。在当今经济高度发展的时代,财务分析报告尤为重要。本学习情境的主要内容就是介绍财务分析报告的写作。

理论知识

财务分析报告又叫财务情况说明书,它是在分析各项财务计划完成情况的基础上概括、提炼、编写的具有说明性和结论性的书面材料。目的是对企业的财务状况和经营成果进行评价和剖析,并反映企业在运营过程中的利弊得失和发展趋势,为改进企业财务管理工作和优化经济决策提供重要的财务信息和财务建议。

一、财务分析报告的分类

(一)按内容、范围不同划分

财务分析报告按内容、范围不同,可分为综合分析报告、专题分析报告和简要分析报告。

1. 综合分析报告

综合分析报告又称全面分析报告,是企业依据会计报表、财务分析报表及经营活动和财务活动所提供的丰富的、重要的信息及其内在联系,运用一定的科学分析方法,对企业的经营特征,利润实现及其分配情况,资金增减变动和周转利用情况,税金缴纳情况,存货、固定资产等主要财产物资的盘盈、盘亏、毁损等变动情况,以及对本期或下期财务状况将发生重大影响的事项做出客观、全面、系统的分析和评估,并进行必要的科学预测而形成的书面报告。

2. 专题分析报告

专题分析报告又称单项分析报告,是指针对某一时期企业经营管理中的某些关键问题、重大经济措施或薄弱环节等进行专门分析后形成的书面报告。

3. 简要分析报告

简要分析报告是对主要经济指标在一定时期内存在的问题或比较突出的问题,进行概要的分析而形成的书面报告。

(二)按分析的时间划分

财务分析报告按其分析的时间不同,可分为定期分析报告与不定期分析报告。

1. 定期分析报告

定期分析报告一般是由上级主管部门或企业内部规定的每隔一段相等的时间应予编制和上报的财务分析报告。如每半年、年末编制的综合财务分析报告就属于定期分析报告。

2. 不定期分析报告

不定期分析报告,是从企业财务管理和业务经营的实际需要出发,不做时间规定而编制的财务分析报告。如上述的专题分析报告就属于不定期分析报告。

二、财务分析报告的结构和内容

（一）标题

标题一般包括单位名称、财务分析报告涵盖期间和主要分析内容三部分，对内报送的财务分析报告，单位名称可以省略。

（二）正文

正文通常由综合概述、具体分析和总结建议三部分组成。

1. 综合概述

这部分要概括公司综合情况，让财务分析报告接收者对财务分析说明有一个总括的认识。

2. 具体分析

这部分是财务分析报告的核心内容，具体可包括以下几个方面。

一是要对公司运营及财务现状进行介绍。要求文字表述恰当、数据引用准确。对经济指标进行说明时可适当运用绝对数、比较数及复合指标数。特别要关注公司当前运作的重心，对重要事项要单独反映。公司在不同阶段、不同月份的工作重点有所不同，所需要的财务分析重点也不同。如公司正进行新产品的投产、市场开发，则公司各阶层需要对新产品的成本、回款、利润数据进行财务分析。

二是要对公司的经营情况进行分析研究。在说明问题的同时还要分析问题，寻找问题的原因和症结，以达到解决问题的目的。财务分析一定要有理有据，要细化分解各项指标，因为有些报表的数据是比较含糊和笼统的，要善于运用表格、图示突出表达分析的内容。分析问题一定要善于抓住当前要点，多反映公司经营焦点和易忽视的问题。

三是在做出财务说明和分析后，对于经营情况、财务状况、盈利业绩，应该从财务角度给予公正、客观的评价和预测。财务评价不能运用似是而非、可进可退、左右摇摆等不负责任的语言，评价要从正面和负面两方面进行，评价既可以单独分段进行，也可以将评价内容穿插在说明部分和分析部分。

3. 总结建议

这部分是财务人员在对经营运作、投资决策进行分析后形成的意见和看法，特别是对运作过程中存在的问题所提出的改进建议。值得注意的是，财务分析报告中提出的建议不能太抽象，要具体化，最好有一套切实可行的方案。

（三）落款

落款要写明出具财务分析报告单位的名称和分析日期。

三、财务分析报告的写作要求

（一）积累素材，为撰写报告做好准备

1. 建立台账和数据库

会计核算后形成了会计凭证、会计账簿和会计报表。但是编写财务分析报告仅靠这

些凭证、账簿、报表的数据往往是不够的。这就要求财务人员平时就要做大量的数据统计工作,对分析的项目按性质、用途、类别、区域、责任人,按月度、季度、年度进行统计,建立台账,以便在编写财务分析报告时有据可查。

2.关注重要事项

财务人员对经营运行、财务状况中的重大变动事项要勤于做笔录,记载事项发生的时间、计划、预算、责任人及发生变化的各影响因素。必要时马上做出分析判断,并将各类、各部门的文件归类、归档。

3.关注经营运行

财务人员应尽可能争取多参加相关会议,了解生产、质量、市场、行政、投资、融资等各方面情况。财务人员参加会议,听取各方面意见,有利于财务分析和评价。

4.定期收集报表

财务人员除收集会计核算方面的数据之外,还应要求公司各相关部门(生产、采购、市场等)及时提交可利用的其他报表,对这些报表要认真审阅,及时发现问题、总结问题,养成多思考、多研究的习惯。

5.岗位分析

大多数企业财务分析工作往往由财务经理来完成,但报告素材要靠每个岗位的财务人员提供。因此,应要求所有财务人员对本职工作养成分析的习惯,这样既可以提升个人素质,也有利于各岗位之间相互借鉴经验。只有每一个岗位都发现问题、分析问题,才能编写出内容全面的、有深度的财务分析报告。

(二)建立财务分析报告指引

财务分析报告尽管没有固定格式,表现手法也不一致,但并非无规律可循。如果建立财务分析报告指引,将常规分析项目文字化、规范化、制度化,建立诸如现金流量、销售回款、生产成本、采购成本变动等一系列的分析报告指引,就可以达到事半功倍的效果。

在财务分析报告的写作过程中,要明确报告阅读的对象及报告分析的范围,要有一个清晰的框架和分析思路。报告一定要与公司经营业务紧密结合,分析要遵循"差异—原因分析—建议措施"原则。财务人员在分析过程中还应注意:对公司政策,尤其是近期来公司大的方针政策,有一个准确的把握;在平时的工作当中,应多了解一点国家宏观经济环境方面的信息;尽可能捕捉、收集同行业竞争对手的资料;勿轻易下结论。财务分析报告行文要尽可能流畅、通顺、简明、精练,避免口语化、冗长化。

例 文

××市××局财务分析报告

××××年度,我局所属企业认真贯彻落实党的十九大精神,深入学习领会习近平新时代中国特色社会主义思想,坚持以经济建设为中心不动摇,在企业生产经营上,提升企业核心竞争力,确保企业长期健康稳定发展。销售收入实现×××万元,比去年增加30%以上,并在取得较好经济效益的同时,取得了较好的社会效益。

(一)主要经济指标完成情况

本年度商品销售收入为×××万元,比上年增加×××万元。其中,商品流通企业销售实现×××万元,比上年增加5.5%,商办工业产品销售实现×××万元,比上年减少10%,其他企业营业收入实现×××万元,比上年增加43%。全年毛利率达到14.82%,比上年增长0.52%。费用水平本年实际为7.7%,比上年增长0.63%。全年实现利润×××万元,比上年增长4.68%。其中,商业企业利润×××万元,比上年增长12.5%,商办工业利润×××万元,比上年下降28.87%。销售利润率本年为4.83%,比上年下降0.05%。其中,商业企业为4.81%,比上年增长0.3%。全部流动资金周转天数为128天,比上年的110天慢了18天。其中,商业企业周转天数为60天,比上年的53天慢了7天。

(二)主要财务情况分析

1. 销售收入情况

通过强化竞争意识,调整经营结构,增设经营网点,扩大销售范围,促进了销售收入的提高。如××百货商店销售收入比去年增加×××万元;××五交公司销售收入比上年增加×××万元。

2. 费用水平情况

流通费用总额比上年增加×××万元,费用水平上升0.82%,其中:①运杂费增加××万元;②保管费增加××万元;③工资总额增加××万元;④福利费增加××万元;⑤房屋租赁费增加××万元。

从变化因素看,主要是由于政策因素影响:①调整了"五险""一金"比例,使费用绝对值增加了××万元;②调整了房屋租赁价格,使费用增加了××万元;③企业普调工资,使费用相对增加了××万元。扣除这三种因素影响,本期费用绝对额为×××万元,比上年相对减少××万元。费用水平为6.7%,比上年下降0.4%。

3. 资金运用情况

年末,全部资金占用额为×××万元,比上年增长28.7%。其中:商业资金占用额为×××万元,占全部流动资金的55%,比上年下降6.87%。结算资金占用额为×××万元,占31.8%,比上年增长8.65%。其中:应收货款和其他应收款比上年增加×××万元。从资金占用情况分析,各项资金占用比例严重不合理,应继续加强"三角债"的清理工作。

4. 利润情况

企业利润比上年增加×××万元,主要因素是:

(1)增加因素:①由于销售收入比上年增加×××万元,利润增加了××万元;②由于毛利率比上年增长0.52%,使利润增加××万元;③由于其他各项收入比同期多收××万元,使利润增加××万元;④由于支出额比上年少支出××万元,使利润增加××万元。

(2)减少因素:①由于费用水平比上年提高0.82%,使利润减少×××万元;②由于税率比上年上浮0.04%,使利润少实现××万元;③由于财产损失比上年多××万元,使利润减少××万元。

以上两种因素相抵,本年度利润额多实现×××万元。

(三)存在的问题和建议

1.积极做好对其他应收款的清理工作

由以上分析可以看出,当前资金占用增长过快,结算资金占用比重较大,比例失调,特别是其他应收款和销货应收款大幅度上升,如不及时清理,对企业经济效益将产生很大负面影响。因此,建议各企业领导要重视,应收款较多的单位,要领导带头,抽出专人,成立清收小组,积极回收,也可将奖金、工资同回收货款挂钩,调动回收人员的积极性。同时,要求企业经理要严格控制赊销商品,严防新的"三角债"产生。

2.加强对固定资产的管理

固定资产是开展经营业务及其他活动的重要物质条件,其种类繁多、规格不一。在这方面管理上,很多人长期不重视,存在着重钱轻物、重采购轻管理的思想。今后要加强这方面管理,财务处在平时的报销工作中,对那些该记入固定资产而没办理固定资产入库手续的,要督促经办人及时进行固定资产登记,并定期与使用部门进行核对,确保账实相符,确保固定资产的安全和完整。

3.重视日常财务收支管理

各企业不同程度地存在潜亏行为。全局待摊费用高达×××万元,待处理流动资金损失为×××万元。建议各企业领导要真实反映企业经营成果,该处理的处理,该核销的核销。

4.认真做好年终决算工作

年终决算是一项比较复杂和繁重的工作任务,要认真细致地搞好年终决算和编制各种会计报表工作。同时要针对报表撰写详尽的财务分析报告,对一年来的收支活动进行分析和研究,做出正确的评价。要通过分析,总结出管理中的经验,揭示存在的问题,以便改进财务管理工作,提高管理水平。

××市××局财会处
××××年1月30日

【评析】 这是一篇企业财务分析报告。文章开头简明扼要地概括了局所属企业的总体情况。正文部分一是对主要经济指标完成情况进行了详尽的说明,二是对主要财务情况的分析,在分析的过程中既有事例,又有具体的数据,还通过比较,找出差异存在的原因。最后根据分析结果提出存在的问题及具体的建议。全文结构完整,层次分明,用数据说明问题,说服力强。

拓展训练

一、知识题

1. 填空题。

(1) 财务分析报告是一种具有_____和_____的书面材料。

(2) 财务分析报告按其内容、范围不同,可分为_____,_____和_____。

(3) 财务分析报告按其分析的时间不同,可分为_____与_____两种。

(4) 财务分析报告的结构包括三部分:_____、_____、_____。

(5) 建立分析工作指引,将常规分析项目_____、_____、_____。

2. 判断题。

(1) 财务分析报告写作过程中,要明确报告书写者及报告分析的范围。（   ）

(2) 所有财务人员对本职工作养成分析的习惯,这样有助于编写出内容全面、有深度的财务分析报告。（   ）

(3) 财务人员对经营运行、财务状况中的重大变动事项要勤于做笔录。（   ）

(4) 具体分析部分是财务分析报告的核心内容。（   ）

(5) 财务分析报告中提出的建议可以是抽象的,也可以是具体的。（   ）

二、技能题

指出下面这篇财务分析报告存在的问题。

×××纸厂2021年11月份财务分析报告

一、利润

1. 基本情况

11月份实现利润66 876.89元,累计实现利润435 205.73元,上年同期累计实现利润890 251.24元,比上年同期减少了455 045.51元,下降了51.1%。

2. 实现利润增减因素

(1) 利润增加因素

①产品销售价格提高(扣除包烟纸降价因素)使利润增加37.8万元(包烟纸降价减少利润10.5万元)。

②税金变化、免税因素使利润增加22.4万元。

③包烟纸销售数量增加使利润增加8.2万元。

④其他因素使利润增加1.8万元。

合计增加利润70.2万元。

(2)利润减少因素

①产品成本提高使利润减少90.9万元。

②打孔纸销量下降使利润减少15.7万元。

③营业外支出增加(退休统筹基金)使利润减少9.1万元。

合计减少利润115.7万元。

增减利润相抵使利润比去年同期降低45.5万元。

二、成本

产品单位成本	本期	累计
打孔纸	56 222.72	5 826.68
激光纸	7 169.57	6 807.73

三、资金情况

	本期	累计
1.定额流动资金周转天数	201天	195天
2.定额流动资金平均余额	342万元	296万元
3.定额流动资金期末余额	353万元	
4.期末储备资金余额	56万元	
5.期末成品资金余额	132万元	

四、存在问题及分析

1.利润比上年同期减少的主要因素是产品生产成本的提高,主要是因为原材料价格上涨。

2.打孔纸销量低于去年同期160T,使利润减少了15.7万元。

3.成品资金占用高达132万元,使定额流动资金占用额增加、周转天数延长。

×××纸厂财务科

2021年12月5日

学习情境七 审计报告的写作

学习目标

1. 了解审计报告的种类、内容及审批程序；
2. 掌握审计报告的基本写作程序。

思政目标

通过审计报告写作的学习，学生遵守法律法规，恪守职业道德。

知识导读

毕马威陷审计丑闻，44名合伙人被索赔56.4亿美元

马来西亚一马基金（1MDB）金融诈骗丑闻曝光后，毕马威作为审计机构也被卷入其中。财联社援引媒体报道称，审计机构毕马威被起诉要求44名合伙人赔偿56.4亿美元。此前，高盛作为一马基金有关债券发售及包销方，为了结该丑闻已同意支付25亿美元。

据悉，原告方已向法院提交了诉状，总共牵涉44名毕马威马来西亚所的合伙人，指控他们在2010—2012年的三个财年里，审计和认证工作存在违约和疏忽。诉状显示，原告方表示2009—2014年，一马基金共有56.4亿美元资金遭到挪用，其中毕马威负责审计的2010—2012财年中，总共有31.97亿美元涉案。

原告方认为，毕马威这些年的审计报告并未对一马基金的财务状况给出真实合理的观点，真实情况恰与毕马威出具的审计报告截然相反。同时，正因为毕马威的错误，还导致了后续更多的债券发行，并导致所募资金被不当使用。

2016年7月，好莱坞一家制片公司被控使用该基金中的1亿美元，用于投资热门电影《华尔街之狼》。2017年，该片主演莱昂纳多也因涉及1MDB洗钱案，主动上交了制片方赠送的"来源可疑"的礼物，其中包括马龙·白兰度奥斯卡奖座。

近年来毕马威一直在四大会计师事务所处于垫底位置。7月16日,中国注册会计师协会发布了《2020年度会计师事务所综合评价百家排名信息》,毕马威仍然处于第四位,位于普华永道、安永和德勤之后,但后面的天健、立信已有赶超之势,如立信在2020年的业务收入、注册会计师人数等都远超毕马威。

(资料来源:红星新闻,有删节)

上述案例中,毕马威在对马来西亚一马基金的审计中存在违约和疏忽,被索赔56.4亿美元。从中看到,审计在当今经济生活中的重要作用。一份规范的审计报告的出具,需要报告人具备胜任的专业能力,恪守职业道德,严格依据准则,履行审计程序。本学习情境的主要内容就是介绍审计报告的写作。

理论知识

审计报告是审计小组在审计工作结束后,向派出机关或委办单位汇报审计情况、结果、意见和建议的一种书面报告。

无论是外部审计还是内部审计,在审计实施阶段结束时,都要出具审计报告。

审计报告的编写者是独立的第三者,他们处于客观公正的地位,他们撰写的审计报告具有经济公证的性质和合法的公证效力。他们不仅要对委托者负责,而且要对一切阅读审计报告、与被审单位财务活动有关的各个方面负责。审计报告能够全面反映被审计单位情况,因而可以作为有关机关或部门提出审计结论、做处理决定的主要依据。审计报告反映审计人员的看法和建议,可以作为被审计单位改善工作、调整经营、做出合理经济决策的重要参考。审计报告既是审计人员对审计过程和审计结果的一次全面总结,也是衡量一项审计工作的完成情况和质量的基本凭证。

一、审计报告的种类

按照审计活动的性质不同,可将审计报告分为内部审计报告和外部审计报告。

(一)内部审计报告

内部审计是由单位内部的审计机构或专职人员对本单位或某一部门的经济工作实施的审计活动,它主要为单位和部门内部服务,对外无证明效力。在内部审计活动中使用的审计报告,即为内部审计报告。

(二)外部审计报告

外部审计是由国家审计机关或社会审计机构对某单位或部门的经济工作实施的审计活动,在外部审计活动中使用的审计报告,即为外部审计报告。国家审计机关的审计报告,往往有很高的权威性和强制性;由会计师事务所等合法的社会(民间)审计机构提交的审计报告,则大多用作证明或咨询,常具有明显的公证性和参考性。

此外,按审计工作内容不同,审计报告可分为财政财务审计报告、财经纪律审计报告、经济效益审计报告、经济责任审计报告;按审计范围不同,审计报告可分为全面审计报告和专题审计报告等。

二、国家审计机关的审计报告的结构和内容

(一)标题

标题一般写明审计机关名称、审计项目名称和文种,如"××市审计局关于××公司违反财经纪律问题的审计报告"。有的加上审计时限,也有的省略审计机关名称。

(二)主送机关

主送机关即审计工作的委托机关或单位,或者说审计报告需送交的机关或单位。

(三)正文

正文主要包括以下几方面内容。

1. 前言

前言通常对审计工作概况加以介绍,如写明进行审计工作的依据、目的、时间及审计的范围、内容和方式等。

2. 情况和问题

这部分要写明被审计单位的基本情况,包括被审计单位的规模、经营的主要业务、财产资金状况、主要经济指标等。此外,还要详细写明在审计中发现的问题,这是衡量审计报告是否具有说服力的关键。这里所说的"问题"是指正反两个方面的问题。无论是成绩、经验还是错误、弊端,都要实实在在地指明,不能有任何水分。材料要真实、证据要确凿。

3. 结论

这部分要根据事实,对被审计单位的财务、经济活动做出结论性评价。要知道,审计报告如同法官的判决书,一经提出,即具有一定的法律效力,将对被审计单位产生重大影响。所以,结论要以事实为依据,以法律、制度为准绳,要熟练地掌握政策法规的尺度,公正地确定问题的性质。无论是肯定性的还是否定性的结论,都必须严肃认真,不能轻率马虎。

4. 意见和建议

处理意见是审计人员对发现的问题,正式提出如何处理的看法。写作时要注意根据问题的性质、情节、原因等,具体问题具体分析。既要坚持原则又要灵活掌握,对明知故犯的问题要严肃查处,对缺乏经验而出现的问题应帮助总结经验教训,两者区别对待,做到宽严适度。

建议是针对存在的问题,为帮助被审计单位改进工作,有针对性地提出一些工作上的措施或办法,切忌不着边际、泛泛而谈,使被审计单位无所遵循。

(四)落款

落款要有审计机关签章,并注明撰写审计报告的日期。如有附件,可按顺序分别标注。内部审计报告的写法与此相同。

以下为国家审计机关的审计报告格式示例。

审计报告

×审××报〔××××〕××号

被审计单位:××××
审计项目:×××××××××××

根据《中华人民共和国审计法》第××条的规定,××××(审计机关全称或者规范简称)派出审计组,自××××年××月××日至××××年××月××日,对××××(被审计单位全称)(以下简称×××)××××(审计范围和内容)进行了审计,××××(根据需要可简要列明审计重点),对重要事项进行了必要的延伸和追溯。×××(被审计单位简称)及有关单位对其提供的财务会计资料以及其他相关资料的真实性和完整性负责,并对此做出了书面承诺。××××(审计机关全称或者规范简称)的责任是依法独立实施审计并出具审计报告。

一、被审计单位基本情况

××。

二、审计评价意见

审计结果表明,××。

三、审计发现的主要问题和处理(处罚)意见

××。

四、审计建议

××。

对本次审计发现的问题,请×××(被审计单位简称)自收到本报告之日起××日内,将整改情况书面报告××××(审计机关全称或者规范简称)。

(审计机关印章)
××××年××月××日

三、社会(民间)审计机构的审计报告的结构和内容

注册会计师应当在实施了必要的审计程序后,对会计报表进行总体性复核,以经过核实的审计证据为依据,形成审计意见。社会(民间)审计报告分为无保留意见、保留意见、否定意见、拒绝表示意见等四种审计报告。

(一)标题

标题统一规范为"审计报告"。

(二)收件人

收件人即审计业务的委托人,应载明其全称。

(三)范围段

1. 审计范围,应写明已审计会计报表名称、反映的日期或期间。
2. 会计责任与审计责任。
3. 审计依据,即《中国注册会计师独立审计准则》。
4. 已实施的主要审计程序。

(四)意见段

审计报告应当清晰地写明注册会计师对已审会计报表的意见。这些意见包括:

1. 会计报表的编制是否符合国家有关财务会计法规的规定。
2. 会计报表在所有重大方面是否公允地反映了被审计单位资产负债表的财务状况和所审计期间的经营成果、资金变动情况。
3. 会计处理方法的选用是否符合一贯性原则。

(五)说明段

如果注册会计师出具保留意见、否定意见或拒绝表示意见的审计报告,应在范围段与意见段之间增加说明段,清楚地说明所持意见的理由,并在可能的情况下,指出其对会计报表反映的影响程度。

注册会计师出具无保留意见审计报告,一般不设说明段。如认为必要,可以在意见段之后,增加对重要事项的说明。

(六)签章和会计师事务所地址

审计报告应由注册会计师签名、盖章,加盖会计师事务所公章,并注明会计师事务所的地址。为明确注册会计师的责任,审计报告通常由两名承办的注册会计师签章。

(七)报告日期

报告日期即注册会计师完成审计工作的日期。

例文一

审 计 报 告

××股份有限(责任)公司董事会:

我们接受委托,审计了贵公司××××年12月31日的资产负债表及××××年度损益表和财务状况变动表。这些会计报表由贵公司负责,我们的责任是对这些会计报表发表审计意见。我们的审计是依据《中国注册会计师独立审计准则》进行的。在审计过程中,我们结合贵公司实际情况,实施了包括抽查会计记录等我们认为必要的审计程序。

我们认为,上述会计报表符合《企业会计准则》和《企业会计制度》的有关规定,在所有重大方面公允地反映了贵公司××××年12月31日的财务状况及××××年度的经营成果和资金变动情况,会计处理方法的选用遵循了一贯性原则。

××会计师事务所(盖章)　　　中国注册会计师 卢××(签名盖章)
××市××区××路×号　　　　中国注册会计师 赵××(签名盖章)
　　　　　　　　　　　　　　　　××××年×月×日

【评析】 这是一篇无保留意见审计报告。无保留意见意味着注册会计师认为会计报表的反映是合法、公允和一贯的,能满足非特定多数利害关系人的共同需要。

例文二

审 计 报 告

××股份有限(责任)公司董事会：

我们接受委托,审计了贵公司××××年12月31日的资产负债表及××××年度损益表和财务状况变动表。这些会计报表由贵公司负责,我们的责任是对这些会计报表发表审计意见。我们的审计是依据《中国注册会计师独立审计准则》进行的。在审计过程中,我们结合贵公司实际情况,实施了包括抽查会计记录等我们认为必要的审计程序。

贵公司据称在国外有投资1 000万元,本年度投资收益为100万元,并已列入本会计年度的净收益中。但我们未能获得上述被投资公司业经审计的会计报表,受贵公司会计记录的限制,我们未能采用其他审计程序查明上述投资和投资收益是否属实。

我们认为,除上述情况有待确定之外,上述会计报表符合《企业会计准则》和《企业会计制度》的有关规定,在所有重大方面公允地反映了贵公司××××年12月31日的财务状况及××××年度的经营成果和资金变动情况,会计处理方法的选用遵循了一贯性原则。

××会计师事务所(盖章)　　　　　　中国注册会计师 卢××(签名盖章)
××市××区××路×号　　　　　　　中国注册会计师 赵××(签名盖章)
　　　　　　　　　　　　　　　　　　　　　　　　××××年×月×日

【评析】 这是一篇保留意见审计报告。保留意见适用于被审计单位没有遵守国家发布的企业会计准则和相关会计制度的规定,或注册会计师的审计范围受到限制的情形。

例文三

审 计 报 告

××公司全体股东：

我们审计了贵公司××××年度财务报表,包括××××年12月31日的资产负债表,××××年度的利润表、股东权益变动表和现金流量表以及财务报表附注。

一、管理层对财务报表的责任

按照《企业会计准则》和《企业会计制度》的规定编制财务报表是贵公司管理层的责任。这种责任包括:(1)设计、实施和维护与财务报表编制相关的内部控制,以使财务报表不存在由于舞弊或错误而导致的重大错报;(2)选择和运用恰当的会计政策;(3)做出合理的会计估计。

二、注册会计师的责任

我们的责任是在实施审计工作的基础上对财务报表发表审计意见。我们按照《中国注册会计师独立审计准则》的规定执行了审计工作。《中国注册会计师独立审计准则》要求我们遵守职业道德规范,计划和实施审计工作以对财务报表是否不存在重大错报获取合理保证。

审计工作涉及实施审计程序,以获取有关财务报表金额和披露的审计证据。选择的审计程序取决于注册会计师的判断,包括对由于舞弊或错误导致的财务报表重大错报风险的评估。在进行风险评估时,我们考虑与财务报表编制相关的内部控制,以设计恰当的审计程序,但目的并非是对内部控制的有效性发表意见。审计工作还包括评价管理层选用会计政策的恰当性和做出会计估计的合理性以及评价财务报表的总体列报。

我们相信,我们获取的审计证据是充分、适当的,为发表审计意见提供了基础。

三、导致否定意见的事项

如财务报表附注所述,贵公司的长期股权投资未按《企业会计准则》的规定采用权益法核算。如果按权益法核算,贵公司的长期投资账面价值将减少×万元,净利润将减少×万元,从而导致贵公司由盈利×万元变为亏损×万元。

四、审计意见

我们认为,由于受到前段所述事项的重大影响,贵公司财务报表没有按照《企业会计准则》和《企业会计制度》的规定编制,未能在所有重大方面公允地反映贵公司××××年12月31日的财务状况以及××××年度的经营成果和现金流量。

××会计师事务所(盖章)　　　　　　中国注册会计师 卢××(签名盖章)

××市××区××路×号　　　　　　　中国注册会计师 赵××(签名盖章)

××××年×月×日

【评析】 这是一篇否定意见审计报告。只有当注册会计师确信会计报表存在重大错报和歪曲,以致会计报表不符合国家发布的企业会计准则和相关会计制度的规定,未能从整体上公允地反映被审计单位的财务状况、经营成果和现金流量时,才出具否定意见审计报告。

例文四

审计报告

××(股份)有限公司(全体股东)董事会:

我们接受委托,对贵公司××××年12月31日资产负债表及××××年度的利润表和现金流量表进行了审计。这些会计报表由贵公司负责,我们的责任是对这些会计报表发表审计意见。我们认为,由于贵公司未进行存货盘点,并且我们也未能运用其他审计程序取得有关存货数量的满意证据,因此,我们工作的范围不足以使我们表示意见,故我们对上述会计报表无法表示意见。

××会计师事务所(盖章)　　　　　　中国注册会计师 卢××(签名盖章)

××市××区××路×号　　　　　　　中国注册会计师 赵××(签名盖章)

××××年×月×日

【评析】 这是一篇无法表示意见审计报告。无法表示意见不同于否定意见,它仅仅适用于注册会计师不能获取充分、适当的审计证据的情形。

四、审计报告的写作程序

(一)整理和分析工作底稿

工作底稿是撰写审计报告的基础。但工作底稿中的资料是零散的、没有系统的原始材料,不能把这些材料都写进审计报告里,要做一番细致的整理、分析工作。审计人员应按照审计项目、事件类别,区分基础凭证、事实凭证、责任证明、辅助凭证、账册报表、文件稿录、揭发资料等并加以整理分析,为审计报告的写作做好资料准备。

(二)核实有关资料

对经分析整理的材料要进一步核查,尤其是事实资料,必须对证落实。不进行调查核实、没有绝对把握就把一些材料写入审计报告之中,是不负责任的表现。这样做,不但会给被审计单位带来不利影响,也会造成阅读人的决策失误,还会使审计人员的形象受到损害。

(三)拟订编写提纲

一篇合格的审计报告应条理清晰、重点突出、逻辑严密。为此,在正式写作前要认真拟订提纲。

(四)起草初稿

起草时,对每一个问题所做的结论,都要经过讨论,集思广益。

(五)征求被审计单位意见

对被审计单位提出的意见,凡属正确、合理的部分,应该接受,并在审计报告中做必要的修改。

例文五

遵义市2020年度市级预算执行和其他财政收支情况的审计工作报告
(2021年6月24日在市五届人大常委会第四十一次会议上)

市人大常委会:

受市人民政府委托,我向市人大常委会报告我市2020年度市级预算执行和其他财政收支审计情况,请予审议。

2020年,我市审计工作坚持以习近平新时代中国特色社会主义思想为指导,深入贯彻落实习近平总书记的重要讲话精神和指示精神,特别是对贵州、对遵义、对审计工作的重要讲话精神和指示精神,按照中央、省、市审计委员会的要求,在市委市政府和省审计厅的正确领导下,紧紧围绕市委、市政府的重大决策部署和中心工作,坚持稳中求进工作总基调,以高质量发展统揽全局,坚守发展和生态两条底线,统筹推进审计全覆盖及重大政策措施落实情况跟踪审计等各项工作,全面依法履行审计监督职责,巩固拓展疫情防控、脱贫攻坚和经济社会发展成果,助推"六稳"工作,为落实"六保"任务保驾护航,较好地发挥了审计在党和国家监督体系中的重要作用,为维护全市经济社会协调健康发展做出了应有的贡献。

2020年,全市审计系统完成审计及审计调查项目共计194个,同比增长45%。查出主要问题资金294.56亿元。审计处理处罚金额127.91亿元,移送处理事项43件,移送处理人员42人,移送处理金额10.22亿元。审计促进整改落实有关问题资金7.83亿元。审计提出建议601条,提交审计信息332篇。

审计情况表明,2020年,在市委、市政府的坚强领导下,我市着力打好"三大攻坚战",坚持把"保工资、保运转、保基本民生"放在财政支出的优先位置,确保了国家、省制定的政策措施落到实处。市政府认真落实上级决策部署,全市经济保持较好发展态势。财税领域改革不断推进,市级预算单位财务管理进一步规范,市财政局依法编制了四本预算,市级预算执行和其他财政收支情况总体较好,市级一般公共预算收支相比上年均有增长。

一、市级预算执行和部门预算执行审计情况

(一)市级预算执行和编制决算草案审计情况。市财政局按照规定编制了2020年年初预算草案、调整预算及决算草案,目前,省财政厅已初步审定我市2020年度市本级财政总决算,并上报财政部审核。2020年市本级收入合计174.02亿元,其中:一般公共预算收入76.45亿元,上级补助收入73.02亿元,调入资金6.66亿元,债务转贷收入11.80亿元,调入预算稳定调节基金6.09亿元。2020年市本级支出合计172.62亿元,其中:一般公共预算支出142.42亿元,上解上级支出6.85亿元,债务还本支出11.81亿元,补充预算稳定调节基金11.54亿元。收支相抵,年终结余1.40亿元。

从审计情况看,市财政局积极统筹财政资金,努力压减一般性支出,三公经费较2019年下降42%,压减了6%的行政事业单位公用经费全额用于教育脱贫攻坚项目。我市2020年政府债务余额未超过省财政厅核定的政府债务限额。

审计结果表明:一是国有资本经营预算执行率与年初预算偏差较大,预算编制精准性不够。二是2020年遵义市本级地方政府债务余额是市本级综合财力的1.15倍,市本级政府债务率超过整体风险警戒线,财政偿债压力巨大。市本级财政整体债务风险较高,地方经济不容乐观,需引起高度重视。

审计认为,从预算管理来看,部门预算编制还需进一步规范,国有资本经营预算执行偏差较大;从预算执行和支出控制来看,应加强政府投资性基金的规范有效使用并加大债务清理归还力度;从财政管理来看,应加大对非税票据的监管力度、加强对财务核算的重视。同时,以前年度审计查出的问题仍然存在部分问题未完成整改且有屡审屡犯的情况发生。

审计发现的主要问题有:一是部分部门预算项目支出执行主体与预算批复不符;二是未按要求收回专项债券资金5亿元;三是"遵义市高铁新城城市停车场"项目总体绩效目标未完成;四是债务专账长期未进行财务核算;五是部分社会团体会费收据管理混乱;六是应缴未缴国有资源(资产)有偿使用收入400万元。

(二)市级部门预算执行审计情况。2021年上半年,市审计局开展了市财政局、市文体旅游局、市教育局2020年度预算执行情况审计。审计发现的主要问题有:一是市财政局存在预算编制不精准,造成部分资金年底结余过大、违规列支公务交通补贴、往来款项未及时进行处理、费用报销不规范等问题;二是市文体旅游局应缴未缴非税收入107.52万元,存在结转结余资金较大、影响资金使用效率、公用经费支出超预算、往来款项长期挂账未及时清理、固定资产管理不规范等问题;三是市教育局存在固定资产管理不规范、往来账款未及时清理、制定的内控制度不完善、未严格执行工会经费收入管理规定等问题。

二、市级部门预算执行全覆盖审计情况

为贯彻落实中央审计委员会、审计署、省审计厅有关审计全覆盖指示精神,我市进一步推进市级财政一级预算单位2020年度部门预算执行和其他财政收支审计全覆盖工作。目前,对市级103家单位的财务数据已进行采集、整理、分析,针对部门预算编制和执行、三公经费、国库集中支付等方面,采用了41个数据分析模型,生成有效数据分析疑点3 478条,对6家预算单位开展审计疑点现场核实,对存在疑点的93家单位采取疑点推送的方式,由预算单位自行核实整改,并将核实情况反馈审计机关。

三、脱贫攻坚资金审计情况

根据2020年度审计项目计划安排,对务川仡佬族苗族自治县石朝乡2019年9月至2020年6月底脱贫攻坚资金管理使用情况进行了审计,重点对脱贫攻坚基金项目的建设情况进行了抽查。审计发现主要问题有:

(一)脱贫攻坚项目政府采购方面存在的问题。一是杉板村、高峰村和浪水村未履行政府采购程序,直接签订苗木采购合同,涉及金额148万元。二是县政府采购中心公开招投标入围供应商资格不符,中标商品与实际供应商品不一致。

(二)扶贫资金项目效益方面存在的问题。一是石朝乡人民政府因管理不到位,苗木大量死亡荒废,导致项目偏离政策目标。二是务川仡佬族苗族自治县水务局擅自改变石朝乡抗旱应急工程项目一体化净水工程建设内容,导致已建成项目不能使用。三是石朝乡鸡舍工程、高峰村辣椒烘干厂房等产业扶贫项目建成后闲置,未发挥效益。四是新农村建设工程项目质量差。五是大漆村黄花产业发展项目未与农户明确利益联结机制。六是脱贫攻坚项目资金3 105.60万元滞留1年以上(不足2年)。

(三)其他方面的问题。一是石朝乡卫生院康复楼建设项目改变原用途,用于职工食堂、办公室及员工宿舍。二是务川仡佬族苗族自治县水务局组织实施的石朝乡抗旱应急工程方案审核把关不严,导致设计监理费用增加。三是务川仡佬族苗族自治县各部门之间建档立卡贫困人员信息数据沟通联结不及时,相关部门信息数据不够准确。

四、自然资源资产离任(任中)审计(略)

五、投资审计

市审计局严格按照围绕中心、服务大局、突出重点、量力而行、确保质量的原则,根据《审计署关于进一步完善和规范投资审计工作的意见》,依法开展投资审计工作,完成了对遵义市体育运动学校建设项目竣工结算的审计工作。该项目送审的工程结算金额8.36亿元,审计发现建设单位存在履职不到位、投资控制不严导致多计工程款1.45亿元和未严格执行基本建设程序的问题。

六、国家重大政策措施落实情况跟踪审计

根据中央、省、市相关文件精神,我局开展了2020年遵义市市本级灾后重建资金专项审计、2020年全市新增财政资金直达市县基层直接惠企利民情况专项审计(以下简称"两

直达"资金审计)、部分区(县)的2020年降费及清理拖欠民营企业中小企业账款专项审计(以下简称"降费及清欠"审计)、促进就业优先政策贯彻落实专项审计(以下简称"稳就业"资金审计)、非户籍人口在城镇落户和相关配套政策实施专项审计(以下简称"非户籍"情况审计),并在市本级预算执行审计项目中对我市减税降费、2020年十大工业产业振兴专项资金执行情况、机动车停放服务收费管理等政策措施落实情况开展了延伸审计调查。

审计查出主要问题有:

(一)市本级灾后重建资金专项审计。市应急管理局未及时分配拨付资金100万元;市水旱灾害防御服务中心购置仓库未签订确权协议、购置固定资产未入账、库存物资未备查登记,个人违规使用专项资金0.09万元,该问题已移交市纪委处理。

(二)"两直达"资金审计。抽审资金总量35.90亿元,抽审项目个数共计404个,抽审单位共计179个,延伸涉及企业35家。共查出问题53个,涉及问题金额26 536.08万元,问题涉及项目51个。通过审计促进新增财政资金直达市县基层、直接惠企利民,推动项目实施11个。

(三)"降费及清欠"审计。2020年9月,我局组织红花岗区、汇川区、湄潭县及习水县开展了"降费及清欠"专项审计,查出问题3个,涉及金额2 160.99万元。其中:红花岗区住建局2017年以前收取的应退未退保证金4.5万元;红花岗区自然资源局2017年以前收取的应退未退保证金2 070.01万元;汇川区自然资源局未将矿山地质环境治理恢复保证金及利息86.48万元退还矿山企业基金账户。

(四)"稳就业"资金审计。2020年11月,我局组织桐梓县、绥阳县及务川仡佬族苗族自治县开展了"稳就业"审计,查出问题4个,问题金额合计1 318.29万元。其中:创业担保贷款贴息、城镇公益性岗位补贴及社会保险补贴等资金未及时兑付1 113.35万元;应发未发2020年易地扶贫搬迁劳动力生活补助及职业培训补贴204.94万元。

(五)"非户籍"情况审计。2020年12月,我局组织桐梓县、播州区开展了"非户籍"审计,查出问题2个。其中:截至2020年11月,播州区易地扶贫搬迁安置户仍旧享受农村低保,未转为城镇低保2人;播州区易地扶贫搬迁人员国办系统中有两人身份证信息与易地扶贫搬迁人员台账信息不一致。

(六)市本级预算执行审计中发现的重大政策措施落实方面的问题。一是遵义市停车服务收费政策未及时调整。二是遵义市生态环境局十大工业产业(优质烟酒)振兴专项资金770万元未及时发挥效益。三是市级政府产业投资基金未按省、市相关基金管理办法的要求进行使用,未充分发挥基金效益、降低了基金促进产业发展的效力。如:遵义市鑫财投资有限公司违规借出绿色产业扶贫投资基金1亿元,且到期未收回本息;遵义市鑫财投资有限公司违规借出应急转贷资本金2 000万元,且到期未收回本息;遵义市交通运输局借出市交通发展基金1 000万元,且到期未收回本息。

七、社会保险基金审计

自2020年12月至2021年3月,贵州省审计厅派出审计组对遵义市本级及辖区内15个县(市、区)2020年基本医疗保险基金及遵义市2020年基本养老保险(抽审了新蒲新区等6个县〈区、市〉)政策落实、基金筹集使用及运行管理情况进行了审计。

(一)遵义市2020年基本养老保险基金审计中发现的主要问题。(略)

(二)遵义市2020年基本医疗保险基金审计中发现的主要问题。(略)

八、加强和改进市级预算管理的建议

为进一步规范我市预算管理及财政财务、资产管理等工作,提出以下建议:

(一)强化审计发现问题整改力度,提升审计成效。各单位应加大对中共贵州省审计委员会《关于进一步加强审计整改工作的意见》的贯彻落实力度,积极整改审计发现的问题,提升审计成效,杜绝有关问题屡审屡犯现象的出现。

(二)提升预算编制的精准度,提高财政资金使用绩效。一是加强财政资金预算编制准确性,缩小预算执行偏差。二是加强财政资金借出款项的管理,督促企业合理规范使用财政资金,充分发挥政府产业投资基金引导和示范效应,提高财政资金的使用效益。

(三)提高收入质量,开源节流,防范化解债务风险。稳妥处理债务存量,积极完成省政府下达的债务化解目标,逐步降低债务风险水平,将地方政府债务管理纳入领导干部政绩考核内容。

主任、各位副主任、秘书长、各位委员,我们将认真学习贯彻习近平总书记系列重要讲话精神,特别是视察贵州时的重要讲话精神,立足新发展阶段,贯彻新发展理念,融入新发展格局,自觉接受市人大及其常委会监督,充分发挥审计在确保政令畅通、维护经济安全、防范重大风险、促进依法治市、推进廉政建设等方面的重要作用,进一步研究和运用审计成果,推动全市完善各领域政策措施和制度规则,确保"十四五"开局良好、起步顺利,以优异成绩庆祝建党100周年。

(资料来源:遵义市审计局网站,有删节)

【评析】 前言部分简要说明了审计工作的依据、时间、内容及成绩。主体分别介绍了市级预算执行和部门预算执行审计情况、市级部门预算执行全覆盖审计情况、脱贫攻坚资金审计情况、自然资源资产离任(任中)审计、投资审计、国家重大政策措施落实情况跟踪审计和社会保险基金审计,充分运用具体数据,做到观点与材料有机结合。结论部分具体提出了审计建议,既有针对性,又有可行性。全文主旨明确,语言平实,掌握分寸,格式规范。

拓展训练

一、知识题

1.填空题。

(1)审计报告具有_____的性质和合法的_____。

(2)按照审计活动的性质不同,将审计报告分为_____、_____。

(3)国家审计机关的审计报告主要包括以下几部分:_____、_____、_____。

(4)社会(民间)审计报告分为_____、_____、_____、_____等四种审计报告。

(5)_____是撰写审计报告的基础。

2.判断题。

(1)注册会计师只有出具拒绝表示意见的审计报告,才能在范围段与意见段之间增加说明段。   (   )
(2)为明确注册会计师的责任,审计报告通常由一名承办注册会计师签章。   (   )
(3)按审计工作内容不同,审计报告可分为全面审计报告和专题审计报告等。(   )
(4)拟订编写提纲是撰写审计报告的基础。   (   )
(5)审计报告的写作程序最后一步是征求被审计单位意见。   (   )

二、技能题

请认真阅读以下资料,读后补写建议部分。

审 计 报 告

B公司管理当局:

我们对贵公司差旅费和招待费支出制度情况进行审计,现场审计工作于×月×日开始。我们审阅了贵公司1—6月份的差旅费和招待费支出表,并做了必要的检查测试。现将审计情况和结果报告如下:

(一)审查出的主要问题

我们发现,部分差旅费和招待费支出表存在与制度不相符的事项。尽管这些事项的发生额不是很大,但它表明既定的差旅费和招待费制度没有得到很好的执行。具体表现在:

1. 乘坐出租车的费用记录没有附原始发票。
2. 发生的非差旅和招待费用归集到差旅费和招待费项目中。
3. 招待费开支没有说明膳食的种类(早餐、午餐或晚餐),有的仅有一个职员出席,也没有说明就餐的目的或洽谈业务的性质。
4. 审核差旅费和招待费的职员未经授权并由专人负责。

(二)问题产生的主要原因(略)

(三)建议(略)

A集团公司审计部(印章) 签发人:×××(签字盖章)
××××年×月×日

三、写作题

根据以下审计工作底稿写一份简要的审计报告。

写作要求:题目自拟;结合专业课的学习有针对性地提出正确的处理意见及评价与建议;结构要清晰、完整;字数900左右。

××市审计局工业审计科第二审计小组工作底稿

据群众来信检举揭发,于2021年2月15日至2月25日,对××造纸厂2020年度的现金财经法纪遵守情况进行审查。该厂概况(略)。

(一)执行"核对现金日记账与总账的余额是否相符"的审计程序。

查验结果:核对一致。

(二)执行"会同被审计单位主管会计人员盘点库存现金,编制'库存现金盘点核对表'"的审计程序。

发现问题:盘点实有现金数额与盘点日账面应有金额差异 10 000.00 元。

(三)执行"抽查大额现金收支或存有疑点的现金收支的原始凭证"的审计程序。

发现问题:2020 年 6 月 10 日支出了"拆除设备劳务费 4 000.00 元",而在现金收入和银行存款收入日记账中却没有发现相应清理收入的记载。

(四)执行"抽查资产负债表日前后若干天的大额现金收支凭证"的审计程序。

发现问题:有一笔大额的差旅费报销 56 000.00 元存在疑点。

(五)执行"如有外币,请检查非记账本位币折合记账本位币所采用的折算汇率是否正确"的审计程序。

发现问题:汇率折算有误。

附:违反财经法纪证明材料 4 份。

学习情境八 广告文案的写作

学习目标

1. 了解广告文案的概念及其作用；
2. 掌握广告文案的基本写作格式；
3. 弄清广告语和广告标题之间的区别。

思政目标

通过广告文案的写作学习，学生培养探索精神，在广告策划中具有创新意识和创新精神。

知识导读

《2021中国互联网广告数据报告》正式发布

近日,《2021中国互联网广告数据报告》(以下简称《报告》)发布会通过线上、线下两种方式同步举行。

《报告》显示,互联网行业受益于内生需求的增长,2021年实现了广告收入5 435亿元(不含港澳台地区),同比增长9.32%,增幅较上年减缓了4.53%;互联网营销市场规模约为6 173亿元,较上年增长12.36%;广告与营销市场规模合计约为11 608亿元,较上年增长11.01%。

从行业收入来看,2021年,食品饮料、个护及母婴行业的合计市场占比从2020年的50%提升至62%,均呈现大幅度增长,其中个护及母婴品类大增58.7%,市场规模5年来第一次反超食品饮料类,成为互联网广告市场第一大品类;房地产品类5年内首次出现负增长,同比下降47.3%,跌至第五位;交通行业出现了13.2%的下滑,收入降至465.3亿元;网络与通信类收入增幅上扬,收入达到418.99亿元;教育培训行业出现断崖式下跌,全年收入下跌69.6%。从平台类型收入占比看,电商继续占据广告渠道头把交椅,近5年来市场份额持续增长,继续占据市场收入总量的1/3。

《报告》认为,2021年中国互联网广告市场呈现出6个方面的关键特点和趋势:互联网广告市场稳中向好,新发展格局迈出坚实新步伐;网民增长见缓,流量价值体系转向盘活存量;创新完善长效监管机制,共管共治市场迎来新发展拐点;"互联互通"打破垄断壁垒,营造互联网健康发展新生态;宏观调控、优化供给,带来互联网产业格局的巨大变化;直播带货等创新形式助推广告与营销边界进一步融合。《报告》指出,进入"十四五"时期,我国加快建设现代化经济体系和高标准市场体系,优化营商环境,监管机制不断创新,将进一步增强广告产业发展活力;数字技术创新迭代与数字经济蓬勃发展,将驱动广告产业全面实施数字化转型,促进广告产业跨越式发展;无论是广告主还是其他参与方,都必须基于合法合规的范畴内使用数据展开营销活动。

《报告》由中关村互动营销实验室联合普华永道、秒针营销科学院、北京师范大学新闻传播学院与华扬联众数字技术股份有限公司共同发布。

(资料来源:中国质量新闻网)

在市场经济竞争日益激烈的今天,广告的传播效果与其产品的销售效果息息相关。一个企业仅有优质的产品和服务是不够的,只有配以良好的广告宣传,才能形成自己的品牌并使其丰满起来,从而使企业在波诡云谲的商海中永立潮头。

理论知识

一、广告文案的概念和特点

(一)广告文案的概念

在现代社会的每个角落,人们到处可以看到广告的影子,它们通过电视、广播、报纸、杂志、海报、灯箱、路牌、交通工具、电脑网络直至商品包装等形式存在着,广告是最迅速、最节省、最有效的传递经济信息的手段。

广告作品由语言文字、画面、音乐等要素组成。广告文案是指广告作品中用以表达广告主题和创意的所有文字和语言的总和。在广告作品的要素中,语言文字居主要地位,任何一则广告,都需要借助语言文字来表达其主题,无论是采用哪一种媒体传播信息,都离不开广告文稿,而广告中图画、音乐的创作,往往是在语言文字的基础上进行再创作。一则图画广告中的语言文字能够比广告画等其他要素更准确、更有效地传达企业及商品的信息。在广告创作中,广告文案的创作是十分重要的。广告文案的创作水平,直接影响着广告的宣传效果。撰写广告文案,不仅要考虑构思立意的深度和广度、图画与文字的密切配合,还要考虑广告的目标、对象、媒介等因素的总体效果,因此,广告文案的创作绝非易事。

(二)广告文案的特点

广告文案不同于一般的文章,而是具有"方案"意味的文章,它同其他文体比较具有以下特性:

1. 直接的应用性

广告文案所传达的主题、内容与受众的直接利益相关联。它虽有创意,但不能虚构;虽然真实,但必须经过策划。文案语言所表述的观念或商品的卖点不仅要目的明确,而且要具体化。

2. 主题信息传播的广泛性

广告文案是广告信息中最主要的部分。而受众从广告中所获得的最主要的信息,则是广告文案的主题信息。如果是营销商品的广告,其传播最广的应当是它的创意(USP)——广告主的销售主张,即其独特的卖点。

3. 文案制作的独创性

独创性是广告文案的生命。为了更好地引起受众对广告的注意和兴趣,广告文案的创作就必须避开人们熟悉的思维内容和表现形式而另辟蹊径,或展示别人未曾表现过的商品的独到之处,或以一种新鲜而有活力的独创风格,引起受众的关心而使其印象深刻。但独创的同时要避免怪诞,怪诞的创意不仅容易引起人们的反感,而且对产品的销售会产生严重的不良影响。

4. 文案效用的现实性

广告文案是根据广告主的战略需要或现实需要而创作的,讲究的是效用的现实性。追求经济效益是它与其他应用文体的不同之处。广告文案传递企业或商品的信息,有效刺激和诱发受众的消费欲望,促进购买行为的发生。

二、广告文案的分类

(一)按照发布媒体划分

按照发布媒体划分,可将广告文案分为印刷媒介广告文案、广播媒介广告文案、电视媒介广告文案、网络媒介广告文案及其他媒介广告文案等。

(二)按照广告目标划分

按照广告目标划分,可将广告文案分为品牌形象广告文案、商品广告文案、公益广告文案、公关广告文案等。

(三)按照广告诉求方式划分

按照广告诉求方式划分,可将广告文案分为理性诉求广告文案、感性诉求广告文案、情理诉求广告文案等。

(四)按照行业划分

按照行业划分,可将广告文案分为食品广告文案、医疗广告文案、药品广告文案、金融服务广告文案等。

微课：广告文案的标题

三、广告文案的结构和内容

广告文案一般包括标题、正文、标语和随文四个部分。

（一）标题

标题是广告主题或基本内容的集中表现，被喻为广告的灵魂，是对广告主题的凝结与提炼。在广告中，标题往往放在最重要的位置，字体最大，播音时突出强调，所以最先吸引受众的注意。有调查表明，看标题的人数是看广告正文人数的五倍。广告效果的50%～70%是注目文字的作用，注目文字也就是注意了广告标题和标语。人们常说"题好文一半""题高文自高"，广告也是如此。一个成功的广告，必定有着成功的标题，一个成功的标题往往有事半功倍之效，而标题的失败，可能导致整个广告文稿的失败。

标题的写作要紧扣主题、突出重点、语言简洁、独辟蹊径、引人入胜。用最少的文字概括正文的内容，迎合消费者的心理，刺激消费者的购买欲。

1. 新闻式标题

有的广告是向消费者报道新产品或是市场上的新闻，这种类型的广告采用新闻式标题，所以，新闻式标题是广告中最常见的一种。新闻式标题不需要过多的技巧，只要如实陈述就行，如"蓝月亮洗衣液""途牛旅游"。如果新产品有某些特色，也可以在标题中显示。新闻式标题一般更容易引起读者的注意，但在使用时要注意，必须是真正有新闻价值的广告内容才可以用这种标题，否则，当读者发现广告内容并无新闻价值时，就会失去对媒介的信任。

2. 炫耀式标题

有的广告在标题上体现出生产者对产品的夸耀以及以自豪的态度突出本企业或企业产品的特色，以吸引消费者的注意。这类标题多用在富有特色或在国内外享有盛誉的产品上，如"网购上京东，省钱又放心""好空调，格力造"。广告中夸耀的态度，能够引起消费者的兴趣，但在使用时要注意，用词要中肯，切不可过分夸大吹嘘。否则，这类广告开始时冲击力很强，用不了多久就引不起消费者的兴趣了，因为这类广告没有以产品的直接利益作为诉求的支点。这类广告必须让消费者得到切实的利益才可能真正被接受。

3. 许诺式标题

这类标题是向消费者许诺使用广告产品可带来的利益，从而引起消费者的兴趣，使其产生好感和购买欲望。许诺式标题一定要抓住消费者心理，所许诺的利益针对性越强，说服力就越大，如"猎聘在手，机会随时有""六神有主，一家无忧""精彩生活由我创造"（美的空调广告）。使用许诺式标题要注意，所许诺的利益一般要在正文里加以说明，而且在顾客购买到商品后一定要兑现。

4. 建议式标题

有的广告在标题中，针对某些特定的消费者，建议其使用某种产品。建议式标题有很多优点：第一，标题主动地劝说或强烈地暗示消费者去做或去思考某件事情；第二，标题一般直接言明所推荐产品的某种用途或使用方法，不像炫耀式标题在自我夸耀后显得有些空洞无力；第三，标题用建议的方式直接或间接地将使用该产品的利益告诉读者。建议式标题具有动之以情、晓之以理的双重功能,往往有特殊的效果,可以使广告迅速产生正面影响。这类广告向消费者提供了一种新的有效的方法,从而使他们产生兴趣且竞相效仿,由此开拓广阔的市场。

5.设问式标题

设问当然是自问自答。设问的意义就在于提问之后的回答。用提问的方式可以引起受众的注意,希望了解问题的答案,从而产生共鸣和思考,加深印象,然后再加以回答。设问式标题的关键是要抓住事情的要点,将问题提得巧妙、准确。设问式标题多用在理性诉求广告中,帮助消费者在购买时进行分析思考,这类标题如运用得当,作用是很大的。但这类标题的提问部分往往是经不起严格推敲的,因为这种设问本来就是无话找话说,因此,在使用时要注意运用一定的技巧,使消费者觉得虽不尽合理,但也可接受这种似对非对的答案。

6.悬念式标题

这类标题是用令人感兴趣而又一时难以作答的话作为标题,使读者感到惊讶、好奇、疑惑,进而阅读下文。好奇是人的天性,这类标题就是在人们的好奇心上着力,抓住人们的注意力,激发其寻求答案的兴趣。运用悬念式广告标题,越是不道破答案、藏而不露,人们就越想"打破砂锅问到底",这样就增强了广告效果。如野狼125摩托车广告:"今天不要买摩托车,请你稍候六天,买摩托车您必须慎重地考虑。有一部意想不到的好车就要来了。"而后接连几天的广告也并不公布摩托车的车型、特点等人们关心的问题,直到产品上市的前一天才将车的情况公布,此时人们已迫不及待了,结果广告产生了轰动效果。

广告标题的类型很多,如果更严格地分类,还可以列举出许多种,如感叹式、比较式、比喻式、诙谐式、祈使式、利益式等。

(二)正文

正文是广告的具体内容,它比标题详细周密,是对广告标题的解释以及对所宣传事物内容的详述。正文一般应写明商品的名称、用途、规格、特点、产地、性能、价格、出售方式、出售时间、出售地点等内容,具有介绍商品、灌输知识、增进了解并最终实现广告促销的功能。

广告正文的写法多种多样,常见的有以下几种写法:

1.陈述式

陈述式就是摆事实、讲道理、用事实说服人的一种表达方式。它的特点是直接、精练地将商品的特性客观地表达出来,没有过多的修辞与描绘。其最大的魅力在于商品本身的诉求力量,一般用于汽车、相机等结构复杂的消费品。

2.叙述式

叙述式就是用故事形式写成的广告文案,它往往能将枯燥无味的广告变得富有趣味。这类正文要使内容像小说故事情节那样,有矛盾冲突的出现和最后的解决,这样才能引人入胜。但叙述不宜过长,它往往是以某人遇到困难而感到苦恼开始,以找到解决办法而圆满结束,目的是告诉读者在遇到同样的困难时,采取同样的办法。

3.证言式

证言式是按证明书的方式写成的。它需要提供权威人士或著名人士对商品的鉴定、赞扬、使用和见证等。这里的权威人士可以是确有其人,也可以是虚构的,但无论真假,他们都必须有资格为其宣传的事物做出证言。如宣传某种药品,最好选用医生身份的人物;而宣传某种家庭用具,最好选用家庭主妇,这样才具说服力。

4. 描写式

描写式是以生动细腻的描绘刻画达到激发人们基本情感和欲望的一种广告写法。这类广告如果描绘得亲切感人,就会给人们一个鲜明的形象和深刻的印象。

此外,广告正文还可采用问答式、诗歌式、布告式、目录式、对比式、象征式等写法。

(三)标语

1. 广告标语的概念

广告标语是广告文案中出现频率最高的宣传用语,是为了加强受众对企业、商品或服务的印象,在广告中长期反复使用的一种简明扼要的口号文字。它基于长远的销售利益,向消费者传达一种长期不变的观念。

广告标语与广告文案中的其他要素相比,变化要小。广告文案中的其他要素,在每次广告活动中都可能做适当的调整,而广告标语一经采用,总是要运用相当长一段时间。广告标语的作用首先在于把企业的宗旨、商品的特色等以最精彩的文字表达出来,给人以强烈的印象,使消费者理解和记住一个确定的观念;其次,广告标语的作用还在于使广告活动具有连续性,使整体广告活动的不同广告之间有共同的标志;此外,广告标语是主要广告信息的浓缩,可以直接为促进商品销售服务。

广告标语由于在广告文案中经常反复使用,因而被称为广告的"商标",并以其特有的作用被看作是一种"低投入、高产出"的文稿形式,某些经久不衰的广告标语已形成了企业巨大的无形财富,世代相传。如美国可口可乐公司的广告标语"请喝可口可乐",使用了近半个世纪,至今仍沿用不衰。麦氏咖啡的"滴滴香浓,意犹未尽"、丰田公司的"车到山前必有路,有路必有丰田车"、雀巢咖啡的"味道好极了"等广告标语也都为世人所熟知。在一些国家,广告标语常常同商标一样注册登记,并受到法律保护。

2. 广告标语的形式

广告标语要求写作者精心创作,在遣词造句上应简洁精练,在功能上富有鼓动色彩,在表现形式上灵活多样、富于变化。常见的形式有:

(1)企业形象类:"真诚到永远"(海尔电器)、"微信,是一个生活方式"(微信)。

(2)商品宣传类:侧重于介绍商品的功效、性能带给人的利益,如"金利来,男人的世界"(金利来领带)、"买家电上京东"(京东)。

(3)承诺利益类:侧重于向受众群体承诺使用商品所能得到的利益,如"京东11·11 真·正·低"(京东)。

(4)激发情感类:侧重于亲情、友情、爱情,如"钻石恒久远,一颗永流传"(戴比尔斯公司)、"各凭态度乘风浪"(网易)。

(5)成语类:"海尔冰箱,举世无双"(海尔)。

(6)谐音类:"中国电信,千里'音'缘一线牵"(国际长途电话)、"油备无患"(新加坡驱风油)。

3. 广告标语与广告标题的区别

广告标语与广告标题都是广告文案中引人注目的简短语句，表现形式很相似，二者有时也可以转化，但广告标语与广告标题之间是存在明显区别的。

(1)广告标题是一则广告的题目，具有概括广告内容和引导阅读正文的作用；而广告标语则是使消费者建立一种观念，用以指导消费者的购买行为，是企业广告的普遍标志和产品观念的长期输出形式。

(2)广告标题可以是一句话，也可以是一个词或词组，而广告标语则一般是意义完整的一句话。因为广告标题是一则广告文案的有机组成部分，它必须和广告正文、插图等配合使用，具有依附性、短期性的特点。而广告标语与广告中的其他要素没有必然的依附关系，它可以在文稿中出现，也可以单独使用，因而它应当是完整的句子，表达出明确的意义。

(3)广告标题的位置比较固定，一般放在广告作品的上方或其他更醒目的地方，且通常与文案中其他要素以及图片等有机结合在一起。而广告标语却可以单独使用，在版面上位置也十分灵活，不局限于某一特殊位置上。

（四）随文

随文又称附文，是广告文案的附属文字部分，是对广告内容必要的交代或进一步的补充，主要有商标、商品名、公司标识、公司地址、电话、价格、销售方式、优惠方法、日期、联系人、银行账号以及权威机构证明标识等。广告随文一般位于广告版面不显眼的位置，用较小的字号表述。

四、广告文案的写作要求

（一）创意要实用

一个奇妙的创意，往往是一个优秀广告的基础。但是，广告文案的写作毕竟是一种经济文体的运用，评价广告文案优秀与否的最终标准是经济效益的大小而不是艺术成就的高低。因此，广告文案的创意有别于文学艺术，不能忽略广告主的要求，不能轻视受众的习惯。

（二）内容要健康

《中华人民共和国广告法》第三条规定："广告应当真实、合法，以健康的表现形式表达广告内容，符合社会主义精神文明建设和弘扬中华民族优秀传统文化的要求。"由此可见，广告内容真实、健康是广告法确定的一个基本规则。

（三）形式要新奇

广告的创作是一种独创性劳动，靠简单的模仿或人云亦云的方法是无法取得效果的。要善于抓住产品特点来标新立异，使广告词具有新奇活泼的冲击力。出色的广告构思新颖活泼，不落俗套，耐人寻味。

（四）语言要简洁

广告的写作受许多因素的制约，其中经济因素的制约是很重要的一个方面。广告的撰制和传播都要花费一定的财力，同时，广告的篇幅总是有限的。这就要求广告的语言尽可能简洁明了,信息要准确实用,尽可能用寥寥数语概括广告的关键内容,让消费者在很短的时间内就能认识并了解产品信息。

例文一

蒙牛特仑苏2019—2021年三年广告文案

2019年文案

有机
是相信自然的力量
自然更迭
成就质朴与繁盛
阳光、雨露
沉淀青涩与甘甜
去繁就简
回归本心
有机,用简单创造不平凡
特仑苏有机奶
更懂自然
更好有机
不是所有牛奶,都叫特仑苏。

2020年文案

陈道明和靳东俩人拍的特仑苏广告,以对话形式播放,1分钟左右时长

靳　东:你演过最难的角色是哪个?

陈道明:我想怕是自己吧。

靳　东:每天我们向着更好出发,直到从无到有,直到拥有更多,直到真的拥有更多之后,才开始懂了,小到一棵牧草,一个想法。

陈道明:大到山丘湖泊,人生坦荡。人生难得的不是可以把握住别的什么东西,而是可以把握住自己,就像特仑苏,坚持限定专属牧场,以更高标准,孕育3.6克乳蛋白和120毫克原生高钙。

靳　东:营养新高度,成就更好人生。

陈道明:不是所有牛奶,都叫特仑苏。

2021年文案

易烊千玺:怎样才是更好的人生呢?

陈道明:每个人都有不同的答案。

靳　东:去经历,因为经历是人生最好的养分。

特仑苏,限定专属牧场,成就3.8克优质蛋白,128毫克原生高钙,

给养这个时代里每一个更好的你。

不是所有牛奶,都叫特仑苏。

【评析】 一个完美的广告策划一定是基于对广告沟通与说服过程的认识。这三则广告是特仑苏连续三年的文案,"特仑苏"在蒙古语中是"金牌牛奶"之意,广告在有限的时空中,以理服人地呈递信息,坚持特仑苏一贯的高端、自然、更好的品牌定位,更容易感染消费者,打动他们的心。

例文二

南方黑芝麻糊电视广告文稿

时间:约20世纪30年代的一个晚上

地点:江南小镇街巷

人物:小男孩、挑担卖黑芝麻糊的大嫂、大嫂的小女儿

遥远的年代,麻石小巷,天色近晚。一对挑担的母女向幽深的陋巷走去。(画外音,叫卖声)

"黑芝麻糊哎。"(音乐起)

深宅大院门前,一个小男孩挤出门来,深吸着飘来的香气。(画外音,男声)"小时候,一听见黑芝麻糊的叫卖声,我就再也坐不住了……"

担挑的一头,小姑娘头也不抬地在瓦钵里研芝麻。另一头,卖黑芝麻糊的大嫂热情地照料食客。

(叠画)大锅里,浓稠的黑芝麻糊不断地滚腾。

小男孩搓着小手,神情迫不及待。

大铜勺被提得老高,往碗里倒着黑芝麻糊。

小男孩埋头猛吃,大碗几乎盖住了脸庞。

研黑芝麻的小姑娘投去新奇的目光。

几名过路食客美美地吃着,大嫂周围蒸腾着浓浓的香气。

站在大人背后,小男孩大模大样地将碗舔得干干净净(特写)。

小姑娘捂嘴笑起来。

大嫂爱怜地给小男孩添上一勺黑芝麻糊,轻轻地抹去他脸上的残糊。

小男孩默默地抬起头来,目光里似羞涩、似感激、似怀想,意味深长……

(叠画)一阵烟雾掠过,字幕出(特写):

"一股浓香,一缕温暖。"

(画外音,男声)

"一股浓香,一缕温暖。南方黑芝麻糊。"

推出字幕(特写):南方黑芝麻糊 广西南方儿童食品厂

【评析】 这是抒情散文式的电视广告。20世纪30年代的江南小巷,黑芝麻糊的叫卖声,勾画了黑芝麻糊的历史和民俗。小男孩贪吃的样子,形象地说明了黑芝麻糊味美香

甜。叫卖声和男声配合,画面恰到好处。长长的叫卖声增添了黑芝麻糊的诱惑;男声,点明这是回忆,回忆当年芝麻糊的甜美,回忆当年的人情温暖。结尾,推出字幕"一股浓香,一缕温暖"点题,说明从制作黑芝麻糊的技艺到人情的温暖,时至今天都有继承和发展。这则抒情散文式广告,不仅有商业宣传,而且具有传统文化的底蕴。

例文三

京东图书广告词:世界在你眼中

我是谁
我只是一个普普通通的
在阅读的人

哪怕我看不太清
甚至,看不太懂

当我读起来
我就拥有海子的眼睛
拥有马丁·路德·金的口舌
就能走进路遥平凡的世界

一个孤独的人
就并非满眼孤独

当我读起来
就无关学历、经历
时间与眼前

即便生活给予我水火
当我读起来
它们就是温柔与光

我是谁
我只是一个普普通通的
在阅读的人

一个不只看眼前的人
一个低着头向上看的人

世界在你眼中

【评析】 这是世界读书日京东图书发布的广告,用微电影的形式将读书的画面展现出来,特别是"一个低着头向上看的人",这句看似矛盾的文案,却是对阅读最形象、最有深意、最具想象力的呈现。我们虽然低着头阅读,但看到的却是浩瀚星空,是诗与远方,是世间一切。一句文案,仿佛就能让人察觉到阅读的美妙。而之所以有这句精彩绝伦的文案,是因为京东图书的广告语——"世界在你眼中"。

例文四

华为 Mate 10 Pro 的一款防水广告

广告讲述了一位消防员父亲在执行任务后与女儿视频通话。视频中女儿看到手机上爸爸的脸有些脏,于是起身拿着手机来到水龙头旁,用水冲洗手机,说道:"爸爸你的脸脏了,我给你擦擦脸。"让人瞬间感动飙泪。片尾的最后一句话是:"她不懂很多事,除了爱你。"

【评析】 华为通过女儿冲手机"帮爸爸洗脸"这一件简单的小事,很好地向用户表达了"爱是最感动人心的"这一主题,同时突出了华为 Mate 10 Pro 超强防水的这一卖点,值得学习和点赞。

拓展训练

一、知识题

1.填空题。
(1)广告文案按照行业划分,一般可分为_____广告文案、_____广告文案、_____广告文案和_____广告文案。
(2)一则典型的广告文案,由_____、_____、_____、_____四个部分组成。
(3)广告文案的写作要求是_____、_____、_____、_____。
2.简答题。
(1)什么是商业广告?
(2)广告标语和广告标题有什么区别?
(3)简述广告文案的写作要求。

二、技能题

1.请评析下列广告语。
美团外卖新地址:突然发现——成长,就是不断给生活增加新的收货地址
知乎:有问题,就会有答案
天猫:美好生活 与你共同向往
爱马仕户外广告:爱不会在你光芒万丈的时候出现,却在你狼狈不堪的时候降临。
蒙牛:蒙什么都对,做什么都牛

**××牙膏厂、××市百货大楼、××商场联合举行
优质高级特效药物牙膏"××"展销**

××牙膏,曾获××市重大科技成果奖、全国药物牙膏检测评比第二名,××省优质产品,××省××××年"十佳"产品。

展销时间:××××年××月××日—××××年××月××日
展销地点:××省××市百货大楼、××商场
联系电话:×××××××
联系人:×××

2. 评析下面三则广告存在的不足。

(1)好房子,一家三口,三代同堂。

(2)万科新疆兰乔圣菲:回归生命的乐土。

(3)"盒马鲜生"促销活动海报广告语:穿越历史回到老集市,让物价回归1948年。

三、写作题

根据下列文字材料,为北京故宫拟写一份在报纸上刊登的文字广告。

北京故宫,旧称紫禁城,位于北京中轴线的中心,是明清两个朝代的皇宫,是世界上现存规模最大、保存最为完整的木质结构的宫殿型建筑。故宫的整个建筑金碧辉煌,庄严绚丽,被誉为世界五大宫之一(北京故宫、法国凡尔赛宫、英国白金汉宫、美国白宫、俄罗斯克里姆林宫),并被联合国教科文组织列为"世界文化遗产",是全国重点文物保护单位、国家AAAAA级旅游景区。

北京故宫是明成祖朱棣于1406年开始建造的,明代永乐十八年(1420年)建成,曾有24位皇帝在此住过。

学习情境九 经济论文的写作

学习目标

1. 了解经济论文的概念、特点及种类；
2. 了解经济论文写作前的准备工作；
3. 学习经济论文的格式；
4. 掌握经济论文的写法；
5. 学会撰写经济论文。

思政目标

通过经济论文写作的学习，学生培养踏实严谨的学术作风及追求真理的科学精神。

知识导读

2022 中国经济趋势报告——稳中求进促经济高质量发展

在疫情防控常态化形势下，我国经济总体上表现出较好复苏态势，实现了"十四五"良好开局。目前疫情形势和外部环境仍然复杂严峻，我国经济发展面临需求收缩、供给冲击、预期转弱三重压力。预计今年 GDP 实际增速约为 5.3%，在继续做好疫情防控的同时，应将稳增长作为经济工作的一项全局性任务。

主要经济指标走势

我国经济受需求收缩、供给冲击、预期转弱三重压力共同作用，2022 年增长下行压力有所加大，具体经济运行态势总体判断如下：

一是上半年稳增长任务较为突出。预计今年 GDP 实际增速约为 5.3%，高于过去两年平均增速，表明经济继续处于恢复态势，但受疫情影响仍将低于潜在增长率，宏观经济运行仍处于有效需求相对不足、产出缺口为负的状态。分产业来看，疫情以来工业增速快于GDP增速、服务业增速慢于GDP增速的格局会延续，但边际上将有所缓和。

二是CPI温和走阔，PPI逐季回落，剪刀差收窄。综合考虑大宗商品价格传导、部分领域关键零部件供应短缺、猪肉价格可能触底回暖等因素，预计今年CPI涨幅呈现逐步走阔态势，全年平均上涨2.4%，仍处于温和区间，出现全面通胀风险的可能性不大。在部分门类国际大宗商品价格涨势趋缓以及我国多项保供稳价政策作用下，预计我国PPI涨幅将呈现较为明显的逐步回落态势，全年平均上涨5.7%。在CPI涨幅温和走阔、PPI涨幅回落的作用下，剪刀差将明显收窄。

三是就业总量压力小于2021年。据测算，今年将新增劳动力1 531万人进入就业市场，比2021年多88万人。但考虑到今年是退休大年，退休人数大幅增加，可释放出的就业岗位比2021年多436万个，加之疫情后经济恢复势头延续等宏观环境因素，今年总量层面的就业压力将小于2021年。

重点关注企稳保供防风险（略）

加强逆周期调节和协调联动（略）

（资料来源：经济日报，有删节）

当今社会，经济发展日新月异，经济论文的写作也日趋严谨规范。而经济论文写作的前提是收集和分析材料。只有真实准确的数据，才真正有助于论文的写作，才能最终达到应用于经济生活的目的。本学习情境的主要内容就是介绍经济论文的写作。

理论知识

经济论文就是在对经济领域中的问题进行探讨和研究之后，表述科研成果的文章。

一、经济论文的特点和种类

（一）经济论文的特点

1. 目的性

经济论文是针对某一特定的经济问题，有目的地进行分析、研究、调查、论证、寻求解决问题的办法，以指导下一阶段的实践，并要求达到预期的效果，实现新的飞跃。

2. 科学性

经济论文要求作者实事求是地揭示客观规律，探求客观真理，发挥认识世界、改造世界的作用，不能主观臆断，论点、论据、论证都要科学。

3. 创见性

经济论文专门阐述经济领域的新问题，要反映作者的创新精神。作者通过创造性的思考研究，提出新见解，而绝不是人云亦云，跟在别人后面亦步亦趋。这是学术论文生命力的根基。

4. 专业性

经济论文是针对某一领域的某一问题进行研究，具有明显的专业性，同时也要使用与内容和问题相对应的专业术语。

5. 应用性

经济论文的应用性,反映了经济论文的价值。经济论文的课题来源于实践,论文的研究结果也必须在经济活动实践中应用,应用的效果越好,论文的价值就越大。

(二)经济论文的种类

经济论文从写作目的进行划分,可以分为交流性论文(学术刊物论文、学科会议论文)和考核性论文(学年论文、毕业论文、学位论文)。

毕业论文是各类高等院校的应届毕业生按教学计划要求,向学校提交的反映学习成绩、表述科研成果的论文,它是学生毕业前所完成的一项具有总结性、习作性、考查性的独立作业。它也是学术论文的一种,但是层次相对较低,因为它是学生对大学学习情况的总结,是在导师指导下进行的一次训练,是检查学习成绩的一种手段。

二、写作前的准备工作

(一)确定选题

经济论文写作的首要工作是选定课题、确定论题。选题的恰当与否,关系到科研工作能否顺利展开,关系到经济论文是否能出价值、是否能出成果,关系到研究进展的速度甚至成败。这是经济论文写作的首要工作。

选题有两项原则:一是科学性,二是可行性。

1. 科学性

科学性是决定选题是否有价值和必要性的问题。有价值的选题一般是指:亟待解决的问题,是指经济工作者应该具备社会责任感和使命感,着力关注亟待解决和难以解决的问题;空白的填补,是指对于科学发展的不均衡性而导致的空白,要及时加以填补;"通说"的纠正,是指对通行看法、流行观点的错误进行纠正;"新说"的创立,是指创立以前没有过的又有价值的学说;"前说"的补充,是指补充、完善、丰富前人的有价值的学说;"成说"的质疑,是指对固定的现成说法进行质疑,引起人们的思考和研究;"异说"的辩论,是指对同一个问题的不同看法进行比较鉴别,肯定或者否定,并概括出新观点。

2. 可行性

可行性是在主观上要选择符合自己研究能力、有利于展开的课题。首先,对所选课题要有浓厚的兴趣,应该是自己比较喜欢的课题。其次,要以专业为主,课题应该是属于自己所学范畴之内;同时,所选课题要适合自己的研究能力,要有充分的资料储备作为基础,要有坚定的信心;另外,选题要适中,要按照时间、能力、资料选择容量合适的课题,课题过大研究时会觉得力所不及,课题过小会让人觉得论文分量不够。

(二)收集分析材料

课题选定之后,要紧紧围绕课题广泛地收集、整理资料。资料是进行研究的基础。经济论文贵在有创见,而有创见的前提是资料。进行研究最起码的要求,就是要了解当今学术界关于该论题的已有成就,而不能把已有的知识当作新的发现。收集的材料一般分为静态材料(从书籍、文献、报纸、杂志、网络以及其他文字记载中收集的理论资料和事实材料)和动态材料(通过调查采访、观察体验、实验试验等手段收集到的现实资料)两种。要充分利用图书馆,要善于使用工具书。

对于收集到的资料,必须进行筛选、比较、鉴别、归纳、分类,使其条理化。通过对各种有关资料进行综合性的研究,去粗取精、去伪存真、由表及里、由此及彼地深入挖掘,直至形成正确、深刻、有创见的论点。

对课题的研究是撰写经济论文的中心环节,它是资料和观点之间的桥梁,是创见的必由之路。科学研究建立在正确的思维方式和研究方法的基础上。掌握正确的思维方式有助于思考问题,产生创见;掌握正确的研究方法有利于论证观点。进行科学研究时,要充分运用立体思维能力,寻求分析问题的多条思路,解决问题的多种途径、办法和方案,从而取得最佳效果。

(三)拟定提纲

在经济论文起草之前,应该先拟定提纲,使论文构思更完善。提纲是文章的框架,它可以疏通思路,组织材料,形成结构,保证文章顺理成章、一气呵成,同时可以深化思想,发现遗漏和薄弱环节。首先,拟定标题,揭示研究课题的中心内容或者中心论点。其次,根据中心论点的需要,考虑全篇展开的顺序,安排分论点。

拟定提纲,就是将全文划分成几个大部分,安排好各部分之间的逻辑关系。按顺序考虑各小分论点和段首句,排列组成有逻辑顺序的结构。要考虑段落与层次、开头与结尾、过渡与照应。最后,将经过归纳、整理、选择的材料标上序码,合理分配到各个部分之中,完成每一个部分论点的论证。同时反复检查、增加、删减、补充、调动,审视材料是否足以支持论点,各个部分能否在确定论点的基础上充分利用材料。

三、经济论文的格式

(一)封面

封面用与文稿一致的白纸,依次书写经济论文题目、作者单位、作者姓名、成稿时间。学位论文在作者单位前写上导师的姓名。

(二)标题

标题即经济论文的题目。

(三)摘要

一般用一二百字把经济论文的要点提示出来,包括论文所研究的主要问题,得出的基本结论,所使用的主要研究方法以及所提出的主要政策建议等,给读者一个总的印象和概括的了解。

(四)关键词

用3~4个词提示经济论文的研究范畴。

(五)目录

较长篇幅的论文应编有目录。

（六）正文

正文由绪论、本论、结论组成。

（七）引文与加注

经济论文要标出引文的出处、附注的顺序号和解释的内容。

（八）参考文献

经济论文要标出写作研究时参考的文献资料的名称、作者、出版单位等相关内容。

（九）封底

应采用与封面一样的白纸作为封底。

四、经济论文的具体写法

（一）标题

写经济论文时要用精练、明确、概括的文字把基本观点提炼出来作为标题。标题可以揭示论点，也可以揭示课题。要求醒目、庄重、具体，能够体现文种。

（二）正文

正文一般分为绪论、本论和结论三部分。

1. 绪论

绪论部分又称导论、前言，可以简单介绍研究论题的目的、原因、背景、意义、前人的结论、自己的创见、本论内容的简介、研究方法等相关内容，文字不宜太多，可以对上述内容有选择地写作。在写法上，可以采用开篇明意式、提出问题式、摆出论点式、介绍内容式、介绍研究方法式等。

2. 本论

本论是具体表述作者研究成果、集中体现学术水平的关键部分。这部分写作要求层次清楚、富有条理、分析缜密、合乎逻辑、言必有据、以理服人，切忌内容空泛、分析不周、罗列材料、条理不清。本论的写作要紧紧地围绕中心论点，从各个方面、各个角度确立若干个分论点，用分论点论证中心论点的正确性。具体方法有三种：一是分论点并列式，各分论点之间是并列关系，共同完成对中心论点的论证；二是直接递进式，各分论点之间按照一个逻辑线索，一步一步纵深推进，完成对中心论点的论证；三是双重混合式，这种写法用于篇幅较长、内容较复杂的经济论文。本论的外在样式可以用序码、小标题、序码加小标题、空行来表示。

3. 结论

结论是全文的收束，是本论的必然结果。结论要有理论性、论辩性、独立性。常用的方法有四种：一是总结性结论，是在本论充分分析论证的基础上得出的必然结果；二是探讨性结论，是写出论证结果后，又提出需要进一步探讨的问题，以及可能解决的途径，供他人研究参考；三是预测性结论，是写出论证结论后，又对所研究的问题再进行一下推理，预示未来研究的可能性；四是交代性结论，得出论证结果后，再对研究的问题进行说明或交代，补充论证之不足，解除疑点。

在论文写作过程中,要高度重视论文的绪论和结论部分。在绪论中,应使用清晰的语言说明自己所要研究的问题以及为什么选择这一问题;在结论部分,应使用明确简洁的语言总结本论文的主要结论,还可以根据文中的分析和结论提出若干政策建议。此外,也可以指出论文的不足之处,提供进一步的研究方向。

例 文

关于中国银行业国际化发展的路径思考

绪论

2001年,中国加入世界贸易组织,为中国参与经济全球化提供了更大的挑战和机遇。2008年的金融危机使世界经济布局发生新的变化,也为中国银行业走向世界提供了机遇……目前,建设"丝绸之路经济带"不仅对各国经济合作发展具有重要意义,也为中国银行业的国际化发展提供了新的方向。

本论

一、中国银行业国际化发展的历程

(一)第一阶段

(二)第二阶段

(三)第三阶段

(四)第四阶段

二、中国银行业国际化发展的现状

伴随着"走出去"发展战略、人民币国际化、开放型经济升级,中国银行业的国际化发展取得了显著成就。以中、农、工、建、交五大国有商业银行为主,其他股份制商业银行为辅的中资银行在海外积极布局,部分政策性银行响应国家战略,大力发展各项业务,还有小型的城商行不甘落后,积极探索自己的发展路线。

三、中国银行业国际化发展的问题

(一)国际地域布局不合理

(二)国际化水平低

(三)经营水平与创新能力不足

1.业务经营水平不足

2.创新能力不足

(四)合规管理与风险管控能力薄弱

四、中国银行业国际化发展的路径选择

(一)跨国并购

(二)找准定位,因地制宜,提升服务

1.差异化市场定位

2."本土化""特色化"市场定位,提升服务

(三)一带一路,合理布局

(四)提高经营能力与创新水平

（五）加强合规管理与风险管控

1.加强合规管理

2.加强风险管控

（六）加强银行业信息化建设

（七）加强员工队伍建设

结论

全球银行业竞争愈发激烈，与欧美发展了数百年的银行相比，中国的银行初出茅庐，想要快速占领世界市场并不实际，中国银行业国际化发展道路是长久的，不能一蹴而就。在人民币国际化进程的推进中，通过进行全球布局，跨国并购，找准自身定位，因地制宜，发挥自身的优势，实行"本土化""特色化"发展战略，提升经营管理水平，创新金融产品，加强对自身银行的合规管理与风险管控，完善反洗钱流程，加强银行业信息化建设，加强专业化员工队伍建设，找到中国银行业国际化发展的合理路径，助力中国银行业在国际上的平稳发展。

【评析】 本论文提纲是由序码和文字组成的一种逻辑图表，是帮助作者考虑文章全篇逻辑构成的写作设计图。正文包括绪论、本论、结论三个部分，采用总分总的结构方式。绪论部分指明选题的背景和意义；本论部分的篇幅长、容量大，采用了递进式的结构，由浅入深，通过介绍中国银行业的国际发展历程及状况，提出中国银行在国际化进程中所面临的种种问题，寻找解决问题的对策；结论部分对全篇文章所论证的问题及论证内容做了归纳，提出了对问题的总体性看法。全文以小标题的形式组织文章结构，层次结构安排科学，思路清晰，详略得当。

拓展训练

一、知识题

1.填空题。

(1)经济论文的特点是：_____、_____、_____、_____、_____。

(2)选题要遵循两条原则：一是要选择_____的课题；二是要选择_____的课题。

(3)论文的正文通常是由三个部分组成的，即：_____、_____、_____。

(4)论文本论的外在形式可以用_____、_____、_____和_____来表示。

(5)一篇完整、规范的经济论文通常要由以下项目构成：_____、_____、_____、_____、_____、_____、_____、_____。

2.判断题。

(1)经济论文写作的首要工作是拟定提纲。　　　　　　　　　　　（　　）

(2)经济论文的创见性，反映了经济论文的价值。　　　　　　　　（　　）

(3)关键词主要揭示经济论文的主要论点。　　　　　　　　　　　（　　）

(4)在论文写作过程中，要高度重视论文的绪论和结论部分。　　　（　　）

二、技能题

分析下面学术论文提纲的结构特点。

标题: 我国化妆品企业的目标营销和渠道营销策略研究

绪论

随着全球经济一体化和我国居民生活水平的提高,我国化妆品行业在发展了二十多年后,已经是我国居民消费的一项重要组成部分。目前我国化妆品市场的销售总额正在快速增长。外资企业的进入和不断变化的消费者需求对于我国化妆品企业来说既是机遇又是挑战,如何在不断变化的市场中把握机遇迎接挑战,是我们需要思考的问题。

本论

一、我国化妆品行业的发展现状和趋势

二、我国化妆品企业的营销现状

  (一)化妆品企业的市场细分情况

  (二)外资企业在市场细分的成功之处与我国本土企业的不足

  (三)目标市场的市场覆盖战略

三、化妆品市场的营销渠道存在的问题及原因

四、我国化妆品企业营销渠道管理对策

  (一)选择长度和宽度合适的分销渠道

  (二)实行垂直营销渠道系统

  (三)选择合适的中间商和制定激励措施

  (四)实行网络渠道营销

结论

市场细分反映了公司的市场机会,如何在评估和选择目标市场后进入该目标市场,企业就需要根据实际情况来选择适合产品的营销渠道。对于我国化妆品企业来说,在选择和管理营销渠道时还存在很多问题,这与我国的市场环境、渠道成员、企业目标等有着密不可分的关系。所以我国企业必须加强对化妆品分销渠道的管理,加强对渠道的控制,通过整合营销体系,管理和改善与渠道成员间的关系并相应地缩短营销渠道,实现渠道扁平化,更加接近终端消费者。

三、写作题

下面是一篇新闻报道,请以此为素材,写一篇专业的经济论文。

"深夜食堂"有望配搭"深夜地铁" 北京将推促消费政策

新京报快讯(记者 周依)记者今天从市商务局获悉,北京市即将推出促消费稳增长一揽子政策措施,包括重点培育打造前门大栅栏、簋街、蓝色港湾、华熙live等10条特色、示范商业街区。各项具体政策将于一季度密集推出。

据了解,北京市将鼓励生活性服务业品质提升,重点培育打造前门大栅栏、簋街、蓝色港湾、华熙live、西花市大街、鲁谷路街区、中关村创客小镇、回龙观龙域中兴西区商业街

等10条特色、示范商业街区,研究制定连锁企业"总部纳税、跨区分配"具体办法,试点开展"一市一照"登记注册等方式,加大连锁直营门店资金支持力度,支持培育连锁品牌企业,持续推进便民商业网点建设,创建一批标准化生活性服务业门店。

在促进服务消费方面,将落实《北京市扩大内需建立完善总消费政策促进体系工作方案》,旅游、文化、体育、健康、养老、家政、教育、信息等行业分别出台促进服务消费的政策措施。

同时,鼓励百货、超市、餐饮、专业专卖店等传统商业企业加速转型升级、推进体制机制改革;对转型升级促消费成效显著的传统商业企业予以资金支持;进一步优化连锁经营发展环境,支持连锁企业发展。

在鼓励发展夜间经济方面,鼓励重点街区及商场、超市、便利店、餐厅等适当延长夜间营业时间。支持打造"深夜食堂"。在特定商圈周边,探索延长周末和节假日公交、地铁的营运时间及垃圾收运时间。

为鼓励电子商务发展,将出台新一轮促进网络零售健康发展政策,对符合条件的自营B2C电商、交易平台和传统零售转型企业给予资金支持。鼓励新建海外仓和跨境电商体验店,促进跨境电商发展。

新一轮为期三年的节能减排促消费政策于今日启动,政策覆盖电视机、电冰箱、洗衣机、空调、热水器、微波炉、吸油烟机、家用燃气灶、电饭锅、家用电磁灶、家用电风扇、坐便器、淋浴器、空气净化器、自行车等15类商品。此外,北京还将开展"诚信兴商暨信用消费进万家"主题宣传活动,鼓励信用消费;抓住世园会契机,支持会展业创新发展,拉动消费;鼓励知名品牌在京开设首店、旗舰店和举行新品首发活动;启动王府井、前门大栅栏、公主坟、回天地区等商圈的改造提升;完善充电桩等基础设施,促进新能源车消费;发展乡村旅游,提升乡村流通现代化水平,促进农村消费。

(资料来源:《新京报》,2019年2月1日)

参考文献

[1] 杨润辉.财经写作[M].北京:高等教育出版社,2001.
[2] 杨成杰,刘礼慧.财经应用写作[M].长沙:湖南人民出版社,2002.
[3] 胡明扬.财经专业写作[M].北京:人民大学出版社,2003.
[4] 文全治.现代经济实用写作[M].重庆:重庆大学出版社,2004.
[5] 邵龙青.财经应用写作[M].大连:东北财经大学出版社,2006.
[6] 陈新华,张振华.财经应用文写作[M].北京:化学工业出版社,2007.
[7] 王涛,游磊,权小宏.半天会写商务文书[M].北京:北京大学出版社,2008.
[8] 高晓梅.商务应用文[M].大连:东北财经大学出版社,2008.
[9] 杨文丰.现代经济文书写作.北京:中国人民大学出版社,2008.
[10] 杨文丰.经济应用文书写作.北京:高等教育出版社,2011.